세 종교 이야기

유대교·기독교·이슬람교, 믿음과 분쟁의 역사

세 종교 이야기

유대교·기독교·이슬람교, 믿음과 분쟁의 역사

| 홍익희 지음 |

행성B

머리말

       유대교, 기독교, 이슬람교 세 종교에 관한 이야기를 하고자 한다. 하지만 종교적 교리의 옳고 그름을 논하기 위해 이 책을 쓴 것은 아니다. 오히려 세 종교 탄생의 역사적 연원과 성장 과정을 밝혀 서로 간의 이해의 폭을 넓히고자 썼다. 이를 통해 세 종교의 공통점은 무엇인지, 그리고 차이는 무엇인지, 곧 틀림이 아닌 다름을 살펴보고자 했다.

   아브라함은 인류 최초로 유일신 하느님을 받아들여 믿었다. 그의 자손으로부터 유대교, 기독교, 이슬람교가 나왔다. 뿌리가 같은 것이다. 그래서 세 종교는 모두《구약성경》을 그들의 경전으로 삼고 있으며, 예루살렘은 세 종교 모두의 성지다.

   이들 세 종교가 처음부터 반목했던 것은 아니다. 유대교와 기독교는 한동안 함께 예배를 보며 서로 평화롭게 지냈다. 그때는 두 종교가 분파만 다를 뿐 서로 한 공동체로 여겼다. 그러다 서기 90년 히브리

정경의 목록을 결정하는 얌니아 회의에서 유대교 랍비 사무엘이 이 단자를 단죄하는 기도문에 '나사렛 사람들', 곧 기독교인을 덧붙임으로써 기독교인들은 더 이상 유대교 회당 예배에 참석할 수 없게 되었다. 이때부터 기독교는 독자적 종단으로 독립할 수밖에 없었다.

이슬람교의 탄생 때에도 처음에는 유대교, 기독교와 평화롭게 지냈다. 무함마드가 쓴 《코란》에는 유대인들에게 너그럽게 대하라는 구절이 있는가 하면 그들을 죽이라고 명령하는 구절도 있다. 이렇게 이율배반적인 구절이 모두 기록된 이유는 당시의 시대적 상황이 어떻게 전개되는지 알아야 비로소 이해될 수 있다. 이 책이 세 종교의 탄생과 성장 과정을 자세히 그린 까닭이 여기에 있다.

역사를 보면 정치든 사상이든 관용성을 보이며 상대를 포용하면 융성했고 서로 반목하고 대립하면 어김없이 쇠퇴를 불러왔다. 종교도 마찬가지였다. 역사에서 유대교, 기독교, 이슬람교가 서로를 인정하고 평화롭게 살았던 시기는 융성의 시기였다. 이베리아 반도의 코르도바와 톨레도가 각각 이슬람 왕국과 스페인 왕국에서 세 종교가 공존했던 대표적인 도시다. 지금도 톨레도에 가면 당시의 유대교 회당 시너고그와 성당과 모스크를 함께 볼 수 있다.

그러다 종교의 절대적 진리를 강조하는 근본주의(교조주의)가 발흥해 '나만 옳고 너희들은 틀렸다'며 '개종 아니면 목숨'을 강요하면 반드시 그 사회는 쇠퇴했다. 12세기 북부 아프리카에서 발흥해 이베리아 반도를 침공한 이슬람 근본주의가 그랬으며 11~13세기 가톨릭 교황이 주도했던 십자군전쟁이 그랬다.

높은 산을 올라가는 길은 여러 갈래가 있다. 하느님께 가는 길도 이와 같지 않을까? 틀린 길이 아니라 서로 다른 길이다. 각 종교마다 올바르게 사는 길을 다른 이름으로 부른다. 유대교에서는 '율법', 기독교에서는 '복음', 이슬람교에서는 '코란', 불교에서는 '다르마', 힌두교에서는 '요가', 도교에서는 '도'라 부른다.

무신론자인 이탈리아 〈라 레푸블리카〉 신문 설립자가 현 프란치스코 교황에게 '신을 믿지 않거나 믿음을 추구하지 않는 사람들을 신이 용서할지'를 물었다. 그때 교황은 '신의 자비는 한계가 없으며 신앙이 없으면 양심에 따라 행동하면 된다'고 답변했다. 교황조차 하느님의 자비는 무신론자에게도 베풀어진다고 답한 것이다. 하물며 하느님을 믿는 세 종교인들에게야 말해 무엇하랴.

이제 세 종교는 서로의 다름을 이해하고 포용의 관용성을 보여야 한다. 서로 간의 반목과 대립을 끝내야 한다. 서로를 인정하고 평화를 모색해야 한다. 이스라엘 내의 팔레스타인 분쟁도, 이스라엘과 이슬람과의 전쟁도, 이슬람 내부의 내전도 모두 끝내야 한다. 세 종교 모두의 경전인 〈시편〉 122장 6절은 "예루살렘을 위해 평안을 구하라, 예루살렘을 사랑하는 자는 형통하리로다"라고 말하고 있다.

차례

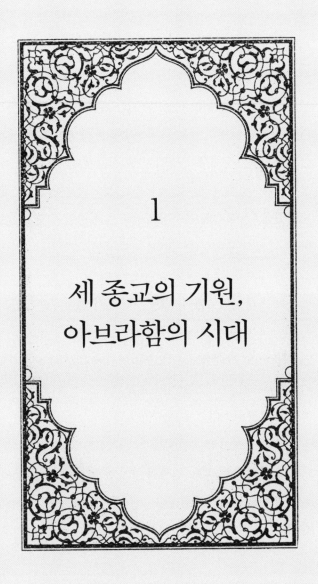

1

세 종교의 기원, 아브라함의 시대

《구약성경》〈창세기〉는 인류의 세 조상, 아담, 노아, 아브라함에 대해 쓰고 있다. 그중 가장 자세히 다룬 인물이 아브라함이다. 《성경》에 따르면 아브라함은 기원전 2000년경의 사람이다.

우리는 아브라함을 유목민 출신으로 알고 있으나 이는 아브라함이 가나안에 들어온 뒤 유목생활을 했기 때문에 생겨난 이미지다. 그는 수메르 문명이 가장 발달했던 도시 우르에서 태어나 자랐다. 그 무렵 갈대아 우르는 국제교역이 활발한 항구 도시였다. 당시 수메르 문명은 놀랍도록 발달한 고등 문명이었다. 유대교의 출발점을 이해하기 위해선 아브라함이 살았던 우르의 수메르 문명에 대해 알 필요가 있다.

수메르 문명이 고도로 발달한 문명이라는 사실이 밝혀진 것은 최근의 일이다. 20세기에야 수메르 점토판 문자가 판독되었기 때문이다. 그때까지 고대 오리엔트에 대한 지식은 《성경》과 기원전 5세기 그리스 역사가 헤로도토스가 쓴 책 《역사》의 기록이 대부분이었다.

사무엘 크레이머Samuel Noah Kramer가 쓴 《역사는 수메르에서 시작되었다》라는 책은 인류의 중요한 발명과 발견의 싹이 대부분 수메르에서 시작되었다고 주장한다. 그는 인류 최초의 문자, 학교, 천문학, 야금술, 도시, 민주적 대의제도 등 인류 문명사에서 중요한 서른아홉 가지가 수메르인들이 발명한 것이라고 했다.

이러한 수메르 문명과 문화 그리고 신화와 종교는 주변 지역과 후대에까지 큰 영향을 미쳤다. 그리고 가나안을 거쳐 히브리 문화와 유대교에도 반영된 것으로 보인다.

수메르 문명을 소개하는 이유는 유대교 탄생 직전의 극도로 타락했던 시대상을 설명하기 위해서다. 곧 당시 고도로 발달한 물질문명 부작용과 다신교의 폐해가 어느 정도 컸는지 그리고 그 부작용으로 인한 타락과 부패 그리고 우상숭배와 음란이 얼마만큼 극심했는지를 살펴보기 위함이다. 그 결과, 하느님이 우상숭배와 음란으로 타락한 세상에서 아브라함을 선택해 구해 내 순수의 땅 광야로 보내게 된다.

수메르 문명의 특징

수메르, 교역이 발달한 이유

메소포타미아 문명의 뿌리인 수메르 문명이 발생할 수 있었던 것은 유프라테스 강과 티그리스 강 상류에서 많이 자라던 야생 밀과 관련이 깊다. 사람들은 이곳에서 야생 밀을 채취하며 수렵생활을 했다. 학자들은 기원전 9050년경 지금의 시리아 부근에서 인류 최초의 농업이 시작된 걸로 보고 있다. 메소포타미아 남부 곧 하류 지역을 수메르라 불렀다. 이 지역은 퇴적층을 이용해 밀농사를 짓고 소금을 쉽게 구할 수 있는 곳으로 옛날에는 오늘날보다 더 온화하고 농사짓기에 좋은 기후였다.

수메르인들은 이를 기반으로 농업을 발달시켜 주변의 문명 등과 활발한 교역을 했다. 우선 수메르에는 집 지을 나무와 돌이 없었다. 그래서 그들은 아마누스 산에서 나무를 베어 오고 멀리서 돌을 가져와야 했다. 그래서 목재, 석재와 금속 등을 수입하고 곡물과 옷감을

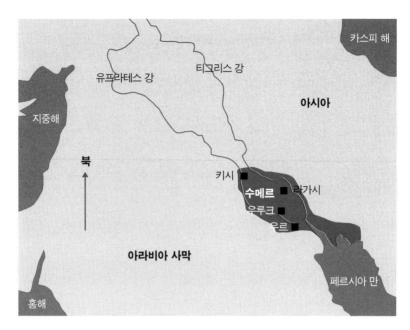

인류 최초의 문명 발상지, 수메르.

수출했다. 이렇게 수메르 지역은 풍요로운 이집트 문명과는 달리 워낙 환경이 척박해 외부로부터 필요한 물건들을 가져오거나 재주껏 만들어 써야 했다. 때문에 일찍부터 교역을 하지 않을 수 없었다. 문명사를 들여다보면 문명은 풍요로운 곳이 아닌 이런 척박한 환경에서 발전했다. 토인비Arnold Joseph Toynbee의 '도전과 응전' 이론이 딱 맞아 떨어지는 곳이 수메르였다.

　필요한 것들을 강과 바다를 통해 가져오다 보니 배 만드는 기술이 발달했다. 그리고 배를 이용해 교역이 발전했다. 그 결과 도시가 발달하고 교역로가 활성화했다. 점차 해상교역도 활발히 진행되어 수메르인들은 인도양까지 진출, 인더스 문명과도 교류했다. 고대 인도

고대 인도 유적에서 발견된 수메르의 도장. 이 지역까지 교역이 이루어졌음을 알 수 있다.

의 모헨조다로 유적에서 수메르에서 만든 실린더 형태의 도장과 우르 산 녹색 활석들이 많이 발견되어 교역이 빈번했음을 알려준다. 수메르의 점토판 문서에 따르면, 인더스 사람들은 원자재를 그대로 내다 팔지 않고 "가공해 좀 더 가치 있는 제품으로 만들어 필요한 물건과 교환했다"고 기록하고 있다.

이후 수메르 문명이 꽃피면서 기원전 5200~4500년경 에리두를 필두로 도시국가들이 생겨나기 시작했다. 마을 규모를 벗어나 도시가 탄생했음은 이미 농업 이외에 상업과 교역이 크게 발전했음을 뜻했다.

불 다루는 기술이 문명을 창조하다

수메르 지역에서는 인구가 늘어나자 나무와 돌을 사용하는 대신 무언가를 만들어 써야 했다. 그러다 진흙을 뜨거운 불에 구워 단단한 벽돌을 만드는 법을 알아냈다. 벽돌로 집을 지었을 뿐 아니라 수로를 건설해 관개시설도 만들었다. 더 나아가 밀폐식 가마를 만들어 세계 최초로 채색 토기를 만들어 썼다. 고대에 토기를 굽기 위해 불의 온도를 1천 도 이상으로 끌어올리는 기술은 대단한 경쟁력이었다. 수메르 채색 토기는 중국 양사오 문화 채색토기보다 2~3천 년 이상 빨랐다.

밀폐식 가마에서 만들어진 수메르 채색토기.

수메르인들은 벽돌과 타일에 법랑과 유약을 칠하는 방법까지 알아냈다. 그들은 불의 온도를 더 끌어올려 도자기를 구워냈다. 또 대형 도자기 수로관을 만들어 멀리서 물을 끌어왔다. 대형 도자기 수로관은 고대의 기술이라고는 도저히 믿기지 않을 정도로 뛰어난 기술이었다. 관개시설을 발전시키면서 기원전 4000년경 우르에서는 다리 건설에 필수적인 아치도 벽돌로 만들었다. 이후 아치 기술이 발전한 게 돔이다. 지붕을 둥글게 만드는 돔도 수메르인이 처음으로 사용한 건축기법이다.

또한 수메르인은 각 도시 중앙에 벽돌로 거대한 신전을 만들었다. 훗날 40여 개의 신전이 발굴되었는데 대부분 계단식 7층탑 모양이었다. 이를 '높은 곳'을 뜻하는 지구라트라 부른다. 수메르인은 실제로 하늘에 닿을 만큼 높다랗게 탑을 쌓았다. 그들이 믿는 태양과 달과 별들에 더욱 가까이 다가가기 위해서였다. 홍수가 잦은 곳이라 신을 높은 곳에 모시기 위한 목적도 있었을 것이다. 당시 신전은 제사를 지내는 곳으로 한정되지 않고 경제 활동의 중심지였다. 토지가 모두 신의 소유여서 신전은 경제를 좌지우지할 수 있었다. 또 지구라트는 천문관측대로도 쓰였고, 신의 소유인 추수한 곡식을 보관하는 창고로도 쓰였다.

인류 최초로 도시를 건설하다

수메르인들은 벽돌로 주택, 관개시설, 성벽, 지구라트 등을 갖춘 계획도시를 건설했다. 자연발생적으로 생겨난 도시도 있었으나 대부분은 계획도시였다. 수메르인은 비교적 짧은 기간에 인구 1만 명 정도의 도시국가들을 여러 개 건설했다. 더욱 놀라운

수메르 유적 발굴 현장.

것은 그 무렵에 이미 도시 전체에 완벽한 상하수도 시설이 있었다는 점이다. 수도관은 고열로 구운 진흙과 역청으로 만들어졌는데 오늘날의 시멘트나 도자기와 유사했다.

이런 도자기를 굽는 '불 조작 기술'이 청동기시대의 야금기술을 가능케 했다. 기원전 4000년대 중엽에 수메르에서 발달한 청동 야금술을 사용해 도구와 무기를 만들면서 수메르의 도시화를 가속화했다. 그 뒤 기원전 3000년 무렵에는 청동이 오리엔트 지방까지 널리 알려지고, 유럽에도 전파되기 시작했다. 청동기시대를 수메르인이 연 것이다.

아브라함이 살았던 기원전 2000년대에 청동 사용량이 크게 늘어났다. 이유는 영국 남단 콘월에서 대규모 주석광산이 개발되었기 때문이다. 이 시기에 생산된 청동기의 상당량이 여기서 채굴된 주석을 사용했다. 그 무렵 이미 오리엔트에서 영국까지 오가는 먼 거리 해상교역이 활발했다.

무기를 대량생산하다

아브라함이 살았던 우르에서는 우수한 공예품들이 많이 발굴되었다. 납땜 기술이 발달했기 때문이다. 이를 계기로 세공술이 발달했다. 우르의 왕릉에서 나온 공예품들은 오늘날과 비교해도 큰 차이가 나지 않는다. 이런 기술은 무기의 발전도 가져왔다. 또한 녹인 쇳물을 거푸집에 부어 주물을 만드는 기술도 발달해 도구와 무기의 대량생산이 가능해졌다.

푸아비 여왕 무덤에서 출토된 황금 머리장식.

새로운 발명품 가운데 가장 중요한 것은 검이었다. 역사에서 연장을 겸하지 않고 오로지 싸우는 데에만 쓰인 최초의 물건이 검이다. 무기가 대량으로 생산되자 다른 지역으로 쳐들어가 필요한 걸 빼앗아오는 게 농경과 수렵보다 세력을 더 빨리 늘리는 방법이 되었다. 이로써 전쟁이 빈번해졌다. 발달된 청동무기를 쓰는 민족이 당연히 쉽게 주변을 제패했다. 이후 전쟁포로를 활용한 노예경제가 시작됐다. 이로써 중앙집권제 국가가 탄생할 수 있었다.

인류 최초의 언어, 수메르어

수메르 문명은 인류에게 무려 백 가지가 넘는 '최초의 것'들을 선물했다. '문자, 바퀴, 음악과 악기, 야금술, 의학, 조각, 보석, 도시, 왕조, 법률, 사원, 기사도, 수학, 천문학, 달력' 등이 그것이다. 그 가운데에서도 가장 중요한 것이 문자다. 인류가 사용한 최초의 문자는 기원전 3500년경의 도시국가 우루크Uruk에서 썼던 수메르어다. 우르 사람들도 이 쐐기문자를 썼으니 아브라함도 이 문자를 사용했었을 것이다.

농사와 관련된 것을 기록하기 위해 문자가 발명된 것으로 보인다. 우르의 사원에서 발견된 점토판을 보면 식량을 계량해서 주민들에게 나누어주는 일에 관한 내용이 대부분이다. 문자가 지배층의 통치수단의 하나로 쓰였음을 알 수 있다. 이외에도 상업과 교역을 위해서도 문자는 필요했다.

수메르 쐐기문자가 새겨진 점토판.

우리는 역사의 기록이 없는 시대를 '선사시대', 기록이 있는 시대를 '역사시대'라 부른다. 수메르 문명이 인류 최초의 문명으로 인정받는 것은 바로 이 역사시대를 최초로 열었고, 우리가 수메르 문명에 대해 잘 알게 된 것은 그들의 문자를 해독했기 때문이다. 수메르인은 점토판에 새긴 문자를 통해 그들의 이야기를 후세에까지 자세히 전할 수 있었다.

최고의 발명품, 바퀴와 전차

신석기시대에 인류가 발명한 것 가운데 으뜸이 바퀴다. 고고학에 따르면 바퀴가 처음으로 사용되기 시작한 것은 기원전 4000년 이전으로 도공陶工들의 물레에 처음 사용되었다. 기원전 3500년경 수메르에서 바퀴 달린 탈것을 사용했다는 것이 가장 오래된 기록이다. 이것이 발전해 기원전 2600년경 우르의 수메르인들은 통나무를 둥글게 자른 원판바퀴를 이용해 전차를 만들어 싸움에 사용했다. 이 전투용 사륜전차를 이용한 강력한 군대로 우르는 주변을 석권할 수 있었다. 전차는 말을 타고 빠르게 이동하면서 적을 공격할

기원전 2600년경 아브라함이 살았던 우르의 유적에서 발굴된 사륜전차 그림. 당시 말은 상당히 작았음을 알 수 있다.

수 있는 훌륭한 도구였다. 이후 바퀴는 빠른 속도로 전파되어 육상교통의 혁명이 시작되었다.

기병보다 전차가 먼저 등장한 이유는 고대의 말이 지금에 비해 덩치가 많이 작았기 때문이다. 우리가 아는 큰 말이 등장한 것은 한참 뒤인 기원전 1000년경이다. 유전자 변이와 의도적인 교배를 통해 만들어졌다. 원래의 말은 덩치가 작아 사람이 타기 힘들었다. 탄다 해도 허리 부분이 아니라 엉덩이 쪽에 앉아야 했다. 기동력과 체력이 지금 말에 비할 바가 못 되었다.

기원전 2400년경에는 바퀴살이 있는 바퀴가 처음으로 등장했다. 바퀴살이 발명됨으로써 훨씬 더 가벼운 바퀴로 더 많은 물건을 실어 나를 수 있었다. 이때부터 사륜전차는 기동성이 좋은 이륜전차로 진화한다. 이후 인류는 수레가 있었기에 발전할 수 있었다. 수레를 이용해 대규모 관개시설과 성을 건설하는 데 필요한 자재들을 운반해 고대왕국을 건설할 수 있었다. 또 먼 거리 이동을 원활케 해서 공간을 좁히고 시간을 줄이는 효과를 가져왔다. 말하자면 수레는 오늘날 기계문명의 효시였다.

수메르인들이 발명한 바퀴살.

그 뒤 바퀴를 더 강하게 만들기 위해 구리로 테를 둘렀다. 전투용 전차 이외에 사람들이 타고 다니는 마차와 짐을 끄는 수레의 바퀴도 계속 발전을 거듭했다. 우르에 살았던 아브라함도 필시 이런 마차를 타고 다녔을 것이다. 그의 이주를 나타내는 그림에 나귀나 낙타를 타고 이동한 것처럼 그린 것은 수메르 문명이 발견되기 이전의 것들이라 잘못된 고증이다.

인류 최초의 화폐, 세켈

수메르인이 남긴 유산 가운데 경제사에 가장 큰 족적은 화폐의 발명이다. 기원전 9000년경부터 사람들은 교환의 단위로 가축을 사용했다. 그 뒤 농업의 발달로 사람들은 물물교환을 위해 밀 다발을 사용했다. 이를 '세켈Shekel'이라 불렀다. 수메르인들이 기원전 3000년경에 동전을 제조해 사용하면서 여기에서 이름을 따 세켈이라 불렀다. 인류 최초의 화폐 단위였다. 이렇게 수메르인은 화폐를 발명해 물물교환을 한층 수월하게 했다. 그러나 큰 거래에는 금과 은이 사용되었다. 아브라함이 사라를 위해 묘지를 살 때 화폐 단위로 세켈을 사용한 것이 《성경》에도 등장한다. 지금도 이스라엘은 화폐 단위로 세켈을 쓰고 있다. 세켈은 인류 최초의 화폐 단위이자 가장 오래 쓰이고 있는 화폐 단위다.

수메르 해상교역,
인더스 문명과도 교역

티그리스 강과 유프라테스 강 사이의 메소포타미아 지역은 왕래하기가 쉬운 개방적인 지리조건을 갖고 있었다. 이런 개방적인 환경은 민족 간의 활발한 교류를 가능하게 했다. 당시 수메르인은 배를 타고 홍해 주변과 인도양까지 진출해 인더스 문명과도 교류했다. 또 상인들은 사막 길과 바다를 통해 페르시아 만에서 시리아와 소아시아까지, 나일 강에서 키프로스 및 크레타까지 그리고 북쪽의 흑해까지 진출했다. 믿기지 않을 정도로 활동 반경이 넓었다. 해상교역이 활발해 선박제조 기술도 발달했다. 아카드어로 번역된 선박 기술서에는 크기, 행선지와 사용 목적에 따라 105종이나 되는 선박의 종류가 있었다.

직조기술 발달

농업과 더불어 직조기술도 발달했다. 수메르 최초의 직물재료는 양모였다. 직물생산에는 서로 연관된 연계기술이 필요해 고대 문명사 연구에서 직조기술은 상당한 문명의 정도를 나타내는 척도로 사용한다. 수메르인은 이미 기원전 3800년경에 염색기술을 발견해 옷을 물들여 입고 다녔다. 또한 아마와 양털로 만든 옷들이 다양한 패션으로 나타나 상당한 사치를 누렸다. 실로 고대의 문명이라고 생각하기 힘들 정도였다. 당시 옷감들이 어찌나 우수했던지 수메르 멸망 1천 년 뒤 쓰인 〈여호수아서〉 7장에는 약탈을 자행하면 사형에 처한다는 포고에도 유대 병사들이 '시나르' 곧 수메르로 들어가 옷감 구하기를 주저하지 않았다는 기록이 있다.

인류 최초의 학교에서
천문학과 수학을 배우다

유프라테스 강가의 슈루파크 지역에서 기원전 3000년경에 세워진 학교 건물 유적도 발굴되었다. 학교는 '에두바' 곧 '점토판의 집'이라고 불렸다. 행정 관료인 서기 양성이 목표였다. 수메르인은 글을 쓰는 걸 성스럽게 여겨 서기를 최고의 직업으로 쳤다. 서기의 종류는 신전 서기, 공공기관 서기, 상업 서기, 학교 서기 등으로 세분화했고, 서기들은 교사로도 활약했다.

학교에서는 읽고 쓰기 외에도 수학, 지리학, 동식물학과 미술, 그리고 신을 찬양하는 노래도 가르쳤다. 하프와 리라 같은 악기 수업도 했다. 기원전 2000년 무렵 이미 오늘날과 같은 7음계 악보가 발명되었다. 이것은 서양음악의 기원이 그리스가 아니라 수메르에서 시작되었음을 뜻한다.

수메르인은 씨 뿌리고 수확할 시기를 정하는 지식과 강물의 범람에 대비하는 기술을 갖추어야 했다. 농업의 발달은 곧 역법과 천문학, 기하학과 수학의 발달을 가져온다. 이 역시 학교를 통해 교육되었다.

발굴된 수메르 점토판에는 거래내역과 영수증 등이 쏟아져 나올 만큼 수메르인들은 일상생활에서도 수학을 보편적으로 사용했다. 이들이 땅의 크기를 재면서 발전한 것이 기하학이며 이때 벌써 원을 360도로 표현했다. 이들은 당시 곡식의 양이나 땅의 크기를 재기 위해 곱셈과 나눗셈 심지어 제곱근과 세제곱근을 구하는 방법도 알고 있었다.

수메르 신화, 모든 신화의 근본이 되다

숫자 체계와 도량형은 십이진법을 사용했다. 사람의 손가락이 열 개라 십진법 사용이 훨씬 쉬웠을 텐데 그들은 십이진법을 선택했다. 그 까닭은 12라는 수가 성스러운 수이기 때문이었다. 그것은 태양이 매년 통과하는 열두 종류의 별자리 곧 십이궁도의 수였다.

《구약성경》에는 열두 지파가 등장하고, 예수에게는 열두 명의 제자가 있었다. 그리스 신화에는 무수한 신들이 등장하지만 올림포스의 원탁회의에는 열두 명의 신들만이 참석했다. 인도와 이집트의 신들도 주요한 신들만을 간추리면 항상 열두 명이다. 우리 동양의 십이간지 역시 열두 종류의 동물들이 등장한다.

뉴턴은 그의 저서 《프린키피아》에서 '모든 고대 민족은 열두 명의 똑같은 신들을 믿었다'고 기록하고 있다. 유대인 인류학자 제카리아 시친Zecharia Sitchin도 이를 연구했는데 이집트, 인도, 바빌로니아, 그리스, 로마, 미케네, 기타 중동과 소아시아 문명권 각국의 여러 신들을 비교 분석한 결과, 모든 중요한 신들은 항상 열두 명으로 구성되어 있다는 사실을 밝혀냈다. 그리고 이 모든 다양하고 복잡한 신들의 계보와 관계가 결국은 수메르 점토판에 기록된 신들의 계보와 정확히 일치했다.

천문학은 동서양 가릴 것 없이 학문 중에서 가장 먼저 태동한 학문이다. 초기에는 점성술 분야가 중요시되었다. 점성술로부터 천문학이, 연금술에서 화학이 분화되어 나왔다. 오늘날의 과학은 천문학으로부터 시작했으며, 인류 최초의 천문학이 수메르에서 시작되었다.

이렇게 수메르인은 일 년을 열두 달로 하는 태음력을 만들고, 다시 하루는 두 번의 열두 시간으로 구성하는 십이진법을 썼다. 그리고 한 시간을 60분, 1분을 60초로 하는 육십진법을 만들었다. 그들은 북반구와 황도대의 별자리는 물론, 남반구의 별자리들까지 알고 있었다.

우리가 사용하는 달력을 만든 것도 그들이요 우리가 알고 있는 모든 별자리들에 이름을 붙인 것도 그들이었다. 무엇보다 놀라운 점은 수메르인은 일식, 월식의 기록은 물론 행성들의 세세한 움직임까지도 알고 있었다는 사실이다. 또한 25,920년을 주기로 '지구 회전축 자체가 원운동을 보이는 현상'인 세차운동마저 알고 있었다. 이는 단순히 놀랍다는 말로는 설명되지 않는다.

요일 명칭의 기원

학자들은 요일의 순서에 관한 해답을 수메르 7층 신전탑에서 찾아냈다. 제일 아래층에서부터 토성, 목성, 화성, 태양, 금성, 수성 그리고 맨 위 달의 제단에 힌트가 있었다. 이것은 당시의 천문학자인 점성술사들에 의해 지구를 중심에 두고 만든 천동설에 입각한 태양계였다. 이 칠층탑에서 일곱 신들에게 제사드렸던 순서가 바로 오늘날 요일의 명칭이다. 곧 일요일은 태양신 샤마쉬에게, 월요일은 달신 난나에게 제사드리는 날이었다. 수메르인은 이들 행성을 상징하는 신들에게 각각 하루씩을 봉헌했다. 태양과 달까지 포함하면 모두 일곱 개로 여기에서 일주일이 생겨났다.

인류 최초의 성문법, 평등과 정의를 이야기하다

수메르 시대는 어부나 서기의 직업조차 세분화할 정도로 산업 활동이 왕성했다. 그에 비례해 부패와 비리도 심했다. 그래서 기원전 2600년 무렵의 우르카기나 왕은 '자유, 평등, 정의'에 대한 개념을 명문화했다. 성문법의 시작이었다.

사업장의 월권과 부당한 착취, 공권력 남용, 독과점 집단의 가격조작 등에 대한 개혁령을 선포했다. 예컨대 집 한 채 값도 임의로 정할 수 없었다. 강자가 약자를 억압해서도 안 되고 또 빈민과 과부와 고아는 물론 이혼을 당한 여자도 법의 보호를 받도록 했다. 그리고 부자들이 가난한 이들로부터 구매를 할 때는 은을 사용할 것을 포고했다. 당시에 벌써 사회적 약자를 보호하고자 하는 '정의'가 명문화해 강력히 추진되었다.

수메르의 법령은 특히 상업사회의 병폐인 경제 범죄에 관한 규정이 두드러진다. 기원전 21세기의 우르남무 법전에 보면 사기꾼과 뇌물을 받은 자들을 나라에서 쫓아내고, 공정한 도량형을 확립했다. 이밖에도 상당히 많은 분량의 법률 문서들이 발견되었다. 예컨대, 계약서·양도증서·유언서·약속어음·영수증·법정판결문 등이다. 심지어는 식량가격, 량量, 선박, 가축의 임대료, 부동산, 재산상속, 노사관계와 세금에 대한 이의신청 절차까지 있었다. 우르남무 법전은 3백 년 뒤의 바빌로니아의 함무라비 법전에 큰 영향을 끼쳤다. 수메르인이 만든 사회제도와 관료제도, 법률 등이 후대의 제국들에 의해 그대로 차용되다시피 했다.

아브라함의 고향, 우르

고등 문명 도시 '우르'

수메르 최초의 도시국가는 에리두로 기원전 5000년 경에 시작되었다. 그 뒤 인구 4만 5천 명의 도시국가 우루크도 생겨나 기원전 3500년부터 다양한 토기문화를 발전시켰고 기원전 3200년경에는 인류 최초로 수메르 문자를 만들었다. 이로써 기록이 전해지는 역사시대가 시작되었다.

그 뒤 우루크·우르·키시·니푸르 등의 도시국가들이 패권을 다투었다. 도시는 신전을 중심으로 한 시가지와 주위의 농경지로 이루어졌다. 도시는 신의 소유라고 생각되었다. 도시는 모든 생활이 신전을 중심으로 이루어지는 신전공동체 국가였다. 초기 도시국가들이 서로 다투었다. 도시 간 전쟁이 자주 있자 점차 왕권이 커지며 왕권의 세습이 이루어졌다.

수메르 문명이 가장 융성했던 때는 기원전 3000년경으로, 역사학

자들은 이 기간을 초기
왕조 시대(기원전 2900~
기원전 2350년), 아카드
왕조 시대(기원전 2350~
기원전 2150년), 우르 3왕
조 시대(기원전 2150~기
원전 2000년)의 세 시대
로 구분한다. 아브라함
은 우르 3왕조 시대의
사람이다.

아브라함이 살았던 우르.

　수메르 최강의 도시국가 우르는 아브라함의 고향이다. 《성경》에
는 '갈대아 우르'라고 기록되어 있다. 우르가 최강의 도시국가로 불
리는 이유의 하나는 그들이 남긴 많은 유적과 유물에 있다. 거대한 지
구라트와 도시, 전차그림, 황금투구, 황금보검, 청동 화살, 하프, 도미
노게임 판, 주사위 등을 통해 찬란했던 고대왕국의 모습을 볼 수 있
다. 우리가 수메르 유물이라고 사진을 통해 알고 있는 대다수가 우르
에서 나왔다. 당시 우르는 운하로 연결된 항구도시로 국제교역이 발
달해 있었다.

발굴로 밝혀진 우르의 진면목

　　우르는 수메르 문명에 속한 도시국가 중에서도
가장 번창한 지역이었다. 하지만 퇴적작용으로 유프라테스 강이 물줄

기를 바꾸는 바람에 내륙이 되어 흙더미에 묻혀 사라졌다.《성경》에 우르라는 지명이 자주 언급되었지만 대부분의 사람들은 설화쯤으로 치부해왔다. 그런데 이 우르가 1927년부터 1932년 사이에 울리Leonard Woolley라는 영국 고고학자가 이끄는 대영박물관 발굴 팀에 의해 그 실체를 드러낸 것이다. 이는 성서고고학의 획을 긋는 일대 사건이었다.

유적 발굴을 통해《성경》에서 아브라함이 유목민으로 묘사된 것과 달리, 실제로 그의 고향 우르에서는 도시 귀족층이었음을 알 수 있게 되었다. 나아가 우르 유적을 통해 수메르 문명의 진가가 드러남으로써 아브라함이 빈손으로 온 것이 아니라 당대 최고로 발달한 문명인으로 가나안 땅에 들어와 후손에게 그 영향을 미쳤음도 밝혀졌다.

사실 우르는 울리 팀에 의해 본격 발굴하기 이전부터 이미 그 존재가 알려져 있었다. 1850년대 영국의 고고학자들은 '역청의 언덕'이라고 불린 메소포타미아 지역 남부 광야의 유적지를 주목했다. 무너진 지구라트의 벽돌 틈마다 검은색 역청이 발견되었기 때문에 붙여진 이름이었다. 원유가 굳어져 반쯤 고체 상태로 땅 표면 가까이 부존하는 끈적끈적한 원유를 고대에는 역청이라고 불렀다.

1856년 고고학자들의 부탁을 받은 영국 영사 테일러가 지구라트를 조사하는 중에 기원전 6세기 바빌로니아의 마지막 왕 나보니두스의 기록을 발견했다. 고고학자들이 이 기록에서 나보니두스 왕이 우르의 지구라트를 보수하고 증축했다고 스스로 언급한 대목을 찾아냄으로써 이곳이 아브라함의 고향 '갈대아 우르'라는 사실이 처음으로 밝혀졌다. 하지만 당시 영국의 발굴 팀은 메소포타미아 북부의 다른 유적지 발굴에 주력하고 있어 우르를 더 이상 발굴할 수가 없었다.

우르의 지하무덤 유적.

1차 세계대전 이후 영국이 남부 메소포타미아 지역을 장악하면서 비로소 우르 유적 발굴이 본격화된 것이다.

단순한 상징으로 치부되었던《성경》의 기록이 이제는 고고학의 도움을 받아 진실 가능성이 높다고 밝혀진 것이다. 학자들은 점차《성경》의 기록에 역사적 타당성을 부여하기 시작했다. 그리고 그것을 탐구해 싹을 틔우는 것이 그들의 사명이라고 믿었다.

기원전 2100년경 건설된 우르의 지구라트는 지금까지 발견된 지구라트 중에서 가장 보전 상태가 완벽하다. 원래 4층 구조였으나 지금은 2층까지만 남아 있다. 기원전 2113년 왕이 된 우르남무는 홍수를 대비해 도시의 수호신이자 달의 신 난나를 모신 신전을 더 높은 곳에 축조했다. 난나 숭배의 중심 도시가 우르였다.

울리의 발굴 팀은 우르에서 무려 1,850기나 되는 지하무덤을 발굴했다. 기원전 2600년경의 이집트 피라미드와 동시대에 만들어진 무덤들이었다. 이집트 피라미드는 도굴로 텅 빈 채 발견된 반면 우르의 무덤들에서는 놀라운 부장품들이 가득했다. 이로써 아시리아와 바빌로니아 이전의 수메르 사회가 최초로 고고학적으로 인정받게 된다.

더구나 수메르 문화는 가장 오래되었다고 하는 고대 이집트 문화보다도 훨씬 앞선 것으로 판명되었다. 울리 팀이 발굴한 가운데 16기는 '왕릉'으로 여겨졌다. 신하들의 순장 풍습의 흔적과 함께 각종 보석으로 만들어진 부장품들이 너무나 화려했기 때문이다. 이들 분묘에는 호화로운 가구와 침구, 악기 등이 발견됐다. 이 외에도 하프, 칠현금, 황금그릇, 은제의 배 모형 등 다수가 출토되어 번영했던 고대 수메르 문명의 모습을 보여준다.

발굴 팀이 무덤을 보고 가장 놀라웠던 것은 바로 순장된 시녀들이었다. 왕이나 여왕이 죽을 때 신하와 시종들을 함께 묻는 풍습이 있었던 것이다. '죽음의 수갱竪坑'에서는 여섯 마리 소가 끄는 두 대의 수레와 병사·시녀·마부·악사 등 정장한 63구의 시신이 발굴되었다. 또 '죽음의 대수갱'에서는 74구의 순장 사체가 발견되었다.

20세기 발굴 유물 중 최고품의 하나인 4천 6백여 년 전 푸아비 왕비의 하프.

특히 그 화려함에서 최고였던 것은 푸아비 왕비의 무덤이었다. 함께 출토된 도장을 통해 왕비로 추정된 푸아비의 무덤에서는 라피스라줄리와 카넬리안 같은 보석으로 장식된 황금 머리장식이 발견됐다. 현대적 시각에서도 세련된 디자인이었다. 그리고 여기에서 발견된 황금으로 치장된 소나 양의 머리모양 하프는 역사상 최초의 악기로 밝혀졌다.

수많은 보석류, 무기, 전차, 금, 은, 청동제 투구들이 왕릉에서 발견되고 직조 공장터와 법원기록이 드러났다. 이것은 우르의 사람들이 부유했고 수준 높은 문화·예술을 가지고 있었음을 말해준다. 왕의 무덤에서 발굴된 군기, 악기, 금으로 만든 무기, 조상彫像, 조각한 원통인장 등은 이전까지 알려지지 않았던 문화를 연구하는 데 중요한 유물들이었다. 황금 제례용품, 황금투구 그리고 금과 보석으로 장식된 단도와 부인네들이 쓰던 금장신구도 있었다.

그 밖에도 왕릉에서는 조개껍질로 상감한 '우르의 군기'와 '우르

조개껍질로 상감한 우르의 군기.

의 전승기념비'가 출토되었다. 당시에 벌써 전차가 전쟁에 사용되었고 이런 나전칠기 기술을 가지고 있었다는 것이 놀랍다. 우르의 군기와 전승기념비는 각각 출정과 개선의 그림인데, 예술 작품으로도 훌륭하며 역사 기록으로도 가치가 크다. 수메르인의 문화유산 중 가장 걸작으로 여겨지는 우르의 군기에는 장군과 전차 뒤에 포로를 인수인계하는 모습까지도 볼 수 있다.

우르의 왕릉 고분군 발견은 종래 메소포타미아에서 볼 수 없던 것들이었다. 이러한 발굴로 우르는 매우 풍족한 생활을 누렸으며 원거리 중계무역을 통해 크게 번영했을 뿐 아니라 수메르 지방의 도시국가 중에서 지도적 지위에 있었음을 알 수 있다.

수메르 문명 당시의
문란했던 사회상

점토판에 쓰인 수메르 신화

아브라함 당시 수메르 사회는 다신교 사회였다. 수메르 신화에는 우주 창생신화와 '하늘에서 온 사람들' 이야기가 나온다. 이후 수메르 신화는 그 내용이 아카드·바빌로니아·아시리아를 거쳐 다른 민족들의 신화와 종교 속에 스며들었다. 유대교에도 영향을 미쳤다. 다음은 수메르 점토판에 쓰인 신들에 대한 이야기 요약분이다.

"45만 년 전 하늘에서 신들이 내려왔다. 이들을 아눈나키Anunaki라 불렀다. 무리 가운데 주신은 아누Annu로 그는 하늘An에 머물렀다. 그의 아들 엔릴과 엔키가 땅을 다스렸다. 먼저 엔키가 부하들과 지상에 내려와 직접 노동을 하며 문명을 건설하자 엔릴이 내려와 지상을 다스렸고 엔키는 바다와 하계의 신이 되었다.

그러던 가운데 아눈나키들은 과도한 노동에 불만을 품고 반역을 일으켰다. 엔릴과 엔키는 반란을 진압하고 반란 주동자를 재료로 삼아 흙을 섞어 인간을 창조해 노동에 활용하자 아눈나키들의 불만은 해소되었다. 그러나 시간이 지나자 인간의 수가 너무 많아져 통제하기 어려워졌다. 아눈나키 가운데 인간과 교접해 피를 섞는 자마저 나타났다. 중요한 몇몇 기술을 인간들이 알아내는 사고마저 생겼다. 그러자 엔릴은 인류의 수를 줄이기로 했다. 처음에는 기근을 일으켰다. 다음으로 대홍수를 일으켰다. 홍수가 끝난 뒤 살아남은 사람들은 이전처럼 조직적으로 움직이지 못하고 뿔뿔이 흩어졌다."

수메르의 신들은 숫자가 많았다. 3천6백 명이나 되었다. 그 가운데 중요한 모임에 참가할 수 있는 신들은 50명인데 그들이 바로 '아눈나키'들이다. 그리고 그보다 더 위에 태양계 천체 수와 같은 열두 명의 주신이 있었다. 이들은 그리스 신화의 신들처럼 가족 관계였다. 이렇게 수메르 신은 수없이 많았다. 어떤 신은 물을 다스리고, 어떤 신은 불을 다스리며, 또 다른 신은 사냥, 날씨, 전쟁 등을 지배했다. 고대 사람들은 제물을 바치고 예배를 드리며 신에게 은혜를 빌었다. 이러한 수메르 종교의 관념과 의식은 후대에 큰 영향을 미쳤다. 바빌로니아와 아시리아도 수메르 신들을 들여와 이름만 바꾼 게 많았다. 훗날 일부는 가나안을 거쳐 히브리 문화에도 반영되었다.

이외에도 수메르 신화에는 대홍수 설화와 낙원 설화 등이 있어 히브리 《성경》에 직간접의 영향을 미친 것으로 보인다.

성적 행위가 종교의식의 하나

아브라함이 살았던 무렵의 가나안 민족은 농경을 주재하는 바알 신과 아세라 여신을 믿었다. 바알 신은 풍요를 가져다주는 비와 폭풍우를, 아세라 여신은 창조와 번식을 주관했다. 그 무렵 가나안 사람들은 신들이 성행위를 자주해야 비가 많이 내려 풍년이 든다고 생각했다. 여신이 성적으로 흥분해 땀을 흘리면 그게 비가 된다고 생각했다. 그래서 신전 제례에 참가하는 사람은 여사제와 '사통하는' 의식을 치루어야 했다. 곧 바알과 아세라 신이 볼 수 있도록 신전에서 인간이 성행위를 하는 것이었다. 성행위가 곧 종교의식이었다. 당시 신전 여사제들은 성창이었다. 성창이란 제사를 드리러 온 사람들과 제례의식의 하나로 성행위를 하는 여사제들을 이른다. 이렇게 출산과 풍작을 기원하던 기복신앙은 신화를 거쳐 종교로 발전했다. 이 단계에서 등장하는 여신들이 수메르 우루크의 이난나다. 고대에서 생산을 주관하는 모든 여신들이 그렇듯 이난나 여신은 풍요와 생명을 상징했다. 아브라함의 고향 우르에는 '난나' 신전이 있었다. 우르크의 이난나를 우르 시대에 와서는 난나로 불렀다.

그런데 이 풍요와 생명의

이난나 여신.

상징인 난나 여신이 시대와 장소에 따라 부르는 이름이 달라졌다. 가나안에서는 아스다롯으로 불렸고 아시리아에서는 밀랏타 그리고 바빌로니아에서는 이슈타르 여신이 되었다. 그리스로 가서는 미와 사랑의 여신 아프로디테가 되었다. 아프로디테는 정염의 화신이자 도시를 보호하고 상인들을 수호하며 전쟁으로부터 지켜주는 여신으로 숭배되기도 했다. 그리고 로마로 들어가서는 미의 여신 비너스가 되었다.

그 신이 다 그 신이다. 그 원조가 이난나 여신이다. 그리스와 로마 신화 속의 성풍속이 난해한 것은 수메르 여신 때문이다. 신화 속 성과 사랑은 어떠한 금기도 없고 도덕과 윤리도 아랑곳하지 않았다. 당시 신화 속의 성풍속도가 워낙 난해하다 보니 사회적으로 근친상간이 만연하고 돈으로 신부를 사는 등 음란이 일상화되었다.

신전 매춘이 만연하다

신전에서의 매춘행위에 대해 기원전 5세기의 그리스 역사가 헤로도토스는 "모든 여자들은 일생에 적어도 한 번은 여신의 신전 앞뜰에 앉아 있다 지나가는 낯선 남자와 성관계를 가져야 했다"고 전한다. 이는 여성 신분의 고하와 관련 없이 무조건 해야만 하는 '종교적 의무'였다는 게 헤로도토스의 설명이다.

이에 따라 여인들은 신전에 들어가는 남자에게 점지되기를 기다렸다. 여행자가 무릎에 동전을 던져주고 신전 밖으로 데리고 나가 성관계를 갖기 전에는 집으로 돌아갈 수 없었다. 은화를 던진 남자는 "밀랏타(아시리아 여신) 여신의 이름으로"라고 외쳤다고 전해진다. 돈의 액

수는 얼마라도 상관없었다. 적은 돈이라도 한번 던지면 신성한 것이 되기 때문에 거절하거나 돌려주면 안되었다. 남녀가 몸을 섞은 뒤 여자는 그 돈을 신전에 바쳐야 여신에 대한 봉사를 다한 것이 되어 집으로 돌아갈 수 있었다.

당시 이것은 신에 대한 헌신으로 평가되어 사회적 찬양의 대상이었다. 매춘의 의도는 신전을 통해 어려운 처지의 사람들을 돕는 것이자 동시에 불쌍한 남성을 위로한다는 취지였다. 이 정신이 존경의 대상이 되자 자연히 신전 매춘이 등장했다. 이렇듯 당시 만연했던 우상숭배는 기본적으로 성적음란을 기초로 하고 있었다. 그 무렵 가장 고귀한 제물은 아기를 바치는 것이었다. 이러한 성행위를 통해 나타난 제물이 아기이기 때문이다.

새로운 세상이 준비되다

수메르 문명을 이렇게 자세히 소개하는 이유는 유대교 탄생 직전의 사회상을 설명하기 위해서다. 곧 당시의 고도로 발달한 물질문명은 타락과 부패와 음란이라는 부작용을 낳았다. 모든 여성이 상품화되어 신부조차 돈을 주고 사야 하는 사회가 되었다. 또 일상적으로 행해지는 우상숭배와 음란이 그 도를 지나쳐 영적으로 회복되기에 불가능한 지경에 이르러 다신교의 폐해가 얼마나 컸는지를 보여주었다. 그 결과 하느님이 타락한 세상에서 아브라함을 선택해 구해내 순수의 땅 광야로 보내게 된다.

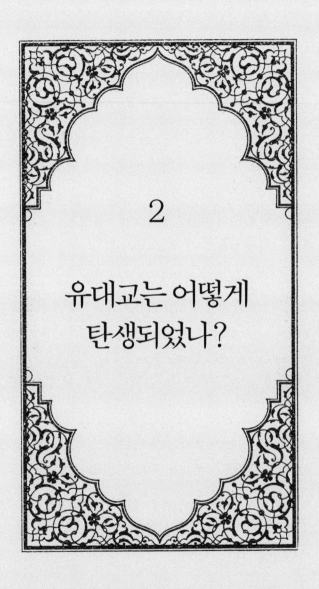

2

유대교는 어떻게
탄생되었나?

아브라함은 우상숭배를 거부하고 인류 최초로 유일신을 믿은 첫 번째 인물이다. 하느님은 그와 계약을 맺었다. 그 뒤 유대교가 유대인의 민족 종교로 자리 잡은 것은 이집트(애굽)로 탈출한 시기로 모세가 시나이 산에서 하느님으로부터 십계명과 율법을 받으면서부터다.

유대교의 특징은 '계약의 종교'다. 유대인들이 하느님으로부터 선택되어 하느님과 직접 계약을 맺었다고 믿기 때문이다. 그 뒤 그들에게 계약은 목숨 걸고 지켜야 할 당위가 되었다. 그들이 비단 신과의 계약뿐 아니라 상업상의 계약도 중시하는 이유가 여기에 있다.

또 유대교는 '배움의 종교'라는 특징을 지녔다. 기원전 6세기 바빌론 유수기에 성전이 없어 제물을 드리는 예배를 거행치 못하게 되자, 선지자들은 "하느님은 천 가지 제물보다 한 시간의 배움을 더 기뻐하신다"고 가르쳤다. "하나라도 더 배워야, 하느님의 섭리를 하나라도 더 이해하고, 하느님께 한 발짝이라도 더 다가갈 수 있다"고도 가르쳤다. 그래서 유대교는 배움을 기도와 똑같은 신앙생활로 간주한다. 그들이 평생 공부에 정진하는 이유다.

더 나아가 유대교는 율법을 통해 '유대인은 모두 한 형제'라고 가르친다. 율법은 유대인 간에 형제애를 갖고 단합하며 서로 도울 것을 명령한다. 오랜 기간 유대인들이 모진 박해와 나라 잃은 설움을 이겨낼 수 있었던 이유가 여기에 있다.

유대교는 '과거의 역사'를 중시한다. 그들은 역사 속에서 수많은 고난과 뿔뿔이 흩어지는 이산의 아픔을 겪었다. 이러한 담금질을 통해 갈고 닦아지면서 그들은 더욱 강해졌다. 고난이 바로 은혜였다. 유대인은 과거의 역사를 현재에 반추하며 이를 현재의 스승이자 미래의 거울로 삼는다. 그들의 조상 아브라함과 모세가 현재 그들의 기억과 예배 속에 살아 숨 쉬는 이유다.

유대인 역사의 굽이굽이에는 이러한 정신들이 깊숙이 배어 있다. 그 정신들이 어떻게 형성되었는지, 유대민족과 유대교의 탄생 과정을 알아보자.

신과 맺은 영원한 계약

하느님이 당신의 형상대로
인간을 창조하다

하느님과 유대인의 관계를 적은 역사책이자 세
계적인 베스트셀러인《구약성경》은 우주만물에 대한 창조이야기로
시작된다. 하느님은 모든 것을 만드시고 그 끝에 '하느님의 형상'대
로 인간을 창조했다. 엎드려 기어 다니며 땅을 바라보는 동물과 달리
사람만은 두 발로 서서 앞을 보고 하늘을 볼 수 있었다. 이것은 멀리
내다볼 수 있는 능력을 뜻한다. 인간이 본능이 아닌 이상을 추구하며
사는 것은 대단한 축복이었다.

〈창세기〉를 보면 하느님이 인간을 만들 때 코에 생기를 불어넣는
장면이 나온다. 유대인은 이 생기가 바로 하느님의 영혼이라고 믿는
다. 그리고 하느님은 각 영혼에 맞는 재능도 함께 주었다고 믿는다.
곧 하느님은 인간을 한 명 한 명 만들 때마다 자신의 영혼을 불어넣

미켈란젤로, 〈아담의 창조〉(1510).

었고 그 영혼이 인간의 몸에서 살다 죽으면 다시 하느님께 되돌아간다는 것이다. 이 같은 유대인의 사고에 따르면 결국 실존하는 것은 인간이 아니라 인간 내면 안에 깃든 하느님의 영혼이다.

기원전 1세기의 유명한 랍비 힐렐은 "하느님이 인간 내면에 심은 하느님의 형상이 완전히 개발되어 세계와 우주를 이해해 지배하고, 모든 인류의 삶이 하느님의 평화에 이르는 것이《성경》전체의 뜻이다"라고 가르쳤다. 이 기본 신앙 이외에 나머지 설명은 다 주석에 불과한 것이라 했다.

노아의 큰아들에게서 셈족이 나오다

《구약성경》에 따르면, 아담으로부터 10대가 흐르자 세상은 타락했다. 하느님은 그 무렵 타락한 세상을 '물'로 씻어 내

미켈란젤로, 〈노아의 만취〉(1509). 그림 속 세 아들의 피부색이 다르다.

면서 노아를 선택해 그 가족을 구해냈다. 노아에게는 세 아들 '셈, 함, 야벳'이 있었다. 이들이 다시 인류의 조상이 된다. 큰아들 셈의 후손들은 동쪽으로 가 이들로부터 중동아시아계가 나왔다. 히브리, 시리아, 아시리아, 페르시아, 아라비아 그리고 몽골 족 등이다. 유대인의 조상 아브라함이 셈 족이다.

《성경》에 보면 둘째 아들 함은 포도주에 취해 벌거벗은 채 자는 아버지를 돌보지 않아 노아로부터 저주받는다. "가나안은 저주를 받아 형제들에게 천대받는 종이 되어라. 하느님께서 야벳을 흥하게 하시어 셈의 천막에서 살게 하시고 가나안은 그의 종이 되어라."(〈창세기〉 9:27) 그 뒤 둘째 아들 함은 아프리카 쪽으로 갔고 그에게서 이집트, 에티오피아, 리비아 등 아프리카계와 가나안 사람들이 나왔다. 막내 야벳은 유럽으로 가서 그에게서 코카서스인과 아리아인 등 백인이 나왔다.

서구의 세계관과 인종 구분은 이에 근거하고 있다.

이후 10대가 지나자 이들 자손들이 건설한 세상은 또다시 타락했다. 특히 수메르 문명이 너무 물질적으로 발달하다 보니 우상숭배와 음란이 판치는 세상이 되어 하느님은 예전에 노아를 선택해 구했듯이 아브라함을 선택해 순수한 광야로 보낸다.

아브라함 당시의 주변 정세

기원전 4500년경부터 팔레스타인 지역에는 두 개의 문명이 존재했다. 하나는 북동쪽의 수메르 문명이고 다른 하나

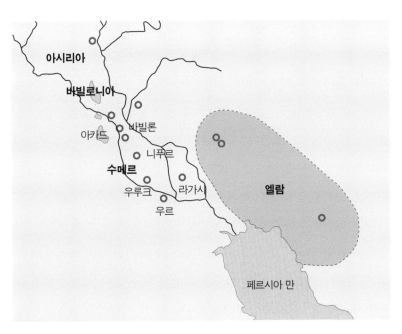

우르 멸망 당시의 세력도.

는 남서쪽의 이집트 문명이었다. 팔레스타인은 두 문명을 연결하는 교통의 요충지이자 통상교역로였다. 두 문명이 교류와 충돌을 반복하면서 팔레스타인 지역은 완충지대 역할을 했다. 그 무렵 힘의 균형을 깨는 무기가 개발되었다. 기원전 2350년경에 아카드의 사르곤 왕이 사륜전차를 개량해 이륜전차를 개발한 것이다. 이륜전차는 사륜전차에 비해 기동성이 훨씬 뛰어났다. 세계 전쟁사에서 이러한 신무기는 나라의 흥망성쇠를 바꿀 정도로 위력이 대단했다.

이로써 아카드의 힘이 강해지면서 수메르를 정복해 아카드 왕국을 건설했다. 메소포타미아에 최초의 통일 왕국이 들어선 것이다. 그들은 메소포타미아 전체를 상업 및 교역 중심지로 변화시켰다.

그 뒤 이란 고원 구티 족의 침입으로 기원전 2150년경 아카드 왕국이 멸망하자 우르남무가 우르 제3왕조를 부흥시켜 우르의 최전성기를 맞이한다. 우르남무는 여러 개의 지구라트를 축조하고 라가시를 정복했다. 그는 구티 족의 침략으로 엉망이 된 수메르의 무역로를 복구했다. 그 무렵 아브라함 가족은 수메르 문명이 가장 발달했던 우르에 살고 있었다. 하지만 이때부터 강성한 도시국가들 간의 주도권 다툼이 치열해져 전쟁으로 치달았다. 수메르는 북쪽 아모르인의 침입으로 기원전 2006년 바빌로니아 건설이 시작되면서 전쟁을 피할 수 없었다. 이런 와중에 서쪽 엘람의 침입으로 결국 기원전 2004년 우르는 멸망했다.

수메르인들은 사방으로 흩어질 수밖에 없었다. 의사, 교육자, 천문학자, 건축가, 서기 같은 지식인들은 이주한 지방에서 새로운 문명과 문화의 전파자가 되었다. 수메르인들이 유랑하는 난민이 된 것이다. 기원전 2000년경 우상을 만들어 팔던 데라도 아들 아브라함과 조카 롯을 데리고 우르를 떠나 하란으로 이주했다. 하란도 수메르 유민들의 집결지였다. 당시 아나톨리아 반도(지금의 터키)와 가까운 하란은 통상의 중심지였다. 그곳은 우르 대상들의 거점으로 수메르-소아시아-이집트 무역로를 연결하는 요충지였다.

아브라함을 선택하다

하란에 정착한 데라는 그곳에서 죽고 아브라함은 하느님의 부름을 받게 된다. 아브라함은 노아가 타락된 세상에서 선택받았듯 하느님께 선택받았다. 하느님이 아브라함에게 말했다. "네 고향과 친족과 아버지의 집을 떠나, 내가 너에게 보여줄 땅으로 가거라. 나는 너를 큰 민족이 되게 하고, 너에게 복을 내리며, 너의 이름을 떨치게 하겠다. 그리하여 너는 복의 근원이 될 것이다. 너에게 축복하는 이들에게는 내가 복을 내리고, 너를 저주하는 자에게는 내

루카 조르다노Luca Giordano, 〈아브라함이 엎드려 하느님의 약속을 듣다〉(1695).

가 저주를 내리겠다. 세상의 모든 종족들이 너를 통하여 복을 받을 것이다."《창세기》12:13)

이에 아브라함은 하느님에 대한 추호의 의심도 없이 절대 순종했다. 이로써 아브라함은 믿음의 조상이 된다. 선악과를 따먹은 아담과 하와의 불순종으로 단절됐던 구원의 역사가 아브라함을 통해 다시 시작된 것이다.

아브라함의 가족이 우상숭배와 음란의 도시를 떠나 순수한 광야 가나안으로 감으로써 아브라함의 유일신 역사는 시작된다. 아브라함이 부르심을 받아 하란을 떠날 때 그의 나이 75세였다. 이 시대에 다른 민족들은 다신교와 우상숭배에 빠져 있었다. 4천 여 년 전 한 노인의 결단이 오늘날 유대교, 기독교, 이슬람교를 낳았다.[*]

히브리, '강 건너에서 온 사람들'

아브라함은 대규모 식솔을 이끌고 떠났다. 사촌 누이이자 아내인 사라와 조카 롯과 함께 훈련받은 318명의 남자 종 등 한 부족의 이동이었다. 9백 여 킬로미터의 머나먼 여정을 거쳐 도착한 가나안 지역이 지금의 팔레스타인이다. 이스라엘 역사는 이처럼 아브라함의 이주에서 시작되었다. 가나안 사람들은 그때부터 이들을 히브리 사람들이라고 불렀다. '강 건너에서 온 사람들'이란 뜻이

---

[*] 우광호, '유대인 이야기', 〈가톨릭신문〉, 2009년 1월 1일자.

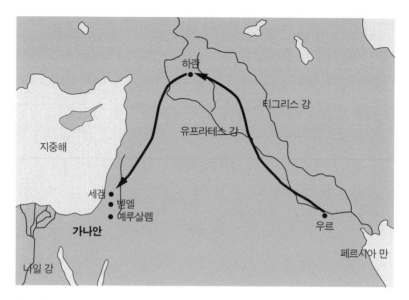

우르에서 하란을 거쳐 가나안 가는 길.

다. 이후로 아브라함은 유목민
이 되어 양떼를 치며 이곳저곳
을 떠돌아다니며 살았다.

아브라함은 나이가 들도록
아이가 생기지 않았다. 그러자
아내 사라는 당시의 관습대로
여종 하갈을 소실로 들일 것을
권한다. 이집트 출신 하갈은 임
신을 하자 사라를 괄시하기 시
작했다. 하갈은 이스마엘을 낳
았고, 이때 아브라함의 나이

아드리안 반 데어 베르프 Adriaen van der Werff,
〈아브라함에게 하갈을 소개하는 사라〉(1699).

86세였다. 이스마엘은 '하느님께서 들으심'이라는 뜻이다. 그는 아랍인의 조상이 된다. 이렇듯 유대교, 기독교, 이슬람교 모두 아브라함의 자손에 의해 생겨났다. 그래서 그들 모두는 아브라함을 최초의 조상으로 섬긴다. 세 종교 모두 유일신 하느님을 믿는 한 뿌리에서 갈라져 나온 종교다. 유대인들이 쓴 역사책을 보면 기독교와 이슬람교를 각각 유대교의 첫째 딸, 둘째 딸로 표현했다. 이는 유대교가 유일신 종교의 시발점이라는 데서 나온 표현이다.

계약의 민족

아브라함이 99세 되던 해에 하느님은 아브라함을 민족의 조상으로 삼는 계약을 맺는다. "내가 너와 계약을 맺는다. 너는 많은 민족의 조상이 되리라. 내가 너를 많은 민족의 조상으로 삼으리니, 네 이름은 이제 아브람이 아니라 아브라함이라 불리리라. 나는 너에게서 많은 자손이 태어나 큰 민족을 이루게 하고 왕손도 너에게서 나오게 하리라. 나는 너와 네 후손의 하느님이 되어주기로, 너와 대대로 네 뒤를 이을 후손들과 나 사이에 계약을 세워 이를 영원한 계약으로 삼으리라. 네가 몸 붙여 살고 있는 가나안 온 땅을 너와 네 후손에게 준다. 나는 그들의 하느님이 되어주리라."(《창세기》 17:1~8) '아브라함'에서 '아브'는 아버지, '함'은 민족이라는 뜻이다. 곧 그를 '민족의 아버지'로 세운 것이다.

계약의 징표, 할례

　　　이때 하느님은 계약의 징표로 할례를 내세운다. "너는 내 계약을 지켜야 한다. 너뿐 아니라, 네 후손 대대로 지켜야 한다. 너희 남자들은 모두 할례를 받아라. 이것이 너와 네 후손과 나 사이에 세운 내 계약으로서 너희가 지켜야 할 일이다. 너희는 포경을 베어 할례를 베풀어야 한다. 이것이 나와 너희 사이에 세운 계약의 표다. 대대로 너희 모든 남자는 난 지 팔 일만에 할례를 받아야 한다."

〈창세기〉 17:9~12)

아브라함은 그날로 집안의 모든 남자를 불러 할례를 행했다. 이로써 유대인들은 온전한 계약의 백성이 되었다. 유대인에게 있어 할례는 하느님과 맺은 계약의 징표다. 어떠한 상황에서도 하느님 자녀로서의 마음가짐과, 희망의 세계를 바라볼 수 있는 신앙을 가슴 깊이 새기기 위해 거룩한 표시를 몸에 새기는 것이다. 이로써 할례를 받은 유대인은 사람의 자식이 아닌 '하느님의 자녀'가 되는 셈이다.

계약은 쌍방 간에 서로 주고받는 약속이다. 유대교 전승에 따르면, 이후 유대인들도 하느님에게 약속을 했는데 그것을 '게미루트 하사딤'이라 부른다. 그 내용은 선행을 하며 하느님이 자기들을 사랑한 것처럼 자신들도 서로 사랑하겠다는 약속이다. 이와 함께 '하느님께 기도하는 것', '하느님이 준 축복에 감사하는 것'과 《성경》 말씀을 공부하고 가르치는 삶'도 계약에 포함된다.

소돔과 고모라는 불로 심판받고,
우르는 땅속에 매몰되다

소돔 성은 당시 타락과 음란이 일상화된 곳이었
다. 하느님이 아브라함에게 말했다. "소돔과 고모라에서 들려오는 저
아우성을 나는 차마 들을 수가 없다. 너무나 엄청난 죄를 짓고들 있
다."(《창세기》 18:20) 아브라함은 그곳에 열 사람의 의인만 있어도 멸하
지 않도록 용서를 청했다. 그러나 그마저도 없었다.

결국 하느님은 소돔에 사는 롯을 구해내고 그곳을 멸했다. 소돔과
고모라를 불로 심판한 것이다. 후세의 역사가들은 이 지역에 당시 대
지진이 일어나 땅이 꺼지면서 밑에서 역청과 유황이 뒤섞여 솟아오
른 것으로 보고 있다. 이스라엘 사해 남부 지역에 위치했다고 보는
이들 도시는 이때의 지진으로 사해에 수몰된 것으로 추정된다. 그리

존 마틴John Martin, 〈소돔과 고모라의 멸망〉(1852).

고 아브라함이 살았던 우르도 훗날 강에서 흘러내린 토사에 묻혀 땅속에 매몰된다. 이로써 우상숭배와 문란함에 빠졌던 도시들이 사라졌다.

이삭이 태어나고 이스마엘이 쫓겨나다

아브라함이 백 살이 되었을 때 하느님의 약속대로 사라에게도 아이가 생겼다. 이삭이 태어난 것이다. 사라는 그동안 자기를 괄시한 하녀 하갈과 그녀의 아들 이스마엘을 내쫓는다. 아랍인과 유대인은 모두 아브라함의 후손으로 아랍인은 이스마엘의 후손이고 유대인은 이삭의 후손이다. 같은 조상을 둔 형제 민족 사이의 악연은 이렇게 시작되었다. 이것이 이스라엘과 아랍 간 긴 투쟁의 시작인 셈이다.

하느님은 이스마엘을 돌봐 큰 민족이 되게 했다. 그의 열두 아들이 열두 부족의 조상이 되었다. 아브라함의 종교를 이스마엘을 통해 이어받은 사람들이 무슬림이고 이삭을 통해 받은 사람들이 유

아드리안 반 데어 베르프, 〈하갈의 추방〉(미상).

대인이다. 이슬람교의 주장에 의하면 알라와 여호와 하느님은 같은 신이다. 이슬람교도들은 유대인들과 기독교도들이 아브라함의 종교를 타락시키고 하느님의 경전인 《성경》을 변질시켰기 때문에 무함마드를 통해 하늘에 있는 경전 원본을 내려 보내 아브라함의 종교를 회복시킨 것이 이슬람교라는 주장이다.

아브라함의 순명, 자식을 바쳐라

아브라함이 살았던 무렵의 다신교 신전에서는 첫 수확물과 맏배를 신에게 바쳤다. 또 계약의 체결은 동물의 희생 제물로 보증하는 것이 관례였다. 특히 신과의 계약은 중요했기 때문에 당연히 가장 귀한 인간이 주로 바쳐졌다. 이는 동서양이 비슷했다. 인당수에 처녀 심청이를 바쳐야 폭풍우가 멈추고, 아즈텍과 잉카에서 태양신에게 젊은이들 심장을 꺼내 바치는 믿음과 비슷했다.

렘브란트, 〈이삭을 제물로 바치는 아브라함〉(1635).

《성경》에 따르면 어느 날 하느님이 아브라함에게 이삭을 번제물로 바치라고 이른다. 이에 아브라함이 순종하며 이삭을 데리고 산에 올라가 제단 위에 올려놓고 번제물로 바치려 하자 하느님이 그의 믿음을 보고 중단시킨다. 대신 번제물로 양을 바치게 한다.

13세기의 유명한 랍비 나흐마니데스Moses Nachmanides는 이 사건을 '하느님의 예지와 인간의 자유의지가 양립 가능하다'는 것을 보여주는 최초의 예로 이해했다. 이슬람교에서는 이 이야기의 주인공이 이삭이 아니라 이스마엘이다.

《성경》에서 제사의 의미

하느님과 인간이 창조 상태의 죄 없는 관계를 회복하려면 먼저 그 관계를 단절시킨 죄 값이 해결되어야 했다. 죄의 해결을 위해서는 에덴동산에서의 약속에 따라 죄를 범한 자가 죽어야 한다.

이렇듯 원래는 죄의 삯은 죽음이었다. 하느님은 한번 세운 법대로 죄는 분명 죽음으로 처벌하되, 죄 지은 인간은 살려주기 위한 새 법을 내렸다. 인간 대신 그 죄를 전가 받은 흠 없는 동물, 이른바 속죄양이 죽는 것이었다. 이렇게 흠 없는 속죄양을 인간 대신 받아 인간의 죄를 용서 받을 수 있는 길을 연 것이 바로 제사의 유래였다.

그 뒤 아브라함의 신앙은 크게 세 가지로 나타난다. '하느님 이외에 어떤 다른 신도 섬기지 못한다. 하느님과의 계약의 징표로 할례의식을 행한다. 그리고 하느님께 드리는 제사에 인간을 희생 제물로 써서는 안 된다.' 이 사건은 그 무렵 가나안에서 사람을 죽여 신에게 제사 지내던 관습에 반대하는 메시지로 볼 수 있다. 아브라함 이전에는 흠 없는 정결한 어린아이를 희생 제물로 쓰는 관습이 있었다. 더 이상 유대교는 살아 있는 사람을 제물로 쓰지 않게 되었다.

하느님의 보편성이 담긴 약속

이삭 번제물 사건으로 하느님은 보편성이 담긴 약속을 반복해서 제시했다. 하느님은 아브라함의 자손들에게만 번성을 약속한 것이 아니라, "너의 후손의 덕을 입어 지상의 백성은 모두 축복을 받으리라"(〈창세기〉22:18)고 약속한다.

이는 아브라함을 처음 선택할 때 말했던 내용의 반복이었다. 반복은 강조를 뜻한다. 이로써 유대인의 역사가 단순히 유대민족만의 구원 역사가 아닌 인류의 구원사가 되었다. 아브라함의 순종은 이스라엘 문명사의 출발점이자 동시에 종교적으로 볼 때 인류 구원사의 시작이었다.

유대인은 소명의식을 갖고 있다. '역사에는 목적이 있고, 인간에게는 도달해야 할 목표가 있다'는 것을 유대인처럼 굳게 믿는 민족은 없다. 인류가 하느님이 계획한 운명을 지니고 있다는 것이다. 유대인들은 자신들이 이 거룩한 계획에 동참해 앞장서도록 되어 있다고 믿고 있다.

최초의 유대인 땅 헤브론,
강인한 역사를 웅변하다

유대인 역사상 중요한 일이 또 하나 생긴다. 가나안 땅을 최초이자 '공식적으로' 획득한 것이다. 예루살렘 남쪽에 있는 헤브론은 아브라함이 사라를 안장시키기 위해 사들인 땅이다. 드디어 떠돌이 아브라함이 땅의 소유자가 된 것이다.《성경》은 아브라함이 땅을 사들이는 과정을 유독 상세히 기술해 의미를 부여한다. 아브라함이 최초로 자기 소유 땅을 획득하고 바로 그 땅에 유목민 생활을 마감하고 묻힌 것이다. 그래서 오늘날 유대인들에게도 헤브론은 예루살렘 다음으로 중요한 성지로 각별한 의미를 지닌다.

세 종교 모두 아브라함을 조상으로 삼기 때문에 이곳은 유대교뿐 아니라 기독교와 이슬람교 모두에게 거룩한 장소다. 그래서 정복자

헤브론의 막벨라 동굴 위에 헤롯이 세운 성벽.

막벨라 동굴 사원 안의 아브라함 무덤.

가 많이 바뀌었다. 그때마다 히브리인들의 기도소, 유대교의 시너고
그synagogue, 비잔틴제국의 성당, 이슬람교의 모스크, 십자군의 교회,
그리고 다시 모스크로 번갈아 가며 사용되곤 했다.

  현재도 이곳에는 유대회당과 이슬람교 사원이 함께 공존하고 있
다. 이곳을 지배하던 가나안인, 에돔인, 그리스인, 로마인, 비잔틴인,
프랑크인, 맘루크, 그리고 오스만 투르크인은 역사 저 너머로 사라졌
다. 하지만 유대인만큼은 헤브론 땅에 지금도 자리 잡고 있다. 이처럼
헤브론은 4천 년이 넘는 세월 동안 유대인들이 어떻게 살아남았는지
를 보여주는 표상이다. 곧 그들의 고난의 역사와 역경을 극복해 나가
는 강인함을 상징하고 있다.

호세 데 리베라José de Ribera, 〈야곱의 꿈〉(1639).

'이스라엘'의 유래

이삭의 아들 야곱이 광야에서 돌베개를 베고 잠이 들었다. 이때 꿈에 하느님이 나타났다. "나는 야훼, 네 할아버지 아브라함의 하느님이요. 네 아버지 이삭의 하느님이다. 나는 네가 지금 누워 있는 이 땅을 너와 네 후손에게 주리라. 네 후손은 땅의 티끌만큼 불어나서 동서남북으로 멀리 퍼질 것이다. 너에게 약속한 것을 다 이루어줄 때까지 나는 네 곁을 떠나지 않으리라. …… 너의 이름은 이제 더 이상 야곱이 아니라 이스라엘이라 불릴 것이다."(《창세기》 28:13)

《성경》에서 '이스라엘'이라는 이름이 최초로 등장하는 순간이다. 야곱은 꿈에 하느님과 씨름했다고 '이스라엘'이란 이름을 얻었다. 이스라엘은 '하느님과 씨름하다'는 뜻이다. 지금 이스라엘의 국호는 여기서 유래했다. 이것이 유대인 개인에서 '이스라엘'이라는 민족으로

들라크루아, 〈천사와 싸우는 야곱〉(1861).

발전하는 시발점이다.

이스라엘은 '하느님과 씨름하다'는 뜻 이외에도 '하느님과 겨룬 사람', '하느님이 싸워주기를', '하느님을 위해 싸우는 사람' 등 다양한 의미가 있다. 이러한 해석들에 공통적으로 '싸우다'라는 함의가 들어 있다. 이스라엘이라는 이름 자체가 전투적인 의미를 지니고 있는 것이다. 실제로 이스라엘은 역사 이후로 계속 싸워왔고 지금도 싸우면서 치열한 삶을 살아가고 있다.

서양에서 가장 인기 있는 이름이 바로 야곱이다. 하느님이 항상 함께 있겠다고 약속한 이름이기 때문이다. 영어로는 제이콥Jacob, 잭Jack 혹은 재키Jake로 불린다. 요한이 존John, 베드로가 피터Peter, 바오로가 폴Paul로 불리는 것과 마찬가지다.

이집트로 팔려간 요셉, 대신이 되다

야곱은 14년간 외삼촌 일을 돌봐주고 사촌누이인 레아와 라헬을 부인으로 맞았다. 이들 두 명의 부인과 두 명의 여종으로부터 모두 열두 명의 아들을 얻었다. 열한 번째 아들인 요셉이 형들에게 밉보여 어릴 적에 은 스무 냥에 이집트로 팔려갔다. 당시 '왕의 대로'라 일컬어지는 사막 길을 오가며 향료, 유향, 몰약, 금, 노예 등을 교역한 대상들에게 팔려간 것이다.

요셉은 이집트에서 고관 집에 팔렸다. 명석하고 기민할 뿐 아니라 상상력이 풍부하고 세상을 긍정적으로 보는 이상주의자였던 그는 복잡한 현상들을 쉽게 해석할 수 있는 탁월한 능

프리드리히 오베르베르크Friedrich J. Overbeck, 〈팔려 가는 요셉〉(1816).

력을 갖고 있었다. 이집트 왕이 꾼 꿈을 '7년간의 풍년 뒤에 7년간의 흉년이 온다'는 징조로 해몽하며 자신의 예지력을 보여주었다. 이를 계기로 요셉은 그 대책을 세울 부왕副王에 발탁되었다. 왕 다음 가는 직위였다.

요셉은 경제에 관한 대처와 경영능력이 뛰어났다. 고대사회에서 꿈 해몽은 특별한 신의 은총을 받은 사람만이 할 수 있는 일로 여겨졌다. 따라서 꿈 해몽가는 신이 점지한 사람이자 지혜로운 사람으로 여겨졌다. 요셉은 꿈을 해몽한 대로 이집트에 풍년이 들자 수확물의 오분의 일을 세금으로 징수했다. 이를 보관했다 흉년이 들 때 되팔아 국민들을 대기근으로부터 구했다. 또 이 돈으로 거의 전 국토를 사들일 수 있었다. 이 과정에서 이집트의 국가관리 시스템을 완성해 가며 자연스럽게 왕권을 확립했다. 중앙집권제 국가를 건설해 이집트를 역사의 전면에 부상시킨 것이다. 이때가 이집트 역사의 황금기였다.

그러던 어느 해 가나안에 기근이 들었다. 요셉은 아버지 야곱과 형

제들을 기근이 든 고향에서 풍요로운 이집트로 부른다. 이리하여 야곱은 아들들과 식솔 칠십 명의 장정과 그에 딸린 식구들을 거느리고 풍요로운 나일 강 유역 '곳센'에 정착했다. 야곱은 아들 덕분에 이집트에서 가장 비옥한 땅에 정착할 수 있었다. 이집트는 원래 예로부터 이스라엘 민족의 피난처였다. 아브라함이나 야곱 가족은 가나안 땅에 기근이 들었을 때 물이 풍성한 이집트로 내려가서 도움을 요청했고 훗날 예수 가족도 헤롯 왕의 박해를 피해 이집트로 가기도 했다. 야곱의 아들 열두 명 가운데 열 명과 요셉의 아들 두 명이 이스라엘 열두 지파의 조상이 되었다.

이때가 힉소스 왕가의 이집트 통치 말기였다. 이집트 원주민들은 이방인인 이스라엘 민족이 힉소스 왕가의 호의로 북쪽 기름진 땅에 살면서 번성하는 것에 반감을 품게 된다. 이는 그 뒤 힉소스 왕가를 전복시킨 이집트인들이 이스라엘인들을 핍박하고 노예로 삼는 데서 잘 나타난다.

파라오의 유대인 말살정책

테베의 왕 아모스는 기원전 1580년경에 마침내 힉소스 족을 무찌르고 새로운 왕조를 연다. 제18왕조의 첫 통치자가 된 아모스는 마침내 이집트의 통치권을 회복했다. 그리고 남아 있던 힉소스 족과 그들이 불러들인 다른 민족들을 노예로 삼았다. 이로써 유대인들의 이집트 노예생활이 시작되었다.

그 무렵 이집트에 거주하는 유대인 인구는 2백만 명 정도로 늘어

오히려 이집트인보다도 더 많았다. 당시로서는 대단히 큰 민족이었다. 순수 야곱의 후예 이외에도 전쟁노예들과 이방인들이 섞여 공동체를 이루고 있던 것으로 보인다. 이집트인들은 자기들보다도 더 커진 유대민족에 대해 두려움을 느꼈다. 이집트는 유대인들의 언어와 문화를 말살하려고 여러 차례 시도했으나 그때마다 수포로 돌아갔다.

결국 파라오는 유대인들의 씨를 말리기 위해 새로 태어나는 유대인 남자 아기는 모두 강물에 던져 버리라는 명령을 공포했다. 훗날 유대인을 이끌고 이집트에서 탈출한 모세의 이름은 바로 '강물에서 건진 아이'라는 뜻이다. 이스라엘 민족이 이집트를 탈출하는 시기는 기원전 15세기 설과 기원전 13세기 설로 양분되어 있으나 많은 학자들은 대체로 그 연대를 람세스 2세 통치기간인 기원전 1220년대로 추정하고 있다.

민족 전체가 노예가 되다

이집트에서 탈출하는 '출애굽' 사건은 유대교 신앙의 가장 중요한 구심점이다. 이 사건은 이스라엘 역사와 문화에 있어서도 중요한 위치를 차지한다. 출애굽 사건을 통해 유대인들은 비로소 자신들의 정체성을 확립하게 된다.

가나안에 흉년이 들어 이집트로 이주했던 야곱 일가 남자 70명과 그 가족들로 시작한 유대민족은 430여 년 만에 2백만 명이 넘는 큰 민족으로 번성했다. 유대민족은 이집트 신왕조 들어 건설노예로 징발되어 수많은 건설 현장에서 혹사당하고 있었다. 나일 강변의 신전들은 이렇게 유대인들의 피와 땀으로 건축된 것들이 많다.

람세스 2세는 유대인 건설노예를 활용해, '건축의 대왕'이라는 별명을 얻을 만큼 많은 건설 사업을 벌였다. 아비도스 신전, 카르나크 신전군, 룩소르 신전, 아부심벨 대신전과 소小신전, 라메세움 신전

데이비드 로버츠David Roberts, 〈이스라엘 민족의 출발〉(1829).

등 이집트 전역에 수많은 신전 건축물을 세우고 내부를 람세스 2세 자신이 거둔 승리를 묘사한 글들과 그림들로 도배했다. 이러한 건설 사업을 위해 많은 유대인들이 징집되어 혹사당했다. 그러나 그들은 학대를 받을수록 더욱 번성해 큰 무리가 되었다. 요즘 관광객들이 보는 많은 이집트 신전 건축물 대부

룩소르 신전의 람세스 2세 좌상.

분이 그때 유대인 건설노예들이 지은 것이다. 람세스 2세는 유대인들을 이용해 여러 도시 건설은 물론 이집트 역사상 가장 많은 건축물들을 세웠다.

건설노예뿐만 아니라 수공업 분야에서도 유대인 노예들이 혹사당했다. 특히 수많은 유대인 노예를 동원한 마직물공장은 공기가 잘 통하지 않는 열악한 작업장으로 악명이 높았다. 유대인들은 무자비한 압제와 혹독한 종살이에 지칠 대로 지쳐갔다. 노예로 전락한 유대인들은 절망적인 강제 노동의 상황에서 신에게 구원을 간구했다. 이집트에서 유대인들의 삶이 번영의 지속이었다면 그들은 결코 이집트를 떠날 생각을 안했을 것이다.

모세의 영도

이때 하느님은 어눌한 모세를 선택해 이스라엘 백성 구원에 앞장서게 한다. 모세는 원래 유대인 노예의 아들로 태어났다. 그가 태어난 시대는 유대인 아들이 태어나면 무조건 죽이도록 명령된 시대였다. 석 달을 숨겨 키운 어머니는 아기를 갈대상자에 담아 나일 강에 띄었다. 마침 나일 강에 목욕 나왔던 이집트 공주가 발견해 데려가 키웠다.

모세는 성장하면서 자신이 유대인이라는 자의식을 갖기 시작했고 동족을 못살게 구는 이집트 병사를 죽이고 미디안 광야로 도망가 살았다. 그곳 호렙 산 떨기나무 불꽃 속에서 신을 만나는 체험을 하게 된다. 모세는 이 엄청난 만남에서 신에게 물었다. "당신 이름이 무엇

라파엘로, 〈물에서 구원된 모세〉(1518~1519).

입니까?" 신은 "나는 나다"라고 대답한다. 이 대답은 '신'은 인간의 언어로는 설명이 불가능하다는 뜻이다.

이스라엘 백성을 구하라는 하느님의 명령 앞에 모세는 자신은 일개 목동이라고 항변하지만, 신은 모세에게 다음과 같이 말한다. "내가 너와 함께하겠다." 이 말뜻은 모세는 더 이상 모세가 아니라 모세이상의 존재라는 것이다. 모세는 깨달음을 통해 신의 대리자가 된다. 아브라함 전통에서 이 사상을 '임마누엘'이라 한다. 임마누엘은 히브리어로 '하느님이 우리와 함께 계시다'는 뜻이다.

모세는 신의 명령을 받아 이집트로 돌아가 유대인들을 해방시키는 대업을 시작한다. 모세는 람세스 2세에게 유대인들이 광야로 가서 제사드릴 수 있게 해 달라고 청했다가 거절당한다. 모세는 이어지는 담판에서도 별 성과를 거두지 못했다. 그때부터 모세는 모든 방

보티첼리, 〈모세의 젊은 시절〉(1482). 좌측 상단에 부름을 받은 모세가 잘 표현되어 있다.

법을 동원해 파라오와 정면으로 맞선다. 《성경》의 열 가지 재앙 이야
기가 그것이다. 나일 강이 피로 변하고, 개구리 소동이 일어나고, 모
기와 등에가 들끓고, 가축병과 피부병이 만연하고, 우박이 쏟아지고,
메뚜기 소동이 일어나고, 세상이 어둠으로 변한다. 하지만 파라오는
꿈쩍도 하지 않았다. 마지막 열 번째 재앙은 이집트의 모든 만아들
의 죽음이었다.

재앙이 넘어가다

하느님은 마지막 재앙이 오기 전에 이스라엘 가
정은 대문 문설주에 양의 피를 바르라고 지시했다. 그날 밤 이스라
엘 백성들은 양의 피를 바르고 기다렸다. 피 흘림은 죄 사함의 표시

로 하느님 백성이라는 징표였다. 여기저기서 통곡하는 소리가 들려왔다. 이집트의 모든 장자가 죽었으며 파라오라고 피할 수 없었다. 하지만 유대인의 맏아들은 모두 무사했다. 그래서 그날을 '재앙이 넘어 간다'는 뜻의 유월절(과월절)이라 부르게 되었다. 영어로는 'Passover', 그리스어로 파스카Pascha로 발음되고 히브리어로 '페사흐'로 불린다.

더 이상 버티는 것이 힘들다고 판단한 파라오는 밤중에 모세와 형 아론을 불러 이집트에서 떠나라고 했다. 이렇듯 유월절은 이스라엘 백성들이 이집트의 포로생활에서 해방된 날이다. 하느님은 이를 자손 대대로 기념하라고 명했다.

탈출의 긴박함 속에서 유대인들은 먹을 때도 허리띠를 매고, 신발을 신고, 지팡이를 쥐고, 서둘러야 했다. 그들은 이집트에서 가지고 나온 밀가루로 누룩 없는 과자를 구웠다. 당연히 반죽이 부풀지 않았다. 이집트에서 경황없이 나오느라 미처 누룩을 챙기지 못했기 때문이다.

엑소더스

우여곡절 끝에 유대인들은 탈출을 감행했다. 이것이 바로 유명한 '엑소더스'다. 엑소더스란 탈출을 의미하는 그리스어다. 아이들을 제외해도 장정만 60여 만 명에 이르는 대규모 인원이라 이동이 느릴 수밖에 없었다. 마음이 바뀐 파라오의 추격이 시작됐다. 정예부대가 이끄는 전차만 6백여 대에 이르는 대부대였다.《성경》에는 이집트 탈출 과정에서 신이 보여준 여러 기적을 기록하고 있다.

코시모 로셸리Cosimo Rosselli, 〈홍해를 건너다〉(1481~1482).

그중에서도 홍해 바닷물을 양쪽으로 갈라지게 해 이스라엘 민족을 무사히 건너게 한 다음 바닷물을 다시 합쳐 뒤따라 밀어닥친 이집트 군대를 익사시킨 기적은 이스라엘 민족에게 깊은 인상을 주었다.

하느님을 표현하는 거룩한 생활

드디어 유대인들은 해방을 맞았다. 이집트에서 탈출할 때 하느님은 이스라엘을 향해 "너희야말로 사제의 직책을 맡은 내 나라, 거룩한 내 백성이 되리라"라고 말했다. 이후 '사제의 나라', '거룩한 백성'이라는 말은 유대인 삶에 항상 지표가 된다.

《토라》는 유대인들에게 어떤 장소, 어느 때든지 거룩하라고 가르친다. 유대교의 '거룩함'은 성스럽고 위대하다는 뜻이지만 금욕적인 삶을 뜻하지는 않는다. 거룩한 생활이란 하느님을 표현하는 삶이다. 하느님이 보기에 아름답고 정당한 길을 감으로써 하느님의 뜻을 나타내는 것이다. 이러한 신의 뜻을 추구하는 '거룩함'의 정신이 유대인의 가정생활, 사회생활, 신앙생활을 관통하는 키워드다.

40년 동안 만나를 먹다

이집트로 건너간 지 430년 만에 이집트를 탈출한 유대인들은 새로운 땅에 이르렀다. 하지만 가지고 온 양식도 떨어지고 물과 먹을 것이 부족했다. 이때부터 유대인들은 모세를 원망하고 불평을 쏟아내기 시작했다. 심지어는 이집트 노예생활을 그리워하며 분노를 터뜨렸다. 그런데도 하느님은 유대인들에게 기적을 행한다.

모세에게 하느님은 "너희가 해 질 때에는 고기를 먹고 아침에는 떡으로 배부르리라"라고 일렀다. 과연 그날 저녁 수많은 메추라기가 야영지를 덮었고 다음날 아침에는 서리같이 희고 동그란 것이 사방에 흩어져 있었다. 모세는 백성에게 "이는 여호와께서 너희에

디르크 보우츠Dirk Bouts, 〈만나를 모으다〉(1465).

게 주는 양식이니 각 사람의 몫대로 이것을 거두어라" 하고 말한다. 이것이 '만나manna'다. 맛은 꿀 과자 같았으며 해가 뜨면 사라져 버리기 때문에 날마다 새벽에 일어나서 그것을 모아야 했다. 또 하루가 지나면 부패해 그날 필요한 몫 곧 한 사람이 1호멜(4리터)씩만 가질 수 있었다. 유대인들은 가나안 땅에 이르기까지 40년 동안을 날마다 만나에 의지해 목숨을 이어갔다.

꾸중 들은 모세, 가나안 땅에 들어가지 못하다

배고픔이 해결된 이스라엘 민족은 이번에는 마실 물이 없는 것에 불평하기 시작했다. 백성들은 모세에게 먹을 물을 달라고 성화였다. 하느님은 모세에게 이렇게 명령했다. "너는 지팡이를 가지고 회중을 불러 모아라. 그리고 형 아론과 함께 모든 사람이 보는 앞에서 이 바위에게 물을 내라고 명령하여라. 그리하면 네가 이 바위에서 터져 나오는 물로 회중과 가축을 먹일 수 있으리라."(〈민수기〉 20:8)

모세는 늘 불평을 일삼는 이스라엘 백성들에게 "반역자들아. 들어라. 이 바위에서 물이 터져 나오게 해주랴?"라고 화를 내면서 바위를 지팡이로 두 번이나 쳤다. 물이 콸콸 터져 나왔다.

그런데 이때 모세가 성질을 부린 것이 문제였다. 하느님의 명대로 바위를 향해 말하지 않고 화를 내며 지팡이로 쳐서 물이 나오게 한 행위는 하느님의 영광을 자신이 취한 큰 죄였다.

백성들은 흡족하게 물을 마셨다. 하지만 모세는 하나님께 꾸중을 듣는다. "나를 믿지 않고 이스라엘 백성들 앞에서 내 영광을 드러내지 못했다. 그러므로 너희는 내가 이 회중에게 줄 땅으로 그들을 인도하여 들이지 못하리라." 결국 모세는 살아생전에 가나안 땅에 들어가지 못했다.

틴토레토, 〈바위에서 물을 뽑아내는 모세〉(1577).

과거를 잊지 않기 위해 지내는
유월절 축제

유대인들은 이집트를 탈출한 이듬해, 시나이 광야에서 첫 번째 유월절 축제를 지낸 이후 지금까지 유월절 축제 때면 허리에 띠를 매고, 신을 신고, 지팡이를 쥐고, '누룩 없는 빵'을 먹는다. 과거 이집트의 노예생활을 잊지 않으려고 노예생활의 고통을 상징하는 쓴 나물 '고엽'과 누룩을 넣지 않은 납작하고 딱딱한 과자 '무교병(無酵餠, matzah)'을 먹으면서 선조들의 고통을 되새기는 것이다. 유월절은 과거를 망각하지 않으려고 지금까지도 이어지고 있는 유대민족 최대의 축제다.

무교병(마짜). 유대인들이 유월절에 먹는 누룩이 없는 또는 발효되지 않은 빵 또는 크래커.

여전히 유대인들은 매년 봄 일주일 동안의 유월절 기간에 발효식품을 먹지 않는다. 《성경》에 유월절에는 발효식품을 먹지도 말며 집에 보관하지도 말라고 했기 때문이다. 그래서 이 기간에는 이스라엘의 식품 가게에서 부풀린 빵을 구할 수 없다. 심지어 맥도널드나 피자헛 같은 세계적인 프랜차이즈에서도 딱딱한 나무토막 같은 햄버거와 피자가 나온다.

누룩은 교만의 위험성을 암시

여기서 누룩은 교만의 위험성을 암시한다. 교만은 인간이 신을 도외시하고 자기중심적으로 생각할 때 나타나는 현상이다. 또한 누룩은 인간의 자부심이 이기심으로 '커져 가는' 방식을 뜻한다.

빵에 누룩을 넣으면 부드럽고 먹기가 편해진다. 이처럼 누룩은 안락하고 편안한 생활을 의미한다. 인간은 편해지면 나태해지고 타락하기 쉬워진다. 또 자기도 모르는 사이에 자기중심적인 사람 곧 교만한 사람이 된다. 누룩이 들지 않은 빵은 딱딱하고 맛이 없다. 그래서 '고난의 떡'으로 불린다. 누룩 없는 빵을 먹는 것은 고난의 의미를 기억하기 위함이다. 고난은 인간을 성숙시키는 신의 은혜이기도 하다.

유대인에게 '40'의 의미

유대민족이 광야를 걸어간 과정을 보면 직선거리로 일주일이면 갈 수 있는 거리였다. 그런데 그들은 굽이굽이 돌아서 40년 동안 고난의 길을 걸었다. 이스라엘 백성들은 광야생활 동안 열 번이나 하느님을 시험하고 불신했다. 그들은 많은 시행착오를 겪으며 깨달아야 했다. 여기서부터 신앙이 시작되었다.

유대교에서 40년간의 광야생활은 아주 중요한 집단적 기억이다.

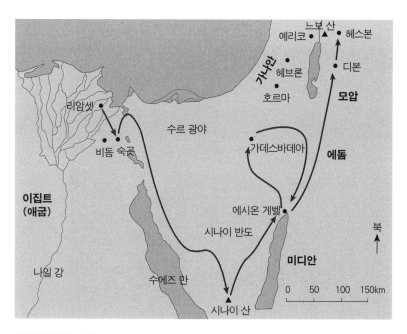

이집트 탈출의 여정.

'40'이라는 숫자는 특별한 의미가 있다. 구원을 위한 정화기간을 뜻한다. 고난과 시련을 통해 죄를 참회케 하고 속죄시키는 것이다. 또 '40'은 정화를 통해 그 뒤 더 높은 상태로의 부흥을 뜻하며 고난의 과정을 통해 은혜를 주는 하느님의 섭리를 의미한다.

십계명

시나이 산에서 40일 동안의 기다림 끝에 모세가 하느님으로부터 십계명을 받았다. 유대교에서는 〈출애굽기〉에 기록된 대로 시나이 산 정상에 하느님이 직접 '강림'함으로써 모든 인류에게 스스로를 드러냈다고 여긴다.《성경》에 따르면 그 판은 하느님께

니콜라 푸생 Nicolas Poussin, 〈금송아지 숭배〉(1633~1634).

서 직접 만든 것이고, 판에 새겨진 글자도 손수 새긴 것이라 한다.

그런데 모세가 시나이 산에 율법을 받으러 들어간 사이에 사단이 일어났다. 산에 올라간 모세가 오래도록 내려오지 않자 죽었다고 생각한 유대인들은 혼란과 의심에 빠졌다. 사람들은 두렵고 당황한 나머지 자신들의 앞길을 인도해줄 '금송아지'를 만들 생각을 하게 된다. 당시 소는 바알 신을 의미했다. 가나안 여러 신 중 우두머리 격 신이었다. 그들은 아론으로 하여금 금송아지를 만들게 했다.

그때 시나이 산에서 하느님께서 손수 돌 판에 쓴 증거 판 두 개를 받아 산에서 내려온 모세는 히브리인들이 금송아지를 만들어 춤추고 경배하는 우상숭배에 격노해 증거 판을 내던져 금송아지를 부순다. 그리고 그 가루를 물에 타서 백성들에게 마시게 했다. 그날 우상숭배로 인해 3천 명이나 죽임을 당했다.

모세는 재차 시나이 산에 올라가 40일간을 하느님과 교통하며 또다시 십계명을 받았다. 이로써 신과 계약을 다시 맺고 하느님의 백성이 된다. 이 계약은 아브라함이 맺었던 계약을 새롭게 한 것으로, 이제 유대인들은 모든 것을 하느님께 맡기고 하느님에게만 예배드리기로 했다. 이후 4천 년 동안 '하느님

렘브란트, 〈십계명판을 내리치는 모세〉(1659).

과의 계약' 사상만은 변함없이 이어져 왔다.

모세가 이스라엘 민족을 대신해 하느님의 용서를 받고 두 번째 십계명 판을 갖고 내려온 날이 유대인의 속죄일 '욤 키푸르'다. '욤 키푸르'란 히브리어로 덮어주다라는 뜻이다. 신이 죄를 덮어주는 날 곧 속죄일을 뜻한다. 이날은 한 해 동안 명예와 권력을 위해 살아온 죄를 참회하고 하루 종일 금식하며 예배를 드린다.

십계명의 요지

유대민족의 헌법인 십계명은 이후 모든 세부 법전들의 모태가 된다. 유대교, 가톨릭, 개신교 모두 십계명을 하느님이 준 계명으로 받아들인다. 십계명은 첫 번째부터 네 번째까지가 신앙에 관한 계명이다. 이렇듯 하느님이 유대인들에게 무엇보다도 중요하게 당부한 것이 신앙이었다. 특히 다른 신을 만들어 우상숭배하지 말라고 엄하게 말했다.

유대인들은 하느님의 이름을 헛되이 부르지 않기 위해 야훼 대신 '아도나이(나의 주님)' 등으로 읽는다. 유대인들은 기독교인들이 하느님의 이름을 '야훼' 또는 '여호와'라고 직접 부르는 것을 대담한 행위로 간주한다. 실제로 가톨릭에서도 앞으로 《성경》에서는 야훼나 여호와 대신 하느님, 주님 등으로 호칭을 바꾸기로 했다.

다섯 번째부터 마지막 열 번째 계명까지는 인간관계에서 지켜야 할 계명들이다. 우선적으로 지켜야 할 계명이 바로 '네 부모를 공경하라'이며 다른 계명들은 사회생활을 하면서 당연히 지켜야 할 강제

십계명

제일은, **너는 나 와에는 다른 신들을 네게 두지 말라.**

제이는, **너를 위하여 새긴 우상을 만들지 말고,**
　　　　또 위로 하늘에 있는 것이나,
　　　　아래로 땅에 있는 것이나,
　　　　땅 아래 물 속에 있는 것의 어떤 형상도
　　　　만들지 말며,
　　　　그것들에게 절하지 말며,
　　　　그것들을 섬기지 말라.

제삼은, **너는 네 하나님 여호와의 이름을 망령되게**
　　　　부르지 말라.

제사는, **안식일을 기억해 거룩하게 지켜라.**

제오는, **네 부모를 공경하라.**

제육은, **살인하지 말라.**

제칠은, **간음하지 말라.**

제팔은, **도둑질하지 말라.**

제구는, **네 이웃에 대해 거짓 증거하지 말라.**

제십은, **네 이웃의 집을 탐내지 말라.**

적 성격인 반면 이 계명은 십계명 가운데 유일하게 합당한 대가를 언급하고 있다. "네 부모를 공경하라. 그러면 너의 하느님 나 여호와가 네게 준 땅에서 너의 생명을 길게 하리라." 다시 말해 장수의 축복을 주겠다는 것이다. 유대인들은 축복 중에서도 장수를 최고로 여긴다.

　십계명에 담긴 뜻은 크게 두 가지다. '하느님 공경'과 '인간사랑'이다. 예수는 훗날 바리새파의 질문에 하느님의 계명을 다음과 같이 요약했다. "네 마음을 다하고 네 목숨을 다하고 네 정신을 다하여 주 너의 하느님을 사랑해야 한다. 이것이 가장 크고 첫째가는 계명이다. 둘째도 이와 같다. 네 이웃을 너 자신처럼 사랑해야 한다는 것이다. 온 율법과 예언서의 정신이 이 두 계명에 달려 있다.”(〈마태복음〉 22:36~40)

율법, 성문 율법과 구전 율법

유대교 경전 《토라》에는 창조이야기를 시작으로 이집트 탈출과 가나안 땅에 이르기까지의 유대인 역사와 하느님으로부터 받은 십계명을 비롯해 유대민족이 살아가면서 지켜야 할 계율이 상세히 적혀 있다. 《토라》에 실린 계율의 수는 613개다. 이 가운데 “하지 마라”가 365개로 일 년의 날 수와 같고, “하라”가 248개로 인간의 뼈와 모든 장기의 수와 같다. 이는 다시 말해 우리가 일 년 내내 하지 말아야 할 것들이 있는가 하면, 우리의 지체를 가지고 열심히 해야 할 것들이 있음을 뜻하는 것이다.

《토라》는 특별하게 규제하는 것이 없으면 무슨 일이라도 할 수 있도록 허락되어 있다. 규제를 최소화하는 이른바 ‘네거티브 시스템’이다.

《토라》는 ‘가르침’이란 뜻의 히브리어다. 이렇듯 《토라》는 유대민족이 어떻게 태동해 왔는지를 알려주는 역사서이자 어떻게 살아가야 할지를 가르쳐주는 율법서다. 하느님은 시나이 산에서 모세에게 그의 백성들이 앞으로 지킬 십계명과 율법을 주며 삶의 작은 부분까지 아주 자세히 알려주었다. 율법의 말씀은 글로 쓴 《토라》에 기록되어 있고 구체적 설명은 장로들에게 구전되어 내려왔다.

그래서 유대인에게 율법은 두 종류가 있다. 하나는 글로 쓰인 ‘성문 율법'이요 또 다른 하나는 말로 전해 내려온 '구전 율법'이다. 둘 다 모세가 하느님에게 받은 가르침이다.

유대교의 본질, 율법

모세가 시나이 산에서 받은 십계명을 포함한 율법이 유대교 신앙의 본질이다. 신은 유대인들을 이집트에서 구했을 뿐 아니라, 시나이 산에서 공식적으로 언약을 맺고 십계명을 줌으로써 이스라엘 백성이 하느님 및 이웃과 좋은 관계를 유지하는 법을 알려주었다. 또 예배하는 법과 사는 법을 가르쳤다. 유대인에게 있어 신앙을 지킨다는 것은 바로 하느님이 손수 가르쳐준 이 율법을 지킨다는 뜻이다.

이러한 율법과 언약으로 하느님과 유대민족 간에 새 계약이 체결되어 유대인들은 비로소 하나의 민족으로 재탄생했다. 이로써 진정한 의미의 이스라엘이 시작되었다는 점에서 이집트 탈출과 시나이 산 사건은 이스라엘 역사를 통해 가장 중요한 사건이다. 유대인들은 오늘날에도 유월절과 율법을 받은 날을 기념비적인 사건으로 경축하며 해마다 그 기억을 새롭게 하고 있다.

율법 정신, 시대를 앞서다

유대교 율법의 기본정신은 '정의와 평등'이다. '정의'라 함은 홀로된 과부나 고아 등 공동체의 약자를 돌보는 것이

루카 시뇨렐리Luca Signorelli, 〈모세의 유언과 죽음〉(1482).

다. 인간이 마땅히 해야 할 도리를 말하는 것이다. 이를 행하지 않으면 불의를 저지르는 것과 같은 것이다. 그리고 '평등'이라 함은 세상의 통치자는 하느님 한 분으로 그 아래 모든 인간은 예외 없이 평등하다는 사상이다.

오늘날 유대인 공동체의 완벽한 복지제도는 바로 이 정의의 정신에서 유래했다. 그들은 공동체 내의 약자나 사회에서 소외된 자들을 어떻게든 같이 끌어안고 간다. 또 평등 정신은 어떤 성문법보다도 '민주주의 정신과 여성 존중'이라는 새로운 시대정신을 가르치고 있다. 그 무렵 '법 앞의 평등'이라는 개념은 파격이었다. 오늘날 유대인들 특유의 도전 정신을 의미하는 '후츠파chutzpah' 정신 또한 이 평등사 상에서 유래했다.

게다가 율법에 명시된 위생관련 사항은 유대인들을 죽음의 전염병 에서 건져주었다. 그들이 목숨 걸고 지킨 안식일 개념은 훗날 1천5백 년이 지나 로마시대에 채택되어 인류를 당시의 혹독한 노동 환경에 서 구해내 적어도 일주일에 하루는 쉴 수 있게 했다. 또 모세 율법은 최초로 종교와 국가의 분리를 원칙으로 세웠다. 이는 3천 년이 지난 뒤 18세기 계몽주의의 시대가 되어서야 역사에 등장하는 개념이다.

모세의 율법 수여가 끝나자 모세의 임무도 완수된다. 그 뒤 모세는 가나안 땅에 들어가지 못하고 요르단 강 동편 모압 광야에서 죽었다. 모세는 죽기 전 유대민족의 새 지도자로 여호수아를 세웠다. 유대인 에게 있어서 모세는 기독교도들에게 예수와도 같은 인물이지만 그를 기리는 명절은 없다. 복음서 곧 《신약성경》은 예수의 말씀을 기록한 것이지만 《모세오경》에는 모세가 말했다고 인용할 만한 것은 하나도 없다. 유대인들은 그들의 통치자는 하느님 한 분뿐이며 하늘 아래 모 든 인간은 평등하다고 믿는다. 모세도 인간 중 한 명이라는 것이다.

예정되어 있었던 고난의 역사

〈창세기〉에 보면 하느님이 아브라함에게 한 말이 있다. "너는 잘 알아두어라. 너의 후손은 남의 나라에서 나그네살이하며 4백 년 동안 그들의 종살이를 하고 학대를 받을 것이다. 그러나 네 후손을 부리던 민족을 나는 심판하리라. 그런 다음, 네 자손에게 많은 재물을 들려 거기에서 나오게 하리라."《창세기》15:13)

이미 〈창세기〉 때부터 예정되어 있던 고난의 역사인 것이다. 일주일 만에 갈 수 있는 가나안 땅을 지척에 두고도 40년간 광야의 삶을 살아야 했던 민족, 이들의 후손이 2천 년 가까이 외지를 떠돌면서도 신과 가나안에 대한 희망을 잃지 않았던 이유는 무엇일까? 쇠는 뜨거운 불속의 풀무질과 다듬질을 반복함으로써 더 단단해지고 예리해진다. 실질實質이 강해지는 것이다. 하느님은 유대민족을 혹독한 시련을 통해 단련시켰다. 유대교는 이러한 민족적 고난과 시련의 과정을 거쳐 탄생되었다.

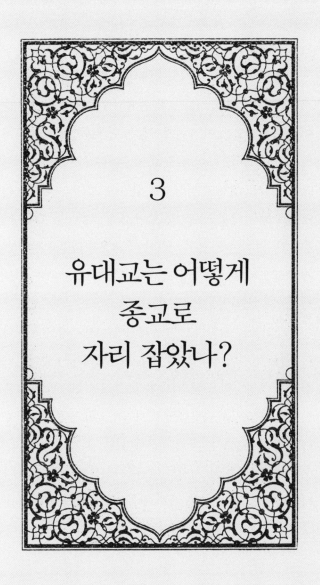

3

유대교는 어떻게
종교로
자리 잡았나?

유대교는 크게 세 번에 걸쳐 민족 종교로 자리 잡을 수 있던 계기를 마련했다. 아브라함과 모세, 바빌론 유수기의 선지자들에 의해서였다.

유대교의 조상은 아브라함에서 시작된다. 여호와는 아브라함에게 약속하기를 그를 통해서 인류의 모든 족속들이 축복을 받을 것이고 아브라함은 위대한 민족의 조상이 될 것이라고 했다. 이렇게 하느님은 아브라함을 선택해 그 후손들을 당신의 백성으로 삼았다. 그 뒤 유대인들의 이집트 탈출 이후 모세가 시나이 산에서 하느님으로부터 유대인들이 살아가면서 지켜야 할 계명과 율법을 받아 민족 종교로서의 유대교가 탄생되었다. 이 모든 과정과 율법을 기록한 것이《모세오경》곧《토라》다.

유대인들은 평화롭고 부유해지면 나태해지고 부패했다. 서로 알력이 생기고 싸웠다. 하느님에게서 멀어지고 심지어 우상숭배를 하기도 했다. 그래서 하느님의 벌을 받고 나라를 잃은 다음에야 뼈저리게 후회하며 반성하고 다시 뭉쳐 하느님을 찾기 시작했다.

아브라함과 모세 시기의 고난을 겪은 뒤, 유대교는 나라 잃은 시기인 바빌론 유수기에 재정립되어 현재 유대교의 기틀을 마련할 수 있었다.

예루살렘, 성지가 되다

가나안과 팔레스타인 분쟁의 시작

기원전 13세기 여호수아의 지도로 장정 숫자만 60만 명인 유대인들이 40년간의 광야생활을 거쳐 고향 가나안으로 돌아왔다.

가나안은 지정학적으로 메소포타미아 문명과 이집트 문명을 연결하는 교통의 요충지로 교역로이자 주변 세력 간의 각축지였다. 유대인들이 가나안에 돌아온 기원전 13세기는 바로 소아시아에서 철기문명이 시작된 시기였다. 이 시기에 아리안인의 후손인 인도유럽어족의 대이동이 시작되어 민족들 간의 연쇄적 이동이 이루어졌다.

유대인에게 처음 붙은 명칭은 아브라함과 그 자녀들에게 붙여진 이브리Ivree였다. 이브리란 단어는 '강 건너에서 옮겨 온 사람들'이란 뜻이다. 여기에서 히브리Hebrew가 나왔다. 이집트의 노예생활에서 벗어나 약속의 땅으로 들어가는 시점에서부터 야곱 곧 이스라엘의 자

이스라엘 귀향 당시 가나안 지역.

손이란 의미로 이스라엘이 라 불리기 시작했다.

이집트에서 돌아온 유대 민족은 그 무렵 가나안 땅에 서 살고 있었던 이방 족속들 을 힘겹게 정복한 후 약 8백 여 년간 문명의 교차로이자 교통 요충지인 가나안 땅에 서 살았다. 그 결과 유동 인 구가 증가하면서 유대인을 중심으로 여러 민족이 뒤섞 여 살게 되었다. 여러 민족과 함께 사는 과정에서 인종이 섞이기도 했으나 하느님과 의 약속을 믿으며 신앙을 지 키며 살았다. 그리고 누구나 유대교를 믿으면 신앙공동체의 일원으로 받아들여졌다.

세계 최초의 민주주의, 그리스보다 400년 빨라

가나안으로 돌아온 이스라엘 사람들은 독특한 정치체제인 지파 민주주의를 탄생시킨다. 그들은 가나안에 정착한 후 열두 지파 족장이 영토를 분할 통치하면서 종교의식만 같이했다. 이렇듯 초기 지파연맹은 종교를 중심으로 공동체를 이루었다. 지파연맹 공동체는 모든 지파가 평등한 권리를 누리는 특징을 지녔다.

그들은 가나안의 다른 국가들과는 달리 왕을 세우지 않았다. 왜냐하면 파라오에게 억압당했던 부정적 경험이 군주제를 꺼리게 했기 때문이다. 이스라엘 지파연맹은 왕이 아닌 일종의 연맹 대표에 해당하는 판관判官을 민의로 '선출'했다. 판관으로 하여금 지파연맹에 관한 전반적 사안을 담당하도록 했다. 판관은 '상원'과 '대중의회'를 소집하고 안건을 제안해 심의하도록 했다. 상원은 입법뿐 아니라 사법권도 행사했다.

그러나 판관에게는 왕 같은 전권이 주어지지 않았다. 이런 지파연맹 체제가 대략 2백 여 년 동안 유지될 수 있었던 것은 지파연맹체가 유일 신앙으로 뭉치고 지파들 사이에 평등사회를 이루었기 때문이다. 하느님 앞에서 모든 지파는 평등하다는 민주주의적 통치 이념이 초기 이스라엘 지파연맹을 하나로 결속시켰다.

판관 시대에는 국가의 권한보다 지파의 권한을 강조하던 지방분권 시대였다. 각 부족은 장로가 지배했지만 그들을 중재해서 통괄하는 일은 판관이 했다. 흔히 판가름하는 일을 한다고 해서 판관이라 불렀다. 판관은 각 지파 간의 분쟁을 해결하고 유사시 외적 공격으로부터 이스라엘 전체를 구하는 군사지도자 역할도 했다. 이렇게 이스라엘은 평등이념을 기초로 한 종교 공동체의 성격을 가지고 그리스보다 4백 년이나 앞서 민주주의 제도를 실천했다.

이스라엘인들은 위기가 닥치면 하느님이 모세와 같은 지도자를 보

구스타브 도어Gustav Doré, 〈드보라의 노래〉(1866).

내 악으로부터 구해준다고 믿고 있었다. 실제로 이스라엘 역사에 드보라라는 이름의 잔 다르크에 비교될 만한 여성 판관이 있었다. 드보라는 하느님의 도움으로 철제 병거 9백 대를 이끌고 온 적을 무찔렀다. 그들은 위기가 닥칠 때마다 구원자가 나타날 것이라고 생각했다. 이러한 구원자에 대한 생각은 뒷날 구세주 개념의 뿌리가 되었다.

팔레스타인과의 악연

이삭이 살던 시기에 남부 해안에 바다의 민족인 필리스틴Philistine 사람들이 이주해 왔다. 이 사람들이 현 팔레스타인 Palestine 인들이다. 이스라엘인들이 청동무기를 쓰고 있을 때 이들은 이미 철제무기를 썼다. 한 수 앞선 민족이었다. 이들이 이집트에서 돌아온 이스라엘인들과 비슷한 시기에 남부에서 올라와 가나안 지방에 정착했다. 이들은 마차와 철제무기를 갖고 있었다. 이때부터 두 민족 간에 충돌과 영토 분쟁이 시작되었다.

오늘날 팔레스티나는 바로 이 필리스티아에서 유래한다. 고대 이스라엘인들이 필리스티아 사람들과 전투를 치른 이후로 3천 년이 지난 지금도 여전히 팔레스타인 사람들과 분쟁은 계속되고 있다. 이스라엘과 팔레스타인이 갈등을 벌이는 가자지구도 고대 필리스티아 사람들이 건설한 곳이다.

필리스티아 사람들을 《성경》에선 '블레셋 사람들'이라 불렀다. 훗날 다윗과 싸우는 블레셋 거인 장수 골리앗이 바로 필리스티아 사람이다. 이스라엘 입장에서는 가나안 땅의 지배권을 필리스티아 사람들에게 내줄 수는 없었다. 필리스티아는 지금까지 이스라엘이 가나안 정복전쟁을 통해 만났던 상대들과는 비교할 수 없는 강한 적수였다. 엄청난 힘을 자랑하던 판관 삼손도 그 벽을 넘지 못했다. 삼손이 필리스티아 사람들에게 포로로 잡혀 죽자, 삼손을 따르던 '단 지파'는 해체됐으며 이때 이미 유다 지파는 필리스티아에 종속되어 있었다.

이제 이스라엘인들은 좀 더 강력한 지도체제를 필요로 했다. 지금까지 이스라엘 열두 지파는 외부에서 적이 침략해 왔을 때만 일시적으로 판관이라는 지도자 밑에서 동맹을 맺고 싸웠다. 이렇게 느슨한 동맹체제로는 왕의 지휘 아래 일사분란하게 전쟁을 치르는 필리스티아를 대적하기 어려웠다. 이에 이스라엘인들은 자신들을 통치하고 전쟁을 지휘해줄 왕을 요구했다.※

전쟁이 잦아지자 세계 최초 입헌군주제 도입

기원전 1100년경 이스라엘인들은 함 족의 블레셋 사람들에 대항할 효율적인 전쟁지휘권 확립을 위해 왕정체제를 수립했다. 이 왕들이 바로 《성경》에 나오는 사울, 다윗, 솔로몬 왕이다. 이스라엘의 왕은 다른 나라의 왕들과는 개념이 달랐다. 그들은 율법 아래 선임된 왕들로 곧 입헌군주제 하의 왕들이었다. 절대 권력을 쥔 왕이 아니라 왕도 일반 시민처럼 사법적, 도덕적, 종교적 행위의 대상이었다. 왕도 법 앞에 예외가 될 수 없었다. 이스라엘 왕은 다만 국민의 대표일 뿐이었다.

※ 우광호, '유대인 이야기', 〈가톨릭신문〉, 2009년 6월 7일자.

다윗의 궁수부대.

이스라엘 민족은 다윗 왕 영도 아래 강력한 통일왕국을 이룬다. 그 무렵 필리스티아(블레셋) 사람들은 이스라엘을 공격하는 한편 페니키아 도시국가인 티레(두로)와 시돈이 해상무역으로 번성하는 것을 방해했다.

당시 다윗은 새로운 전술을 개발했다. 투석기에 비해 살상력이 더 강한 활의 장점을 살려 투석기를 다룰 줄 아는 군사들을 궁수弓手로 집중 훈련시켰다. 그들은 좌우 양손으로 돌팔매질도 하고 활도 쏠 수 있는 궁수로서 일당백의 용사들이 되었다. 그들의 전투력이 말과 전차를 사용하는 필리스티아 군대를 능가했다. 이로써 필리스틴을 비롯한 가나안 원주민들을 제압했다.

예루살렘이 이스라엘의 수도가 되다

다윗 왕은 수도 이전의 필요성을 느꼈다. 당시 수

에드워드 리어Edward Lear, 〈올리브 산에서 바라본 예루살렘의 일출〉(1859).

도였던 헤브론이 너무 남쪽에 치우쳐 있었기 때문이다. 그 무렵 예루
살렘은 이민족 여부스 족이 사는 견고한 성곽도시였다. 해발 790미
터의 산악 지역에 위치해 있는 예루살렘은 누구도 쉽게 정복하지 못
했다. 예루살렘은 높은 곳에 위치해 있을 뿐 아니라 삼면이 골짜기로
싸여 있어 적군이 침투하기 힘들었다.

　다윗은 기발한 작전을 세웠다. 다윗의 병사들은 키드론 골짜기에
있는 기혼 샘과 연결된 지하 수로를 타고 올라가 예루살렘을 점령했
다. 이로써 기원전 1010년 예루살렘이 이스라엘의 수도가 되었다. 그
뒤 예루살렘이 '다윗 도성'이라 불리며 나라의 중심이 되었다. 다윗
의 지배로 유다 지파가 상대적으로 입지가 강화되자 유다는 다른 지
파들과 구분될 수밖에 없었다. 다른 지파들은 이스라엘이란 하나의

집단으로 불렸다. 이는 훗날 유다 왕국과 이스라엘 왕국으로 갈라서
게 되는 원인이기도 하다.

다윗은 전쟁으로 인해 흩어진 열두 지파의 마음을 하나로 묶을 하
느님의 언약궤를 예루살렘으로 옮겨 왔다. 언약궤를 다윗 성 천막에
옮겨 성소에 안치시켰다. 전승에 따르면 언약궤는 이스라엘 민족과
함께 광야를 유랑하며 그들을 약속의 땅으로 인도했다. 언약궤는 신
이 이스라엘 백성과 함께 있다는 사실을 상징했다.

그리고 시나이 산을 떠난 뒤부터 하느님과 만나는 장소가 문제였
다. 시나이 산이 신과 인간이 만나는 장소였기 때문이다. 그래서 다윗
은 예루살렘에 하느님을 모실 성전 건립을 준비했다.

다윗 왕 시대의 영토,
현재 이스라엘의 다섯 배

다윗 왕은 필리스틴을 정복한 뒤에 주변국과 동
맹을 맺어 이스라엘을 강대국 대열에 올려놓았다. 그 뒤에도 다윗 왕
은 언제나 싸움을 승리로 이끌어 왕국은 북쪽의 시리아 지역에서부
터 아카바 만에 이르기까지, 이집트 국경과 홍해에서 유프라테스 강
유역까지 확장되었다. 이는 현재 이스라엘 영토의 다섯 배 정도로, 이
스라엘 역사상 가장 큰 영토였다.

솔로몬 왕 시대 이스라엘의 번영은 이 같은 다윗 왕의 영토 확장
에 힘입은 바 컸다. 비옥한 토지를 갖게 되었을 뿐 아니라 중요 국제
교역로를 통제하게 되어 주변 국가들로부터 통행세와 조공을 받을

수 있었다.

다윗은 자기 생애에 너무나도 파란곡절이 많았기 때문에 아들 솔로몬의 치세는 평안하기를 기원했다. 그래서 아들의 이름을 '평화'라는 뜻의 솔로몬이라 지었다.

다윗 왕에 대한 《성경》의 입장은 특별하다. 하느님은 그의 가문과 무조건적인 계약을 맺고 대대로 그의 집을 견고하게 세워주기로 약속했다. 또 《성경》은 그의 가문에서 메시아가 나올 것이라고 예언했다. 다윗의 업적은 크게 세 가지다. 첫째, 예루살렘을 수도로 만들었고 둘째, 성전을 준비했고 셋째, 하느님의 법궤를 예루살렘에 안치함으로써 예루살렘을 상징적이고 이상적인 성지로 만들었다.

다윗, 호구조사로 벌 받다

다윗은 호구조사를 통해 징집과 세금 징수의 기본 틀을 마련했다. 이로써 이스라엘은 확실히 부국강병의 국가 면모를 갖추었다. 하지만 다윗 왕이 실시한 이스라엘과 유다의 병적조사는 매우 사악한 것으로 간주되었다.

다윗 왕은 장군 요압에게 이스라엘 백성의 수를 조사해 그 결과를 보고하도록 명령했다. 요압은 이 명령이 옳지 못하다고 느꼈지만 어쩔 수 없이 휘하 장수들을 인구 조사관으로 동원해 9개월 20일 만에 백성 수를 모두 헤아려 왕에게 보고했다. 그 결과 무장가능한 장정의 수가 이스라엘에는 80만 명, 유다에는 50만 명 정도인 것으로 나타났다.

그러나 곧 다윗은 그의 인구조사가 사악한 짓이었다는 것을 깨닫고 신에게 용서를 빌었다. 신은 다윗에게 속죄를 위한 벌로 3년간의 기아, 3개월간의 패전과 학살, 3일간의 역병 가운데 하나를 택하

예루살렘 성전.

도록 했고, 다윗은 세 번째 벌을 선택했다. 그 결과로 7만 명의 백성들이 역병으로 죽었다."

그렇다면 인구를 헤아린 행위가 7만 명의 죄 없는 백성들이 죽음을 당할 만큼 큰 죄인가 하는 의문이 든다. 그것은 인구조사라는 행위 자체가 통치행위의 시작이며, 이는 신이 가진 이스라엘에 대한 배타적 통치권을 침해함으로써 신의 권능에 도전하는 행위로 받아들여졌기 때문이다.

이 사건으로 우리는 유대인의 중요한 기본사상 중 하나를 볼 수 있다. 유대인은 이렇게 주권자는 하느님 한 분 뿐이 없다는 인식이 뚜렷하다. 인간이 주권자 곧 통치자가 될 수 없다는 것이다. 백성의 대표는 단지 대표일 뿐이다. 그들의 통치자는 하느님 한 분이다. 그래서 자치제와 민주주의 제도가 역사상 가장 먼저 유대인에 의해 실현된 것이다.

예루살렘 성전과 언약궤

솔로몬 왕은 아버지 다윗 왕이 준비했던 예루살렘 성전 건립을 즉위 4년 2월에 시작해 11년 8월에 준공했다. 7년에 걸쳐 건축한 예루살렘 성전은 어떤 나라의 신전보다 장엄하고 품위가 있었다. 유대인들에게 정신적 지주인 예루살렘 성전이 드디어 완성된 것이다. 이후 예루살렘은 세 차례에 걸친 성전 건축과 파괴의 아픈 역사를 지니게 된다.

성전에는 십계명 석판 두 개를 안치한 '언약궤'가 마련되어 예루살렘은 명실상부한 성지가 되었다. 언약궤는 십계명 돌 판을 나르기 위해 만들어진 것으로 이스라엘인들은 거룩한 힘이 깃들여 있다고 믿었다. 그래서 언약궤에는 하느님이 함께한다고 생각했다. 훗날 기원전 586년에 유다 왕국이 바빌로니아에 망할 당시 언약궤가 없어졌다. 궤의 실종은 유대 역사상 가장 큰 수수께끼로 남아 있다. 바빌로니아 군이 성전에 난입했을 때 이미 그 자리에 궤는 없었다고 한다.

북이스라엘 왕국,
우상숭배로 멸망하다

왕국이 둘로 갈라지다

솔로몬 왕은 말년에 백성들을 부역에 동원하고 결혼동맹으로 맞아들인 후궁들의 우상숭배를 묵인함으로써 하느님께 큰 죄를 지었다. 하느님은 솔로몬 사후에 나라를 둘로 쪼개겠다고 말했다.

이스라엘은 기원전 926년 40년간을 통치했던 솔로몬 왕이 죽고 난 뒤 그의 아들 르호보암이 왕이 되었다. 그때 북쪽의 부족들이 강제 노동과 세금 감액을 요구하며 특히 '지도자란 국민의 심복이어야 한다'라는 원칙을 요청했다. 그러나 르호보암은 이를 단호히 거절했다. 르호보암 왕이 이스라엘의 요구 사항을 들어주지 않자, 그들은 여로보암을 모셔다 그들의 왕으로 추대했다. 여로보암은 솔로몬 왕에게 부역정책에 대한 반대 의사를 표시하며 항거하다 이집트로 도피했던 인물이었다.

결국 이듬해 신의 말대로 두 왕국으로 갈라진다. 이로써 북쪽은 나머지 열 개 지파가 독립해 솔로몬의 신하였던 여로보암이 세운 '이스라엘 왕국'이 되었다. 남쪽은 유다 지파와 벤자민 지파로 구성되어 르호보암이 이끄는 '유다 왕국'이 되었다. 왕국의 주류를 이루고 있는 유다 지파의 이름을 따 유다 왕국이라 불렀다. 유다란 "하느님은 찬송 받을지어다"라는 뜻이다.

이스라엘 왕국 여로보암은 '이 백성이 예루살렘 성전에 제사를 드리러 다닌다면, 그들 마음이 다시 유다 왕 르호보암에게로 기울어지게 될 것이다. 그러면 그들은 나를 죽이고 르호보암을 다시 왕으로 삼게 될 것이다'라는 우려를 했다. 그는 백성들의 예루살렘 성전 방문을 막기 위해 아예 바알 신을 뜻하는 두 개의 황금 송아지 상을 만들어 예루살렘 북쪽 벧엘과 단에 하나씩 세우고 제단을 만들었다. 명백한 우상숭배였다. 하느님과의 계약인 십계명 가운데 첫째 계명인 '야훼 이외의 다른 신을 섬기지 말라'와 둘째 계명인 '우상을 섬기지 말라'를 동시에 어긴 것이었다.

전쟁이 200년간 계속되다

그 뒤 형제 국가인 유다 왕국과 이스라엘 왕국은 크게 싸운다. 르호보암의 뒤를 이은 유다 왕국의 아비아는 40만의 군대로 북이스라엘 왕국의 80만 대군을 물리쳤다. 이스라엘 왕국은 이 전쟁으로 50만 명의 희생자를 냈고, 종교 중심지였던 벧엘과 몇 성읍들을 빼앗겼다.

그 뒤 유다 왕국의 아사 왕은 이집트와도 전쟁을 치른다. 이집트의 1백만 대군과 병거 3백 대를 맞아 싸운다. 이는 아사 왕의 군대 58만 명과 비교할 때 두 배에 가까운 숫자였다. 아사 왕은 골짜기에 진을 치고 하느님께 간절히 기도했다. 결국 아사 왕은 이 전쟁에서 대승을 거두며 블레셋까지 점령했다.

아사 왕 36년에는 이스라엘 왕 바아사가 유다를 공격해 왔다. 이 때 아사 왕은 북쪽의 다메섹(아람) 왕에게 금은을 모아 보내며 원병을 요청했다. 다메섹의 이 스라엘 공격에 결국 바 아사는 철군했다. 그러 나 이는 아람이 그 뒤 에도 이스라엘을 수시 로 괴롭히는 계기가 되 었다. 그뿐 아니라 3천 년이 지난 지금까지도 아람 후손들인 시리아 는 이스라엘과 원수로 지낸다.

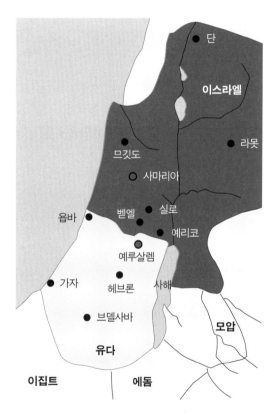

이스라엘 왕국과 유다 왕국.

그 뒤 유다 왕국은 여호사바 왕 때 가장 강성했다. 그의 군대는 유다 지파에서 세 개 군단, 벤자민 지파에서

두 개 군단이 조직되어 1백만 명이 넘었다. 당시는 북쪽 이스라엘 왕국이나 남쪽 유다 왕국이나 다 군사강국이었다. 이후 2세기 동안 두 나라는 이러한 분열된 형태로 유지되었다.

선지자 이사야, 구세주를 예언하다

《성경》에 나오는 예언자들은 앞일을 점지해주는 의미의 예언자라기보다는 합리와 정의에 입각한 바른 소리를 신앙의 힘으로 담대히 말할 수 있는 시대의 통찰력을 가진 사람을 뜻한다. 예언자라는 말의 어원은 그리스어 'prophetes'다. 이는 예언자의 기본 성격을 암시하는 말로 '미리 말하는 이'의 뜻을 가진 'pre-phetes'가 아니라 다른 이를 위해pro 말하는 자라는 의미다. 이들 예언자들은 하느님의 대변자로 부패한 왕권과 사회에 대해 경고와 질책의 말을 전했다.

기원전 8세기의 이사야는 선지자 가운데 가장 주목할 만한 인물이다. 이사야는 '야훼는 구원이다'라는 뜻의 이름이다. 그는 남쪽 유다 왕국의 왕족으로 기원전 759년경부터 아시리아가 예루살렘을 향해 쳐들어올 때까지 60년 간 4대 왕에 걸쳐 예언했다. 그는 국제정치의 역학구조를 꿰뚫어보고 역사의 발전 방향을 정확히 내다보았다. 이사야의 예언은 단편적인 것이 아니라 총체적이었다. 그는 이스라엘 종교가 파멸되고 궁극에 메시아의 새 시대가 올 것을 예언했다. 이사야는 《신약》의 초석을 놓은 《구약》의 완성자다.

이사야가 다룬 주제들은 '경고, 회개, 평화'로 이는 '구세주 사상'과

서로 밀접하게 연결되어 있다. 그는 '인간이 목적으로 삼아야 할 것은 바로 사회 정의로 부의 추구를 인생의 목적으로 삼으면 안 된다'(〈이사야〉 5:8)고 '경고'했다. 그의 둘째 주제는 '회개'다. 신은 뉘우치는 인간을 항상 용서한다. 죄 많은 자들은 참회해서 부와 권력이 아닌 거룩함을 추구하라고 채찍질했다. 세 번째 주제는 '평화의 시대'라는 이상이다. 이사야는 미래에 관한 비전을 제시했는데 명확한 인물상이 포함되어 있다.

라파엘로, 〈선지자 이사야〉(1511~1512).

그의 네 번째 주제는 '구세주 사상'으로 메시아의 새 시대가 올 것을 예언했다. "그러므로 주께서 친히 징조를 너희에게 주실 것이라 보라 처녀가 잉태하여 아들을 낳을 것이요 그의 이름을 임마누엘이라 하리라."(〈이사야〉 7:14)

이스라엘 왕국의 멸망

기원전 9세기 아시리아는 기마부대와 철제무기를 앞세운 강력한 군사력을 배경으로 동서 교역로를 장악하기 위해 주변 국가들을 차례로 정복해 나갔다. 기원전 743년 북부 메소포타미아 지역과 북시리아 왕국들을 정복하고 동부 지중해 상권을 장악했다. 그 후 이집트를 정복할 계획을 세우고 대군을 동원해 시리아와 팔레스타인을 침공했다. 이스라엘 왕국이 무조건 항복할 수밖에 없을 거라고 생각했지만 이 전쟁은 무려 10년을 끌었다. 그만큼 이스라엘도 강했다. 그 기간에 아시리아에서는 세 명의 왕이 교체되었다. 결국 기원전 722년 이스라엘 왕국은 아시리아 사르곤 2세에게 멸망당한다. 이스라엘 왕국의 존속 기간은 불과 209년이었다.

아시리아는 그들이 믿는 태양신 아수르의 이름에서 유래된 나라다. 이스라엘 왕국을 정복한 아시리아는 반란을 막기 위해 귀족들은 아시리아로 포로로 끌고 갔고 나머지 상류층 이스라엘인 약 2만 7천 명은 북동쪽 변방으로 추방했다. 이로써 이스라엘 왕국의 십 지파는 역사 속에서 사라졌다. 우상숭배라는 계약위반은 이렇게 가혹한 형벌로 마무리되었다.

천대받는 혼혈, 사마리아인

아시리아는 멸망한 이스라엘 왕국 지역에 아시리아인들을 이주시켰다. 그대로 잔류한 이스라엘 하층민들에게 이방인들과 피가 섞이도록 하는 혼혈정책을 썼다. 이로써 이스라엘 민족

의 혈통과 종교적 전통은 말
살되어 갔다. 그리하여 이스
라엘과 아시리아 혼혈인 '사
마리아인'이 등장하게 된다.
바리새파 유대인들은 이들
을 잡종이라고 멸시했다.

이스라엘 왕국 멸망 이후의 유대 지방.

1차 이산,
유대인 방랑시대의 시작

예레미야의 예언

솔로몬 왕 시절부터 만연된 우상숭배와 타락은 그 도를 더해 갔다. 이렇게 죄로 물들자 유대인들은 가나안 땅에서 두 번이나 신의 뜻에 따라 이산離散을 당한다. 첫 번째 이산부터 살펴보자.

'눈물의 예언자'로 알려진 선지자 예레미야는 자기 민족이 우상숭배라는 종교적 타락으로 말미암아 비참한 최후를 맞게 되리라는 것을 하느님의 계시를 통해 거듭 경고했다. 그는 머지않아 큰 재앙이 내려 북방 민족에 의해 유다 왕국이 멸망되며 예루살렘도 붕괴될 것이라고 예언했다. 예레미야는 언제 어디서건 가장 중요한 것은 하느님과 맺은 계약에 충실하고 하느님의 말씀을 들으며 그대로 실천하는 삶이 궁극적인 살길임을 알려주었다. 그는 바빌로니아에 항복하라는 납득하기 어려운 말까지도 받아들여야 한다고 말하며 유다 왕국의 멸망을 예고했다. 그 뒤 하느님이 당신 백성을 기억하고 그들과 새로운 계약을 맺는 희망찬 미래가 펼쳐진다는 것이다. 그는 신이 옛날 모세 시대에 맺은 계약을 새 계약으로 대체할 날이 올 것이라고 예언했다. 그날이 오면 신은 율법을 돌 판이 아닌 사람들의 마음에 기록할 것이며, 모든 사람이 하느님을 직접 알게 되고 죄 사함을 받게 되리라고 했다.

《구약》에서 '메시아'란 단어는 사용되지 않는다. 그러나 예레미야의 '새 계약' 예언은 유대인들에게 메시아에 대한 염원을 품게 만들었다. 이는 《구약》은 물론 《신약》 시대에도 대단히 중대한 영향을 끼쳤다. 이 예언은 예수가 최후의 만찬에서 말한 "이것은 내 피로 맺는 새로운 계약의 잔이다"라는 말씀의 배경이 된다.

1차 바빌론 유배

과거의 찬란했던 바빌로니아 왕국의 계승자임을 자처한 신바빌로니아 왕국의 네부카드네자르 왕은 기원전 605년 이집트 군을 대파하고 기세를 몰아 블레셋의 여러 도시를 점령했다. 기원전 597년 이들은 아시아에서 이집트인을 몰아낸 후 시리아까지 손에 넣었다. 네부카드네자르 왕의 기세에 놀란 유다 왕국의 지도자들은 전통적 우방 이집트의 파라오에게 지원을 요청했다. 기원전 721년 북이스라엘이 아시리아에 의해 멸망할 때도 유다 왕국은 이집트의 보호로 왕조를 유지할 수 있었다. 그러나 이제 이집트는 신흥 강국 신바빌로니아로부터 유다 왕국을 보호하기에는 그 힘이 너무 약해졌다. 오히려 이러한 지원 요청은 결국 네부카드네자르 왕에게 침략 명분을 주어 결국 기원전 601년 유다 왕국은 바빌로니아의 속국이 되었다.

　유대민족은 항상 이민족에게 지배받고 노예로 전락했을 때 자신들이 하느님의 계명을 어겼기 때문에 이런 벌을 받는다고 뼈저리게 뉘

프란체스코 하예즈Francesco Hayez, 〈예루살렘 성전의 파괴〉(1867).

우쳤다. 이러한 어려움이 신앙을 회복하게 된 기회가 된다. 이교도들의 우상숭배가 강요될수록 나름대로 하느님을 따르고자 강력한 저항운동을 벌였다. 유다 왕국이 바빌로니아 지배를 받기 시작한 지 얼마 안 된 기원전 600년에 유대인들이 반란을 일으켰다. 이때 반란을 진압하려 파병된 군대가 오히려 전멸했다. 네부카드네자르는 연합군을 진두지휘해 다시 공격해 왔다. 유대인들은 용맹하게 저항했지만 이 싸움에서 타격을 입었다. 결국 기원전 597년 예루살렘이 함락되었다. 예루살렘의 최후의 날, 예레미야는 용기 있는 행동을 보였다. '저항

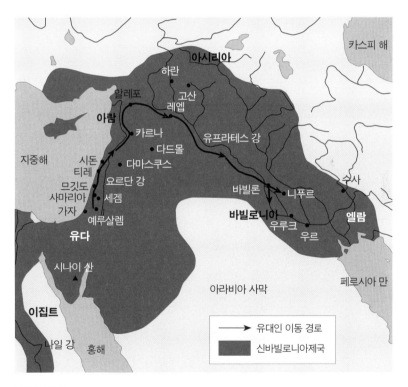

바빌론 유배.

해보았자 소용없다, 네부카드네자르는 유대의 사악함을 벌하기 위해 보내진 하느님의 대리인에 지나지 않는다'고 되풀이해서 강조했다. 네부카드네자르 왕은 다시 항거할 만한 8천 명을 추방시켰다. 그리고 왕과 상류층과 함께 은장이, 대장장이들을 바빌론에 포로로 데려갔다. 이것이 1차 바빌론 유배다.

2차 바빌론 유배

그래도 그는 유다 왕국을 완전히 병합하지 않고 허수아비 왕을 앉혀 놓고 속국으로 남겨두었다. 그런데 새롭게 즉위한 유다 왕이 예상외로 바빌로니아에 반기를 들었다. 유다는 이집트와 동맹해 독립을 선언했다. 이에 격분한 네부카드네자르는 다시 군대를 동원해 결국 기원전 587년에 2차 침공이 일어났다. 이집트는 몇 주일 만에 항복했지만 유대인은 1년 6개월을 싸웠다. 6개월 동안 예루살렘을 포위하던 바빌로니아 군은 기원전 586년에 성벽을 격파했다. 세 차례에 걸친 대제국과의 전쟁으로 유다 왕국은 정말 어찌지 못할 정도로 철저하게 파괴되었다. 이때 수많은 유대인들이 바빌론으로 끌려갔다. 이것이 역사상 유명한 2차 바빌론 유배다.

기나긴 유대인 방랑시대의 시작

유다 왕국도 이렇게 신바빌로니아 제국에 의해 정복당했다. 다른 민족에게 지배를 받으며 사는 유대인들은 무엇보

에두아르트 벤데만Eduard Bendemann, 〈포로로 끌려가는 유대인들〉(1872).

다도 신앙적 갈등 때문에 힘든 삶을 살아갔다. 뿐만 아니라 문화와 사
상에 있어서도 다른 민족에 비해 월등히 앞서 있던 유대인들은 자기
들보다 열등한 민족에게 지배를 받는다는 것을 더욱 참기 어려워했
다. 유대인은 어려서부터 《성경》을 읽고 배워 대부분이 일찍이 글을
깨우친 민족임에 반해 오히려 정복민족은 대부분 문맹으로 현격한
수준 차이를 보였다. 이러한 문화적 충돌은 결국 반란으로 이어졌다.

진압군에 대항해 예루살렘이 포위당한 채 3년 5개월을 버텼다. 하지만 반란은 실패해 기원전 582년에 처참하게 패하며 예레미야의 예언대로 유다 왕국도 아예 멸망하게 된다. 전쟁의 참화로 예루살렘 성전은 말 그대로 초토화했다.

　이때 언약궤에 안치되어 있던 모세의 십계명 석판마저 없어졌다. 유다 국토 전체가 폐허가 되었다. 당시 유대인 상류층은 모조리 바빌로니아로 잡혀갔다. 부녀자와 아이들을 포함하면 4만 5천 명으로 추정된다. 이것이 바빌론의 유수의 전모다.

　바빌로니아에 잡혀가지 않은 나머지 사람들은 제각기 흩어져 성 밖으로 도망쳤다. 많은 사람들이 이집트로 피신했다. 이때 지중해 권역의 페니키아 식민지에도 유대인들이 많이 건너간 것으로 추정된다. 다시 방랑이 시작된 것이다. 이것이 '제1차 이산'이다. 이때부터 1948년 이스라엘 건국까지 약 2천 5백 년간을 '유대인 방랑시대'라 부른다.

유대교의 변화

성전 중심에서 율법 중심으로

당시 유대인들에게 가장 충격적인 사건은 바로 예루살렘 성전의 파괴였다. 이 사건으로 유대인들은 영적 딜레마에 빠졌다. '예루살렘 성전은 하느님의 집인데 어떻게 이방인들이 파괴할 수 있었을까? 그렇다면 우리가 믿는 하느님은 전지전능한 분이 아니란 말인가?'라는 의문이 일어났다.

결국 이 의문에 대한 대답으로 선지자들의 메시지가 등장한다. 곧 하느님의 능력이 모자라서 예루살렘 성전이 파괴된 것이 아니라, 우리의 죄 때문에 하느님의 심판이 이르게 되었다는 것이다. 선지자들은 이 기간을 새로운 '계약 공동체'를 준비시키기 위한 시련이라고 믿었다.

바빌론에서 유대인 포로들에게 종교의 자유는 허용되었다. 그러나 성전이 없어 예루살렘에서와 같은 제례의식은 할 수가 없었다. 유대인의 종교의식은 신성한 '성전에서만' 제물을 바치거나 예배를 드리도록 규정되어 있었다. 따라서 예루살렘 성전의 파괴는 유대인에게 있어서 그들의 종교를 잃어버린 것과 마찬가지였다. 유대인에게 있어 종교의 상실은 곧 민족의 상실을 뜻했다.

이때 바빌론에서의 선지자 예레미야와 에스겔은 "성전에 제물을 바치는 것보다 믿음을 갖고 율법을 지키는 일이 여호와를 더 즐겁게 하는 길이다"라고 역설했다. 신에 대한 제물과 제례의식이 종교 그 자체로 여겨졌던 당시로서는 실로 파격이었다. 그들이 성전에 고착되어 있던 종교를 어디에서나 만날 수 있는 움직이는 종교로 바꾸었다.

배움의 중요성이 강조되다

그 뒤 유대인들은 성전 제의보다는 생활 속에서 '믿음을 갖고 하느님의 가르침인 율법을 지키는 것'을 더 중요하게 여기게 되었다. 성전과 제사장 중심의 유대교에서 율법 중심의 유대교로 바뀐 것이다.

이렇게 해서 공동체 시너고그가 탄생했다. 예루살렘 성전을 대신한 각 공동체의 시너고그에서 율법 낭독과 기도를 중심으로 하는 새로운 예배의식이 시작되었다. 선지자들은 율법이 가르치는 정의와 평등 그리고 도덕이 사제가 드리는 제례의식보다 우월한 것이라고 가르쳤다.

선지자들은 율법 공부의 중요성을 강조하며 '하느님은 천 가지 재물보다 한 시간의 배움을 더 기뻐하신다'고 가르쳤다. "하나라도 더 배워야, 하느님의 섭리를 하나라도 더 이해하고, 하느님께 한 발자국이라도 더 가까이 갈 수 있다"고 가르쳤다. 이로써 유대교는 배움을 중시하는 종교로 탈바꿈했다. 그 뒤 유대교는 배움을 기도와 똑같은 신앙생활로 간주했다.

유다이즘의 발생

신바빌로니아의 네부카드네자르 왕이 세 차례(기원전 597, 587, 582)에 걸쳐 유다 왕국을 침공해 유대 왕족들과 상류층들은 바빌론으로 끌려가 비참한 노예생활을 하게 되었다. 그들은 바빌론 유배생활을 통해 그들이 하느님을 섬기지 않고 우상을 섬겼기 때문에 이러한 재앙이 생겼음을 뼈저리게 반성했다.

그래서 율법학자들을 중심으로 할례와 율법을 더욱 잘 준수하고, 전통을 지키고자 하는 '유다이즘'이 발생했다. 지금도 유다이즘을 신봉하는 정통 유대인들은 세계 정부 운운하는 광적인 시오니스트를 경멸하며 이방인들이 그들을 유대인의 전형으로 잘못 이해할까봐 경계하고 있다.

광적인 시오니즘에 반대하는 유대인들의 시위.

바빌로니아에 잡혀간 유대인들은 포로생활을 하고서야 비로소 그들의 신앙생활을 바르게 실천할 수 있었다. 가나안 땅에서는 우상도 숭배했던 유대인들이 유배지에선 놀라울 정도로 강한 신앙심을 드러냈다. 하느님께서 선택한 유대민족이 뿌리를 잃으면 안 된다는 집단 위기의식이 발동한 것으로 보인다. 사람은 위기가 닥치면 절박해지는 법이다.

이 시기에는 민족을 이끌 나라도, 다윗과 같은 지도자도, 민족을 대표해 하느님께 제사드릴 제사장도 없었다. 유대인들은 이제 그 누구로부터도 보호를 받을 수 없었다. 믿을 것은 오직 신앙뿐이었다. 이로 인해 오늘날 유대교의 종교적 틀이 대부분 이 시기에 형성된다. 일부 학자들이 유대교의 실질적 탄생과 형성을 아브라함 시대가 아닌 바빌론 유배기로 보아야 한다고 주장하는 것도 이 때문이다.

시너고그, 유대인을 강하게 만들다

그 뒤 시너고그는 유대인 생활의 중심이 되었다. 그곳에 모여 예배드리고 공부도 하고 공동체의 크고 작은 일을 의논하고 처리했다. 한마디로 공동체의 종교, 교육, 정치가 모두 시너고그에서 이루어졌다. 성당이나 교회에는 신부나 목사가 있어서 예배를 집전한다. 하지만 시너고그에는 그런 사제가 없다. 단지 랍비가 있을 뿐이다. 랍비는 성직자가 아닌 학자다. 공부를 많이 해 아는 게 많다 보니 자연히 유대인 지역사회의 지도자 역할을 하며 때로는 재판관이기도 하며 힘든 일이 있을 때 인생을 상담하는 친구이기도 하다.

유대교에서는 종교를 지키는 일이 기독교처럼 신부 등 성직자의 몫이라고 생각하지 않는다. 성직자가 없다보니 모든 사람이 종교를 지킬 의무와 책임이 있었다. 당연히 랍비가 일반 신도들보다 높은 곳에 서서 설법이나 예배를 주도하지 않는다. 이것이 바로 핵심이다.

유대교에서는 누구나 종교를 지켜야 하는 책임 때문에 열세 살에 성인식을 치르고 나면 의무적으로《성경》을 읽어야 했다. 가톨릭이나 개신교에서는《성경》을 읽고 해석하는 것은 주로 신부나 목사의 몫이다. 신자들은 성직자들이 읽고 해석한 내용을 그대로 받아들이기만 하면 되는 수동적 입장이다. 이 점에서 유대교와 다르다. 유대교에는 성직자가 없다 보니 유대인들은 스스로《성경》을 해석해야 했다. 단지 랍비는 더 많이 공부한 사람으로 옆에서 도울 뿐이었다.

같은 아브라함을 시조로 모시는 이슬람교에도 성직자가 따로 없다. 모든 신자가 설교자가 될 수 있다. 신자는 모두 신 앞에 평등하며 종교적 의무도 마찬가지라고 믿기 때문이다.

기독교도들은 오랜 기간 거의 대부분이 문맹이었다. 성직자들만 글을 알았다. 가톨릭은 신자들이《성경》을 잘못 이해할까 염려해 일반 신도들은《성경》을 읽지 못하도록 오랫동안 법으로 금했다. 이를 어기면 종교재판에 회부되어 화형에 처해졌다. 한쪽은 글조차 읽을 줄 모르는 문맹이었고 다른 한쪽은 의무적으로 열세 살부터 글을 읽었다. 십수 세기 간 축적된 교육의 힘은 엄청난 에너지를 내재한 민족의 힘이 된다.

'셰마 이스라엘'

유대인들은 율법을 연구하고, 낭송하고, 암기했다. 특히 그들은 〈신명기〉 6장에 나오는 '셰마 이스라엘Sh'ma Yisroel(이스라엘아, 들어라)'을 최소한 아침, 저녁으로 두 번 암송했다. 유대인들이 가장 귀하게 여기는 기도문이다.

"오늘 내가 명하는 이들 말씀을 너희 마음에 간직하고, 자녀들에게 부지런히 가르치며, 집에 앉아 있을 때나, 길을 걸을 때에도, 눕거나 일어날 때에도 이에 대해 이야기하라. 이를 너의 손에 묶어 증표로 삼고, 눈 사이에 붙여서 기억해라. 너의 집 문설주에도 문에도 써 붙여라."

유대인들은 이 〈신명기〉 말씀을 지금까지도 실천하고 있다. 테필

이마와 팔뚝에 테필린을 매고 기도드리는 유대인 소년들.

린Teffilin이란 바로 《성경》 구절을 넣고 다니는 성구聖句 상자다. 양피지에 《성경》 문구를 적어 작은 가죽상자에 넣어, 기도할 때 하나는 왼팔에, 또 하나는 이마에 맨다. 그리고 문설주에는 '셰마'가 적혀 있는 '메주자Mezuzah'가 붙어 있다. 유대인은 메주자가 붙어 있는 집은 하느님께서 지켜줄 것이라고 믿는다.

유대인의 귀환

에스겔의 환상과 귀환

《성경》에 보면 선지자 에스겔이 환상을 보는 내용이 나온다. 하느님의 성령은 에스겔을 인도해 골짜기에 흩어진 수많은 뼈들을 보여주고 묻는다. "사람아, 이 뼈들이 살아날 수 있겠느냐?" 에스겔은 "주 여호와여, 주께서 아시나이다"라고 대답했다. 그러자 놀랍게도 그 뼈들은 덜거덕거리더니 서로 결합되었다. 하느님이 그들에게 힘줄과 살과 피부를 입히고 숨을 불어넣자 그들이 곧 살아나 제 발로 일어나서 섰다. 그들은 매우 많은 군중이 되었다.(《에스겔》 37:1~14)

에스겔은 이를 이스라엘의 부활에 대한 징조로 받아들였다. 에스겔에게 이 마른 뼈들은 바빌론에서 포로생활을 하고 있던 이스라엘 백성을 상징한 것이다. 이때 거짓말 같은 일이 벌어졌다. 환상이 실현된 것이다. 바빌로니아를 정복한 페르시아의 고레스(키루스 2세)가 칙령으로 유대인의 귀환을 허용했다.

이후 고레스 왕의 페르시아는 오리엔트를 통일하고 인더스 강에서 에게 해와 남쪽 이집트에 이르는 거대한 제국을 이루었다. 오리엔트 역사상 가장 큰 제국이었다.

유대인들 '고레스 칙령'으로 귀환하다

페르시아가 바빌로니아 정복 후 맨 먼저 한 일은 바빌론 족의 포로가 되어 있던 여러 민족들을 모두 풀어주는 일이었다. 그리고 대제국답게 지배를 받는 각 민족의 종교와 행정자치를 허용했다. 유대민족에게도 자율권을 부여했다. 기원전 538년 고레스 왕의 포고로 유대인의 귀향이 허용되었다. 이른바 '고레스 칙령'이다. 황폐한 유다 왕국의 영토를 방치하는 것보다는 유대인들이 돌아가서 땅을 개간하고 예루살렘을 재건해 페르시아에 조공을 바치는 것이 더 실리적이라고 판단했기 때문이다. 유대인들에게 고레스 칙령은 꿈같은 소식이었다. 고레스 왕은 유대인들에게 해방자로 추앙을 받았다.

유대민족이 바빌로니아로부터 풀려날 때까지의 약 50년간을 역사에서는 바빌론 유수기라 부른다. 기원전 586~538년 사이다. 당시 바빌론에 살던 유대인 15만 명 가운데 1차로 4만여 명이 기원전 537년 다윗 왕가에 속한 세스바살Sheshbazzar의 영도로 예루살렘으로 돌아갔다.

예루살렘으로 가지 않은 유대인들은 터키나 동유럽으로 흩어져 살았다. 예루살렘으로 귀환한 유대인들은 세 번의 전쟁을 겪으면서도

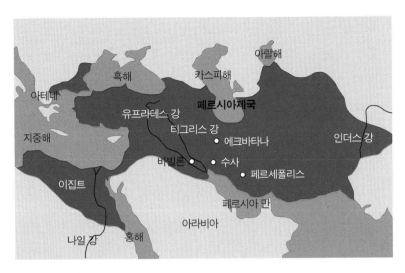

페르시아제국의 영토.

어렵게 살아남은 현지의 유대인들과 합류해 함께 살았다. 무역상으로 성공한 잔류 유대인들은 돈을 모아 귀환하는 유대인들의 예루살렘 정착 경비를 지원했다. 이른바 시오니즘의 시작이었다.

　페르시아의 고레스 왕은 바빌론이 약탈했던 성전의 온갖 제기들도 갖고 돌아가도록 허락했다. 고레스의 명령에도 불구하고 첫 번째 귀환자들의 성전 재건 노력은 실패하고 만다. 고향에 남아 있던 가난한 유대인들이 저항했기 때문이다. 팔레스타인에 남아 있던 유대인들은 "가난한 땅의 백성들"이라 불렸는데, 이들의 경제 상황은 매우 열악했다. 그들은 사마리아인, 에돔인, 아람인과 힘을 합쳐 귀환자들이 성벽 쌓는 일을 방해했다. 저항이 만만치 않은데다, 귀향자들도 너무 곤궁해 생계도 어려웠기 때문이다. 성전 재건은 15년을 더 기다려야 했다.

2차 귀환과 성전 재건

　　고레스 왕의 아들 다리우스 왕의 전면적인 지원을 받아 기원전 520년에 유대인들의 2차 귀환이 있었다. 인솔자 제룹바벨Zerubbabel은 다윗의 자손으로 유대 총독으로 임명되었다. 그와 함께 귀환한 사람 가운데는 많은 사제와 서기들이 있었다. 이를 계기로 예루살렘에서는 새로운 유대교 정통파가 출현한다. 신전 재건사업도 시작되었다. 새 신전은 솔로몬 때 지었던 신전보다는 훨씬 수수하게 지어졌다. 사마리아인은 이단으로 간주되어 재건공사에 참가하지 못하게 했다. 마침내 다리우스 왕 6년 곧 기원전 515년에 성전 봉헌식을 올렸다. 성전이 파괴된 뒤 꼭 70년 되던 해였다. 솔로몬 왕의 첫 성전에 이은 두 번째 성전이었다. 이 시기부터 유다 왕국은 제사장을 수반으로 하는 행정자치령의 나라가 된다.

제2예루살렘 성전.

유대교와 조로아스터교

유대인들은 자기들을 해방시켜준 고레스 왕을 메시아로 생각했다. 왜냐하면 그가 바빌로니아의 압제에서 해방시켜주었고, 바빌로니아제국에 의해 파괴된 예루살렘 성전까지 재건하도록 지원을 했으며, 종교적 자유인으로 만들어주었기 때문이다. 그런데 유대인의 메시아로 인식됐던 페르시아의 고레스 왕이 신봉하던 종교가 바로 '조로아스터교'였다. 따라서 유대인들은 자연히 조로아스터교의 메시아사상을 주목하게 된다. 조로아스터가 죽은 후 3천 년이 지나면, 유일신이 지상에 강림해서 최후 심판기가 오고, 그때 모든 인간은 부활하며, 심판이 행해진 후, 영생복락의 메시아 세상이 온다는 사상이었다.

라파엘로, 〈아테네 학당〉(1510)에 등장하는 조로아스터.

그 무렵 유대교와 조로아스터교는 서로 큰 영향을 끼친 것으로 보인다. 조로아스터교의 창시자 조로아스터Zoroaster는 기원전 660~583년 때의 사람이다. 영어식 이름이 '차라투스트라'다. 그는 스무 살 때 양친과 아내 곁을 떠나 수도자가 되었고, 서른 살에 자기보다 아홉 배나 큰 천사장을 만났다고 한다. 그리고 그로부터 "한 분의 신이 있다"는 계시를 받는다. 조로아스터교의 유일신은 '아후라 마즈다', 그 이름은 '지혜를 가진 주님'이라는 뜻이다. 아후라 마즈다는 지고의 신이며, 만물의 창조주이며, 정의의 수호자다. 그는 밝음을 추구하는 광명의 신으로 그 상징이 불이다. 그래서 이를 배화교라고도 부른다.

기원전 5세기의 그리스 역사학자 헤로도토스에 의하면 페르시아인들은 태양, 달, 별들을 숭배하는 다신교 사회인데 조로아스터교는 '유일신'을 믿었다. 더불어 회개, 메시아의 재림, 심판, 천당, 지옥, 부활과 같은 교리를 보이고 있다.

조로아스터교의 유일신 개념은 유대교의 영향을 받은 것으로 보이며 현세 지향적이었던 유대교 또한 조로아스터교로 인해 내세 신앙

이란 야즈드 지역의 불의 신전에 장식된 아후라 마즈다.

을 도입한 것으로 보인다. 또한 조로아스터교는 선과 악의 이분법이 있다. 선악의 문제를 선신 아후라 마즈다와 악령 아흐리만의 전쟁으로 설명한다. 이러한 이분법 대립 구조에서 훗날 기독교의 여호와와 사탄의 대립이 생겨났다는 주장을 하는 학자도 있다.

유대교를 바로 세우다

유대교의 아버지, 에스라

바빌론 유대인들은 모두 네 차례에 걸쳐 이스라엘로 돌아왔다. 기원전 444년 에스라와 기원전 428년 느헤미야에 의해 3차와 4차 귀환이 이루어졌다. 에스라와 함께 온 유대인들은 1천 8백여 명에 불과했지만 금 100달란트와 은 750달란트 등 큰돈을 갖고 돌아왔다. 이를 통해 당시 바빌론 유대인들이 통상으로 많은 돈을 번 것을 알 수 있다.

기원전 444년경 제사장이며 율법학자인 에스라가 모세의 법전을 갖고 유대로 돌아왔다. 에스라는 사제인 동시에 서기였다. 에스라는 예루살렘 유대인들의 실상을 보고 깜짝 놀랐다. 한마디로 종교생활이 엉망이었다. 신전제사는 제사장 부족인 레위 지파가 아닌 사람들에 의해 집행되고 일반인들은 사제들을 존경하지도 않고 경제적으로 지원하지도 않았다. 유대인들은 인근의 이방인들과 결혼해 민

구스타브 도어, 〈율법을 낭독하는 에스라〉(1885).

족 혈통의 순수성과 유대교 신앙의 정통성을 잃을 위기에 처했다. 에스라는 이스라엘 백성들이 고난을 겪고 멸망하게 된 원인이 하느님으로부터 마음이 떠난 것으로 보았다.

그는 뒤에 온 느헤미야와 힘을 합쳐 유대 사회의 개혁에 앞장선다. 개혁의 핵심은 '이방인과의 혼인 금지, 《토라》의 편집 완성, 모세 율법의 준수'였다. 먼저 유대인의 정체성 확립과 유대교 부흥을 위해 초막절을 맞아 본격적으로 율법을 가르쳤다. 그는 이방인들과 맺은 혼인을 모두 파기해 이방인 아내들과 그들에게서 태어난 자녀들을 모두 내보내도록 명했다. 이러한 조치는 잔인하고 비인간적으로 보이나 당시 상황에서 하느님에 대한 신앙을 새롭게 다지려는 의도는 다시는 하느님을 잊지 않고 지켜감으로써 시련을 겪지 않겠다는 의지의 발로였다. 이 사건을 '에스라 개혁'이라 부른다.

안식일 준수

에스라는 모세 율법 준수를 위해 안식일을 지키

도록 했다. 금요일 일몰부터 토요일 일몰까지 성문을 닫고 상인들은 장사를 못하게 했다. 그리고 매주 안식일과 일요일 그리고 목요일에 《토라》를 읽도록 했다. 히브리어로 안식일을 뜻하는 '샤바트sabath'라는 말은 '그만두다'라는 의미다. 그날은 모든 노동과 일이 금지된다. 특히 불을 사용하는 일을 금했다. 따라서 안식일에는 요리라든가 설거지도 할 수 없다. 무엇을 하려고 손과 발을 움직이는 행위는 십계명을 어기는 짓이다. 당연히 짐 나르는 일도 못하고, 설혹 남의 것이라도 해도 말을 탈 수 없었다.

현대에 와서 불은 스위치나 버튼으로 대체되었다. 스위치를 켜거나 버튼 누르는 것이 일의 시작이기 때문에 그들은 안식일에 스위치를 켜거나 버튼을 누르지 못한다. 당연히 전등은 물론 TV나 컴퓨터를 켤 수 없다. 자동차 시동을 걸어도 안 된다. 유대인들은 안식일에는 자동차를 타지 못하고 회당에 걸어간다. 요리하는 일, 전기 스위치를 켜고 끄는 일도 안 된다. 심지어 승강기 단추도 누르지 못한다. 그들은 "안식일이야말로 유대인들을 이방인들과 구별하는 표시"라고 믿었다.

〈출애굽기〉 20장에는 "네 문 안에 유하는 것은 다 쉬라"고 되어 있다. 따라서 동물도 안식일에는 쉬게 했다. 관리들이 이런 금지사항을 단속했다. 그들은 식사에 관한 금기에 대해서는 더 엄격했다. 식사는 하느님과의 친교였으므로, 허용된 종류의 음식 재료가 아니어서는 안된다. 오늘날에 와서는 생명을 구하기 위한 일, 임산부를 돕는 일, 정당방위를 위한 행동은 허용하고 있다. 미국 개혁파 유대인들은 안식일에 자동차 타는 것은 허용하는 추세다.

그런데 재미있는 사실은 안식일에 손발 쓰는 일은 안 되지만 부부간의 성교 같은 일은 허용된다. 성은 하느님께서 창조하신 깨끗하고 거룩한 것이기 때문이다. 반면 일부다처제인 이슬람교에서는 9월 한 달 라마단 기간 낮에는 섹스가 금지된다. 성을 더러운 것으로 보기 때문이다. 이슬람교가 유대교를 모태로 탄생했는데도 성에 대한 시각은 정반대인 것이 흥미롭다.

안식일의 의미
당시는 일주일 내내 일해도 먹고 살기 힘든 때였다. 휴식의 날을 따로 정해 하루 종일 쉰다는 것은 생각조차 할 수 없었다. 하지만 유대인들은 안식일을 지켰다. 하느님의 명령이었기 때문이다.

안식일은 창조 기념일이다. 하느님께서 6일간 만물을 창조하시고, 7일째에 쉬셨다. 그리고 그 쉬는 날을 거룩한 날로 정해 축복했다. 이처럼 인간도 안식일에 쉬면서 육체적인 노동에서 벗어나 우주 만물을 창조한 하느님을 기억하라는 의미였다. 동시에 보잘것없는 나 자신을 되돌아보며 인간중심의 교만에 빠지지 말라는 것이었다.

안식일을 통해서 하느님은 그의 백성과 교제하면서 그들을 거룩하게 한다. 안식일은 '쉬는 날'일 뿐만 아니라 '거룩히 지켜야 할 날'이다. 이후 유대인들은 안식일을 지키지 않는 유대인은 가차 없이 죽였다. 안식일에 노동을 금지하는 법이 매우 엄격해서 마카비 시대 신심 깊은 유대인들은 안식일에 전쟁을 하느니 차라리 죽음을 택했다. 그들은 어려운 환경에서도 안식일을 목숨 걸고 지켰다.

안식일 개념은 이후 1천5백 년이 더 흘러서야 로마제국에 의해 받아들여져 이방인들도 일주일에 하루를 쉴 수 있게 되었다. 안식일 제도는 노동의 피로를 풀고 삶의 기쁨을 증가시키는, 유대인의 위대한 공헌 가운데 하나다. 유대인들이 인류에게 '휴식의 날'이라는 개념을 선물한 것이다. 목숨을 걸고 안식일을 지킨 유대인 덕에 인류는 엿새 간의 노동에서 해방되어 안식일을 쉴 수 있게 되었다.

안식년과 희년

안식년과 희년 또한 안식일과 마찬가지 개념이다. 유대인에게 적용된 율법은 노예에게도 적용되어, 노예도 7년만 일하면 해방될 수 있었다. 당시로서는 파격이었다. 그리고 50년이 되는 희년에는 모든 것이 용서되고 모든 빚이 면제되며 모든 사람에게 해방이 선포된다. 율법 정신의 최고 목적은 정의와 평등의 실현에 있다. 안식년과 희년 법은 사회적 불평등을 정기적으로 해소하는 장점을 지녔다.

안식년과 희년의 정신은 공동체 자본주의를 지향하는 현대인에게도 많은 숙제를 내주고 있다. 안식년과 희년은 아직 이방인에게는 받아들여지지 않은 제도로 앞으로 인류가 본받아야 할 제도다. 특히 안식년은 일자리를 나눌 수 있는 귀한 제도다. 기업, 정부, 근로자가 삼분의 일씩 부담해 안식년 제도를 도입하면 일거에 청년실업이 해소될 수 있다.

느헤미야의 사회개혁과 에스라의 영적개혁으로 사라져가던 유대인의 정체성과 생명력이 다시 살아났다. 백성들이 《토라》를 읽기 시작하면서 민족과 신앙에 대해 다시 생각하게 되었다. 유대인들은 에스라의 가르침에 따라 금식하고 회개한 후 율법을 곧이곧대로 지키기로 맹세했다.

예루살렘과 바빌론에
민족의 기틀을 마련하다

이로써 유대인들은 예루살렘과 바빌론 두 곳에 민족의 기틀을 마련했다. 한곳에 모여 사는 것보다 흩어져 사는 게 서로 상부상조할 기회도 많고 특히 외침을 당했을 경우 민족말살의 위험이 적고 전쟁 수행에도 유리하기 때문이다. 이는 오늘날 예루살렘과 뉴욕에 떨어져 사는 유대인들 간의 관계와 흡사하다. 이후 1천 5백년간 바빌론은 유대인 커뮤니티의 중심지가 되었다.

이때부터 유대인들은 히브리어와 바빌론 언어인 아람어를 같이 사용하게 되었다. 당시 바빌론에는 가장 많은 유대인들이 거주하고 있었고 오랜 기간을 그곳에서 보내 아람어가 모국어처럼 사용되었다. 아람어는 히브리어와 가까운 같은 셈어족의 언어다. 초기 바빌론 《탈무드》도 아람어로 쓰였다. 페르시아제국의 공용어도 아람어였다. 중세 이후 아람어에 히브리어가 섞인 일종의 아람어 방언이 유대인 학자들의 일상어가 되어 오늘에 이르고 있다. 오늘날도 전통을 고수하는 랍비는 글을 히브리어나 아람어로 쓴다.

또 이때부터 이재에 밝은 유대인들은 항상 세계 경제를 주도하는 도시에 몰려 살았다. 그리스·로마시대에는 지중해 해상교역의 중심 항구 알렉산드리아 1백 만 인구의 거의 절반이 유대인이었다. 그 뒤에는 이슬람교의 중심도시 바그다드를 거쳐 코르도바에도 유대인들이 많이 거주했다. 이후 이들이 스페인 왕국의 수도 톨레도로 몰려들었으며 추방령 이후 암스테르담이 유대인의 도시가 되어 중상주의의 꽃을 피웠다. 그 뒤 런던을 거쳐 지금의 뉴욕에 이르기까지 세계 경제의 수도에는 항상 유대인들이 있었다.

《토라》의 완성

보통 패망한 민족은 다른 나라 사람들과 섞이고 그 과정에서 그 문화에 젖어들어 세월이 흐름에 따라 그 민족에 귀속되고 만다. 이것이 역사의 일반적 흐름이다. 그러나 유대민족은 그들만의 유일 신앙과 독특한 이상을 가지고 역사와 맞섰다. 그 정수가 《토라》였다. 그들은 그들의 역사인 《토라》를 경전으로 여기며 민족의 정체성을 '잃지 않고' 지켜 나갔다.

느헤미야와 에스라의 가장 중요한 업적은 《토라》의 정비였다. 에스라에 의해 《토라》가 완결되어 그 뒤 수정 없이 그대로 전해진 것으로 성경학자들은 보고 있다. 이 두 인물은 민족중흥의 쌍두마차였다. 유대인이 《모세오경》을 《토라》라 해 신앙의 근본에 놓은 것은 뜻이 깊다. 왜냐하면 《오경》에는 바로 율법에 대해 다루고, 땅을 약속하고, 그 약속이 성취되는 경위가 묘사되어 있기 때문이다. 유대교에서는 《오

양피지보다 고급인 사슴 가죽에 기록한 1800년대의 《토라》.

경》 이후의 《성경》 저작이 아무리 찬란하고 내용이 풍부하다 하더라도, 《오경》의 중요성에는 훨씬 미치지 못한다. 이후의 문서는 하느님의 계시라기보다는 《오경》의 주석이기 때문이다. 그리고 주제는 언제나 하느님 약속의 성취다. 여기서 가장 중요한 것은 약속된 땅이다.

새로운 유대공동체 재건은 율법을 통해 이룩될 수 있다고 선지자들이 강조했다. 《토라》가 이 시기에 성문화되어 집대성된 것은 바로 이런 이유다. 낯선 세계에서 생존의 한 방식으로 오래된 기억과 전통을 모아 재구성함으로써 민족의 동질성을 구체화한 것이다. 이제 《토라》는 단순히 공동체와 구성원들을 규제하는 수단이 아니라 공동체를 창출하고 결속하며 새로운 정체성을 마련해주는 주체가 된 것이다.

그들이 《토라》를 정비한 후, 전령들을 페르시아 곳곳에 파견한다. 전령들이 모세가 쓴 《모세오경》이 유대력의 새해에 공표될 것이라고 하자, 이 소식을 들은 제국 곳곳의 유대인들이 예루살렘으로 모였다. 많은 유대인들이 이미 히브리어를 잃어버렸기 때문에 통역사가 동원되어 어려운 부분은 아람어로 설명했다.

또한 바빌론 유수 이후, 새로운 시대에 걸맞게 율법을 적용할 필요가 있어 이를 설명하는 《미드라시》 곧 《성경》 주석이 생겨났다. 그 뒤

《미드라시》를 가르치는 학교가 발달했다. 《미드라시》가 발전해 후에 《탈무드》의 기초가 된다. 에스라와 느헤미야는 유대인들이 모세의 율법을 잊지 않도록 최소한 안식일을 포함한 주 2회 모세 율법을 읽어야 한다고 선포했다. 이들은 유대력의 새해가 되면 〈창세기〉 1장부터 새롭게 읽기 시작한다.

성전과 함께 존재한 시너고그

바빌로니아에서 돌아온 유대인들은 팔레스타인에 시너고그를 세웠다. 이때부터 시너고그가 성전과 함께 존재했다. 회당은 세 가지 용도로 쓰였다. 예배를 드리는 회당, 공부하는 학원 그리고 공동체 집회장이었다. 곧 기도, 교육, 자치정부 기능을 하는 유대인 공동체의 중심역할을 했다.

유대인들은 포로생활 후 팔레스타인에 돌아온 뒤로는 부족주의를 버리고 자신들을 '유대인'으로 부르며 단결했다. 유대인들이 자신의 힘으로 국가를 통치할 때는 오히려 종교의 순수성을 유지하는 게 쉽지 않았던 반면 고난과 역경에 처할 때 그들은 자신들의 원칙을 고수하며 종교적 경건함 아래에서 자신들을 가다듬을 수 있었다.

이스라엘은 여호수아가 가나안을 정복한 이후 급속히 부패하기 시작했고, 솔로몬 왕 시대에 또다시 타락했다. 부유하고 평화로운 번영의 시대에는 여지없이 우상숭배와 부정부패가 나타났다. 반면 신기하게도 국가를 잃거나 외세의 지배를 받을 때마다 그들은 율법에 순종했고 하느님을 경외하며 종교적 경건성 아래에서 자신들을 다시

가다듬을 수 있었다.[*]

에스라는 이스라엘을 율법 중심의 공동체로 만들었다. 국가나 성전 등 모든 제도가 없어져도 이스라엘이 오늘에 이르기까지 존속할 수 있었던 것은 바로 율법 중심의 공동체가 되었기 때문이다. 여기서의 율법은《모세오경》에 들어 있는 규범들을 가리킨다.

고난과 역경을 통해 은혜를 받다

유대인은 아브라함 시대부터 '나그네'로 떠돌아다니며 살았다. 하느님은 유대인들에게 말했다. "땅은 나의 것이다. 너희는 다만 나그네이며, 나에게 와서 사는 임시 거주자일 뿐이다."(《레위기》 25:23) 이렇듯 유대교의 계시에서 중요하게 여기는 것의 하나가 방랑생활에 대한 언급이다. '낯선 땅에서, 낯선 존재로' 박해를 받는다는 주제는 유대인에게 시대를 초월해 되풀이된다. 이는 유대인들이 세상에서 거쳐야 할 일종의 사명으로 묘사되고 있다.

유대인은 영원한 유목민으로 방랑과 이산의 역사는 오늘날까지 이어지고 있다. 떠돌이 민족은 척박한 환경에서 고난을 극복해야만 살아 갈 수 있다. 정주민족은 절대로 이들을 이길 수 없다. 정착사회에서 편하게 자란 민족이 사막과 황야의 시련에 단련되고 생존을 위해서는 물불을 가리지 않는 유목민을 이길 수는 없는 법이다. 역사가 이

---

[*] 폴 존슨, 김한성 옮김, '추천의 글',《유대인의 역사》, 살림, 2005.

를 증명하고 있다.

유대인은 설사 정주민족 내에 들어와 살더라도 영원한 이방인이자 아웃라이어outlier다. 아웃라이어란 흔히 중심 집단에서 동떨어진 존재를 이야기한다. 역사적으로 소외된 자, 그늘에 가려진 자, 사회에서 매장된 자가 유대인들이었다. 그런데, 역사는 이러한 아웃라이어들에게 뜻하지 않은 기회를 준다. 그것도 황금 기회를. 농경사회에서 축출되어 상업에 눈뜨게 하고, 상업에서 축출되어 무역과 금융에 눈뜨게 하고, 뿔뿔이 흩어지게 되어 글로벌한 민족이 된다. 역사의 아이러니다. 아니 어쩌면 이것이 역사의 이치다.

유대인들은 고난과 수치의 역사를 감추지 않는다. 그들은 고난과 역경을 극복하는 과정이야말로 영광을 준비하는 시간이라는 역사관을 갖고 있다. 고난은 영광을 낳는 디딤돌이 된다는 좀 더 긍정적인 신념을 지니고 있는 것이다. 시련은 영광을 준비하는 '필수적인' 과정이라는 역사 인식 때문이다.

유대교 개혁과 복지제도

느헤미야, 예루살렘 성벽을 세우다

느헤미야는 페르시아 관리로서도 이름을 날렸는데, 성전이 세워진 예루살렘에는 동족들의 고생이 심하고 아직 성벽조차 없었다. 느헤미야는 이 소식을 듣고 기도하던 끝에 왕에게 간청해, 유다 지방의 총독으로 임명되고, 성벽 건축에 필요한 재정지원 약속도 받는다. 동시에 그는 유대의 지위를 제국 안의 독립 정치단위로 확립시키는 권한을 부여받았다.

기원전 444년에 부임한 그는 무엇보다도 예루살렘 성벽을 다시 쌓아 자신들을 방비하고 사회의 질서를 바로 세우려 했다. 이에 주변에 있는 세도가인 사마리아 총독과 그 일당이 집요하게 방해한다. 그들은 무력으로 공사를 중단시키려 했다.

느헤미야는 '싸우면서 일하자'라는 전략을 세웠다. 백성들을 반으로 나눠 반은 갑옷을 입고 창과 활, 방패로 무장하고 경비를 서게 했

제임스 티소James Tissot, 〈허물어진 예루살렘을 바라보는 느헤미야〉(미상).

고 반은 성벽공사를 하게 했다. 공사하는 사람들도 한 손에 무기를 들거나 허리에 칼을 차고 일했다. 느헤미야는 이렇게 한편으로 무력으로 대응하면서 빠르게 예루살렘 성벽 건설을 추진했다. 공사는 시작한 지 52일 만에 놀라울 정도로 빨리 끝났다. 적들과 사방의 이방인들은 이 소식을 듣고 두려워하고 놀랐다. 이렇게 3차 귀환자들이 돌아오면서 유대인들의 거주지가 안정된다. 느헤미야의 공적이었다. 이렇게 안전이 보장된 거점을 확보할 수 있었기에, 정착사업도 빠르게 추진할 수 있었다.

재건된 예루살렘은 솔로몬 왕 때보다 작고 인구도 적었다. 그래서 제비뽑기로 선택된 가족들이 유대의 모든 지방에서 옮겨 왔다. 그 후 느헤미야는 예루살렘에 있는 12년 동안 총독의 녹을 받지 않았으며, 자비로 유대인 150명을 먹이고, 또 포로에서 돌아오는 자들을 진심으로 환영했다. 기원전 433년 느헤미야는 12년간의 임무를 마치고 바빌론으로 돌아갔다가 다시 왕의 허락을 받고 예루살렘에 돌아왔다.

안식년에 부채탕감 시행, 이후 동족끼리 이자 못 받아

느헤미야는 재부임하면서 유대인들이 율법을 준수하도록 여러 조치를 취했다. 십일조를 바치고 안식일을 지키도록 명하고 이방인과의 혼인을 금했다. 그는 또 7년에 한 번인 안식년마다 토지를 쉬게 하는 농경휴지법을 만들었다.

당시 유대 지도층들은 소작농들을 상대로 돈놀이를 했다. 빚을 갚지 못하는 서민들은 땅을 뺏기거나 자식들을 노예로 팔아야 했다. 이는 하느님의 명령을 정면으로 어기는 행위였다.

〈신명기〉 23장에 "너희는 동족에게 이자를 받고 꾸어주어서는 안 된다. 돈에 대한 이자든 곡식에 대한 이자든, 그 밖에 이자가 나올 수 있는 것은 모두 마찬가지다. 이방인에게는 이자를 받고 꾸어주어도 되지만, 너희 동족에게는 이자를 받고 꾸어주어서는 안 된다. 그래야 주 너희 하느님께서, 너희가 차지하러 들어가는 땅에서 너희 손이 하는 모든 일에 복을 내려주실 것이다”라고 기록되어 있다.

돈놀이를 하는 유대인들에 격분한 느헤미야는 빈부격차 해소를 위해 안식년에 서민들의 부채탕감이라는 획기적인 조치를 취한다. 이후로 동족끼리는 이자를 받지 못했다.

유대인 복지공동체의 구심점, 쿠파

이후 유대 사회에는 가난한 동족을 위한 복지제도가 강화되었다. 성전시대 이후 유대인 공동체에는 무료 숙박소가 있었다. 뿐만 아니라 유대회당 어느 곳이나 ‘쿠파kuppah’라 불리는 헌금함이 있다. 이는 가난한 유대인을 지원하기 위한 모금함으로, 유대인 공동체가 복지제도의 축으로 삼는 구심점이다. 유대인에게 가난한 사람을 돕는 일은, 지난날 신전에 희생 제물을 바치던 것에 대신하는 일이자 하느님에게 감사를 표하는 수단이다.

공동체는 헌금 모금에 적극적이었다. 회당에는 구호금 접수원이 있어 매주 금요일 아침이면 시장과 일반 가정을 돌아다니며, 구호금이나 구호품을 거두었다. 모아진 것은 당일에 나누어주었다. 일시적으로 구호가 필요한 사람은 위급을 면할 만큼 충분히 받고, 영구 구호가 요구되는 사람들에게는 하루에 두 끼씩 일주일치 열네 끼니를 지낼 수 있을 만큼 받았다. 이 구호기금을 ‘쿠파’ 곧 ‘광주리 기금’이라고 불렀다. 이렇게 유대인 커뮤니티에서 가난한 유대인은 구호를 받을 수 있는 '권리'가 있었다.

느헤미야는 이 제도를 강력히 시행하도록 했다. 부유한 유대인들에게 자선은 의무이자 하느님에게 감사를 표시하는 화해라고 가르쳤다. 이후 쿠파 제도가 온전히 시행됨으로써 유대인 공동체에는 최소한 돈이 없어 굶어 죽거나 의료에서 소외되는 문제는 없어졌다. 이로써 유대인은 고대로부터 기본적인 생존권 문제에서는 해방되었다.

또한 공동체는 배움을 희망하는 가난한 유대인 학생에게 그가 원하는 과정까지 공부를 시킬 책임이 있었다. 그래서 공동체가 학교를 세워 운영하며 필요시 학생들을 유학 보냈다. 인류 최초로 완전한 공동체 복지제도가 시현된 것이다. 지금도 이러한 복지제도를 자발적으로 유지하는 민족은 유대민족뿐이다.

쿠파 모금은 자발적이지만 계율에 따라 강제적이기도 했다. 능력 있는 유대인이라면 지역사회의 유대인 공동체 쿠파에 한 달에 한번 의무적으로 기부해야 한다. 마찬가지로 3개월 뒤에는 음식기금에, 6개월 뒤에는 의복기금에, 9개월 뒤에는 장례기금에 기부해야 한다.

또 노예로 팔려가거나 납치된 동족을 구하기 위한 특별 모금도 있었다. 이를 '비드온 슈바임'이라 한다. 히브리어로 '사로잡힌 자를 사온다'라는 의미를 가진 말로, '유대인은 붙잡힌 동족을 반드시 해방시킬 의무가 있다'는 뜻을 내포하고 있다. 그들의 공동체 수칙 1번이 고난에 처한 동족을 필히 구해내야 하는 것이다.

또 유대인의 기부는 동족에게만 국한되지 않는다. 이방인을 위한 구호 모집도 있다. 매일 이방인 긴급 구호자들을 위한 구호 모집이 있었다. 이것을 '탐후이Tamhui' 즉 '쟁반기금'이라고 했다.

이후 각 쿠파를 담당하는 세 명의 관리자를 두었다. 유대법에 의하면 기부가 의무여서 그들은 헌금하지 않는 사람들에게서 소유물을 압수할 수 있었다. 또 복지금의 지급은 세부적으로 등급화해 각각에 대해 독자적인 기금과 관리기구가 있었다. 가난한 사람들을 위한 의류, 학교 교육, 결혼지참금, 유월절 음식물과 포도주, 고아, 노인, 병자, 장례와 매장, 수감자와 난민 등으로 나누어 관리했다.

능력에 따라 모으고, 필요에 따라 배분하다

'각자의 능력에 따라 모으고, 각자의 필요에 따라 배분한다'는 율법 정신에 따라 설사 공동체가 어려움에 처해 있는 경우라도 복지제도는 언제나 가동됐다. 이것은 사실 일종의 공산주의 분배 시스템이다.

오늘날 이스라엘의 집단농장 키부츠가 바로 이러한 정신을 이어받은 것이다. 그들은 키부츠 내의 집단농장이나 제조업에 공동으로 참여하지만 능력 있는 사람은 외부에 나가 자기 기업을 운영하거나 변호사, 의사, 교수의 직업을 갖기도 한다. 그래도 그들은 외부에서 자기가 돈을 벌더라도 그 돈을 키부츠 공동체에 내놓는다. 공동체는 이를 다시 각자의 필요에 따라 나눈다.

고대로부터 이러한 분배 정신을 갖고 있는 유대인만큼 복지제도가 잘되어 있는 민족은 없다. 극도의 자본주의 정점에 있는 유대인들이 역설적으로 최상의 공산주의 시스템을 갖추고 있다. 그들의 율법 덕분이다. 그들의 율법은 자기 동족을 의무적으로 돌보도록 명시하고 있다. 율법 정신의 최고 목적은 '약자를 돌보는 정의와 만민 평등의 실현'에 있다.

유대인에게 자선은 의무

히브리어에는 '자선'이라는 말이 없다. 가장 비슷한 말로 '해야 할 당연한 행위'란 뜻의 '체다카tzedakah'라는 낱말이 있다. 이는 '정의' 또는 '의로움'에 더 가까운 뜻이다. 곧 '자선'과 '정의'라는 말이 같은 셈이다. 율법의 정신이 바로 정의이고 정의는 약한 자를 보살피는 것이다. 곧 자선은 선택이 아닌 신의 계율에 따른 '의무'인 것이다.

또 자비와 비슷한 뜻의 히브리어로 '케세드Chesed'라는 낱말이 있다. 이건 굉장히 심오한 단어다. '케세드'는 동정이나 연민 등 공감 능력을 뜻한다. 상대방의 아픔을 나의 아픔으로 느끼는 힘이다. 유대교에는 유대인이 하느님과 관계를 개선하는 방법이 세 가지가 있다고 가르친다. '회개, 기도, 자선'이 그것이다. 자선이 중요한 종교행위의 하나인 것이다.

자선은 하느님의 정의이자 사랑행위다. 따라서 경건한 유대인은 의무적인 최소액 이상을 내놓곤 했다. 그래서 생활이 넉넉한 이는 수입의 오분의 일을, 보통 가정은 십분의 일을 냈다.

이러한 종교적 의무 말고도 자선에 대한 여러 가지 관습과 제도가 있어 이를 당연한 나눔으로 여긴다. 유대인의 기부는 유대회당에서만 하는 게 아니다. 늘 생활 속에 함께한다. 일례로 장사하는 사람은 가게가 끝날 때쯤 가게 앞에 일정량의 상품을 봉지에 싸서 내놓는다. 가난한 사람들이 들고 가기 편하게 하려는 것이다. 밭에서 수확할 때에는 구석의 일부를 남긴다. 그리고 땅에 떨어진 과일이나 이삭은 그냥 두어 가난한 사람이나 피난민들이 자유롭게 주워 갈 수 있도록 했다. 이렇듯 유대인은 가장 먼저 자선을 제도화한 민족이다.

2차 이산

알렉산더, 유다 왕국을 점령하다

기원전 333년 이수스 전투에서 다리우스 3세를
물리친 알렉산더는 페르시아의 심장부를 향해 진격한다. 유다 왕국
은 바람 앞에 등불이었다. 유대인들은 알렉산더 대왕의 정복 위협과
페르시아 군주에 대한 충절로 분열되었다. 그러나 결국 유대인들은
알렉산더 대왕에게 항복해 환대를 받았다. 이로써 에스라와 느헤미
야 체제가 이끌었던 유다 왕국은 이 일대를 점령한 알렉산더 대왕의
치하로 들어갔다. 당시 유다 왕국 지도자들은 유대인의 정체성을 지
키기 위해 이민족과의 결혼을 금지시키고《토라》를 완성해 유대교의
보존에 힘쓰고 있을 때였다. 이때부터 유대는 그리스의 속국이 된다.

유대 전승에 따르면 유대인 최고 집권자인 대사제가 알렉산더 대
왕을 예루살렘 성문에서 만났다고 한다. 대사제는 어느 나라 편에 가
담해야 할지 결정하지 못하다가, 꿈을 꾸고 난 뒤 대왕을 맞이하러

나갔던 것이다. 대사제를 만난 알렉산더 대왕은, 마케도니아를 출발하기 전에 꿈속에 나타나 동방을 정복하도록 용기를 북돋워준 인물이 대사제와 일치한다는 사실을 깨닫는다. 이 전승은 당시 알렉산더 대왕이 누렸던 인기를 잘 보여주는 것인데, 그는 성전에 제물을 바쳤으며 유대인들에게는 종교의 자유와 더불어 7년마다 오는 안식년에 세금을 면제해주겠다고 약속했다. 그리고 알렉산드리아 건설을 돕도록 유대인들을 이집트로 데려갔다. 알렉산드리아에 유대인이 많았던 이유다.

이렇게 유다 왕국과 바빌론의 유대인 디아스포라가 그리스의 지배를 받게 되자 많은 유대인들이 그리스제국 내 각 도시로 옮겨 갔다. 이때부터 유대인의 디아스포라가 지중해 연안 및 이집트의 알렉산드리아는 물론 알렉산더 대왕이 인도 침입 당시 길을 닦아 놓은 중앙아시아의 실크로드 주변으로도 많이 진출했다. 실크로드는 사실 중국한 무제 이전에 알렉산더가 닦아 놓은 길이다. 그리고 이 길을 가장 잘 이용한 민족이 유대 상인들이다. 알렉산더의 세계 정복이 유대인의 활동 반경을 넓혀주었다. 실크로드 곳곳의 유대인 커뮤니티들이 실크로드를 이용해 중앙아시아와 인도까지의 교역을 활성화했다.

이후 지중해 연안의 유대인 커뮤니티가 주도하는 해상무역이 급속도로 발전했다. 특히 해상무역으로 알렉산드리아가 번성하자 유대인들이 알렉산드리아에 대거 몰려들었고 알렉산드리아는 당시에 가장 큰 상업도시로 성장할 수 있었다. 인구 1백만 명 가운데 40퍼센트가 유대인이었다.

유대인, 헬레니즘 문화에 빠지다

알렉산더 대왕의 유다 왕국 정복 이후 많은 유대인들이 그리스 정복지역인 지중해 연안 국가들에 흩어져 살면서도 정체성을 유지할 수 있었던 것은 공통으로 간직한 《성경》 덕분이었다. 알렉산더 대왕의 유다 왕국 점령은 짧은 기간이었지만 유대인들에게 문화적인 충격을 안겼다. 이른바 헬레니즘 문화 쇼크다.

기원전 3세기경에 이르러서는 헬레니즘 제국 내의 유대인들은 우수한 헬레니즘 문화에 푹 빠져 벌써 헬라인이 다 되어 있었다. 그들에게 히브리어는 이미 외국어나 다름없었다. 《성경》을 못 읽는 유대인들이 많아 민족의 정체성을 유지하기 힘들었다. 이때는 유다 왕국이 멸망한 지 이미 3백 년이 훨씬 지난 때로 유대인들은 나라 없는 백성들로서 여러 나라에 흩어져 고달픈 삶을 살고 있던 시기였다. 이산 유대인은 생업 때문에 그리스어를 아주 자연스럽게 익히고 있었다. 특히 젊은이들은 그들의 언어였던 히브리어를 거의 잊어버리고 그리스어를 사용했다. 따라서 유대 젊은이들은 히브리어로 된 《구약성경》은 읽을 수가 없어 그리스어로 번역해야 할 필요가 생겨났다.

유대인의 정체성을 유지해준
70인 역 《성경》

이러한 위기를 맞아 당시 이집트의 수도인 알렉산드리아에 살고 있던 유대인들은 《토라》를 그리스어로 번역하기로 하고 이집트 왕 프톨레마이오스 3세에게 도움을 청한다. 역대로 프톨레마이오스 왕조는 유대인에게 우호적이었다. 왕조의 창건자인 프톨레마이오스 1세는 유대인들을 제국 내에 산재해 있는 알렉산드리아 도처에 안주시켰으며, 정착 후 경제적, 문화적 지원을 아끼지 않았다. 그 뒤를 이은 프톨레마이오스 2세와 3세 역시 유대인들에게 우호적이었다.

지중해 무역의 중심지이자 문화의 보고였던 알렉산드리아에서 제일 중요한 곳은 알렉산드리아 도서관이었다. 당시 세계 최대 규모의 이 도서관에는 파피루스로 된 책들만 70만 권 이상이 있었다. 이 서적들이야말로 세계를 정복한 그리스 문화 홍보대사들이었다. 고대 유럽의 학문과 예술이 알렉산드리아에서 나왔고 동양과 서양을 잇는 헬레니즘 문화의 사상적 체계도 여기에서 탄생한 것이다.

알렉산드리아는 계속 무역 중심의 상업도시로 발전했고, 상업에 종사하던 많은 유대인들이 이곳으로 몰려와 살고 있었다. 당시 알렉산드리아에 거주하는 유대인 수가 예루살렘보다 많았다. 지금의 뉴욕 격이었다. 이들 유대인들이 주축이 되어《성경》의 그리스어 번역 작업이 이루어졌다. 왕은 유대인들의 부탁을 받아들여 적극적으로 도와주었다.

왕은 사신을 보내 유대의 열두 지파에서 각각 여섯 명의 현자들을 선출해 알렉산드리아로 데려왔다. 직접 이들의 지혜를 시험한 뒤 만족한 왕은 파로스 섬에 건물을 짓고 일흔두 칸의 방에 이들을 각자 들여보내《토라》를 번역하라고 명한다. 약속한 72일이 지나 이들이 방에서 나왔다. 그런데 기적이 발생했다. 그들의 손에 들린 72개의 번역본이 놀랍게도 글자 하나 틀리지 않고 완벽하게 일치했다. 이로써 신

의 손길이 미친 것임을 입증했다. 유대인의 정체성을 지켜준《구약》
에 얽힌 이야기다.

기원전 300년경에 만들어진 이《구약성경》을 '70인 역'이라 부른
다. 최초의 번역으로 역사적 의의가 크다. 원래 정확히는 72인 역이지
만 편의상 70인 역이라 부른다. 그런데 70인 역은 '사분법'이라는 새
로운 원칙에 따라《구약》의 순서도 재배치했다. 오늘날 우리들이 읽
고 있는《구약성경》의 순서는 70인 역의 순서를 따르고 있다.

디아스포라 유대인의 최고 업적,
70인 역《성경》

그리스어로 출간된 '70인 역'《성경》은 예상치 못
한 의외의 결과를 초래했다. 바로 평상시에 유대교 신앙에 관심을 보
이던 이교도들까지 흡수한 것이다. 유대인들뿐 아니라 유대교에 대해
관심을 갖고 있는 이교도들에게도 베스트셀러가 되었다. 이로 인해
무려 3백만 명에 달하는 이교도 개종자가 나와 유대교인이 되었다.

또한 그 수를 헤아릴 수조차 없는 '하느님을 경외하는 자들'이라
불리는 지지 세력들을 탄생시켰다. 이들이 훗날 사도 바울이 이방 선
교를 할 때 기독교인이 되는 주력 세력이었다.

바울을 비롯한 사도들이 인용한《성경》은 바로 70인 역《성경》이
었다. 초대교회의 '그리스도' 역시 히브리어 '마쉬아흐'(메시아)에 대한
그리스어로 70인 역《성경》에 나오는 단어다. 바울이 전도여행을 하
며 다닐 때 바울은 청중들에게 아주 생소한 교리를 설파한 게 아니었

다. 이미 청중들은 70인 역《구약성경》에 익숙해 있는 지지 세력들이 었다. 그런 의미에서 70인 역《성경》은 기독교 역사상 너무나 중요한 의미를 가지고 있다.※

시련의 시작, 실패한 반란이 화를 부르다

그 뒤 기원전 200년에는 셀레우코스 왕조가 지배 하던 시리아 왕국이 유다를 정복했다. 셀레우코스 왕조의 영향으로 헬레니즘 문화가 도시 유대인들 사이에 더 널리 퍼졌다.

당시는 유대인들이 천거한 대제사장을 총독으로 임명했다. 유대 제사장 야손은 이스라엘 이름인 '여호수아'를 헬라식 이름 '야손'으로 바꾼 사람으로 친헬라파 인사 가운데 비둘기파에 속해 전통을 중시하는 보수파와도 대화할 수 있는 인물이었다. 그는 유대인의 그리스화에 협력했다. 성전을 개방해 이교도 의식을 진행토록 했고 지성소에 그리스인 동상을 세웠다. 유대 제사장들은 그리스 의상을 입고 숭배의식을 그리스 방식으로 치렀다.

그러자 이에 대한 유대인들의 분노가 표출되기 시작했다. 유대인들은 두 파로 나눠졌다. '헬라파'와 '정통파'가 그것이었다. 그리하여 그들은 대제사장 자리를 놓고 싸우게 되었다. 이때 많은 유대인들이 경건자 그룹의 하시디안 운동에 동참하게 된다. 자연발생적인 것이

※ 류모세,《유대인 바로 보기》, 두란노, 2010, 55~57쪽.

시리아 왕국의 유다 정복.

었다. 그리고 기회를 틈타 그리스화를 부르짖는 공직자와 제사장들을 성전의 담장 위에서 떨어뜨려 처벌했다.

기원전 168년 이집트를 공격한 안티오코스는 알렉산드리아를 거의 정복하려는 순간, 그를 견제하는 로마에 의해 실패하고 이집트에서 퇴각했다. 이때 팔레스타인에서는 안티오코스가 전쟁 중 죽었다는 소문이 돌았다. 예루살렘 유대인들은 이때가 멍에를 벗어던질 좋은 기회로 여겨 반란을 일으켰다.

소문은 잘못된 것이었다. 반란 소식을 들은 안티오코스 4세는 예루살렘으로 진격해 주민 1만여 명을 무자비하게 학살해 반란을 진압했다. 그리고 예루살렘 근처에 시리아 병사들을 주둔시켰다. 자치권을 박탈하고 탄압정책으로 돌아섰다. 그는 배타적인 유대민족의 종교를 타도하기로 했다. 여러 종족을 통일해 광대한 제국을 만들기 위해서는 종교의 통일이 중요했다. 안티오코스 황제는 스스로를 제우스의 지상현신이라고 주장하며 유대인들에게 제우스 숭배를 강요했다.

유대교 말살정책

안티오코스 4세는 먼저 유대교 종교의식을 금지시켰다. 그 뒤 새로운 동상들이 성전에 세워지고 이교도를 예루살렘에 이주시켜 유대인과 피를 섞게 하는 정책을 폈다. 또한 그는 유대교 말살을 위한 칙령을 선포했다. 내용은 유대인의 안식일과 종교적 공휴일 그리고 할례를 지키는 자는 사형에 처한다는 것이었다. 그들은 예루살렘 성전에 제우스와 같은 그리스 신의 우상을 들이는가 하면 유대인이 제일 혐오하는 돼지를 제물로 바쳤다. 유대교 율법이 금하는 동물이었다. 예루살렘의 유대교 성전을 제우스 신전으로 바꾸자 유대인의 거센 저항이 다시 폭발했다.

예언자들은 이스라엘을 신이 선택한 백성이라고 가르쳐 왔다. 신과 이스라엘의 특별한 관계가 지니는 의미를 세상에 입증하는 것이 이스라엘의 존재 이유였다. 이스라엘의 임무는 인간의 힘에 의해서가 아니라 하느님의 사랑과 정의에 의해서 지배되는 올바른 인간사회를 만들어서 하느님의 계시를 의미 있게 하는 것이었다. 이스라엘에게서 유대교를 빼앗으면 더 이상 이스라엘이 아니었다.

역사상 첫 종교전쟁, 마카비 반란

기원전 166년에 안티오코스 4세는 장대한 군사 열병식을 벌여 만방에 그의 힘을 과시했다. 열병식에는 2만 명의 마케도니아 군과 4만 6천 명의 보병이 참가했고, 그 뒤를 8천 5백 명의 기병과 306기의 장갑 코끼리 부대가 따랐다. 이때 다시 반란이 시작된 것을 통해, 놀라운 유대인 투쟁정신을 엿볼 수 있다. 모딘이란 마을의 '마타디아'란 늙은 제사장이 유다 마카비 등 그의 다섯 아들과 함께 혁명을 일으키게 된다. 유대교 정통파들은 마카비 가문의 지도로 반란을 일으켜 곳곳에서 승리를 거두고 마침내 예루살렘에서 제우스 신상을 파괴했다. 이것이 역사상 첫 종교전쟁인 '마카비 반란'이다.

마카비 형제들을 중심으로 하는 유대민족의 저항은 게릴라전을 통해 몇 번의 소규모 전투에서 승리를 거두게 된다. 왕의 토벌군을 유다 마카비는 간단히 물리쳤다. 그러자 왕은 이번에는 군사령관 세론을 직접 보냈다. 하지만 이번에도 마카비의 용맹에 밀려 퇴각했다. 왕은 이제 마카비 형제들의 힘이 만만찮다는 것을 알게 된다. 이들 형제들을 나뒀다가는 제국 전체에 위협이 될 수 있었다. 당시 왕은 페르시아와의 전쟁에 집중해야 했다. 그런데 이런 작은 반란군 무리조차 제대로 다스리지 못한다면 체면이 설 수 없었다. 그래서 형제들의 군대를 괴멸시키기 위한 군대를 편성했다. 예루살렘을 비롯한 가나안 땅 전체가 술렁이기 시작했다.

진압군은 보병 5천 명에 정예 기병 1천 명이었다. 이에 대항하는 마카비 다섯 형제의 병력은 3천 명에 불과했다. 기병도 없었다. 또 진압군은 갑옷 등 무장이 완벽했다. 게다가 병사 대부분이 전투 경험이 풍부한 용병들이었다. 하지만 마카비 형제들의 병사들은 전투에 익숙하지 않았을 뿐 아니라, 갑옷과 칼 등 무기조차 제대로 갖추지 못했다. 두 군대가 부딪힌 곳은 예루살렘에서 서북쪽에 위치한 엠마오 평원이었다. 그러나 이 전쟁에서 예상을 깨고 영웅적으로 싸운 마카비 군대가 이겼다.

그러나 왕은 물러서지 않았다. 이듬해 다시 섬멸작전에 나섰다. 이번에는 정예 보병 6만 명과 기병 5천 명을 동원했다. 1년 전보다 열배가 넘는 병력이었다. 이에 마카비 형제들은 보병 1만 명으로 맞섰다. 하지만 용병 중심으로 편성된 진압군은 목숨 바쳐 싸우는 유대인들을 당해내지 못했다. 그리스인들은 유대인들이 소유가 아닌 관념을 위해 영웅적으로 싸우는 모습을 경이롭게 여겼지만 이해하지는 못했다. 2년간의 끈질긴 싸움 끝에 기원전 164년 12월 25일 반란군은 결국 예루살렘을 되찾는다. 마침내 유대인들은 독립을 쟁취해 자치령이 되었다.

하스모니안 왕조 시대

그래서 탄생된 것이 하스모니안 왕조다. 마카비 가문의 조상 하스몬의 이름을 따 지은 왕조 이름이다. 이후 예루살렘은 1백 년간 하스모니안 왕조에 의해 다스려졌다. 이들은 제우스 신상 설치 이후 3년 반 만인 기원전 164년 12월에 성전을 정화하고 희생 제사를 부활시켰다. 이때 성전 반환을 기념해 하루 분량의 올리브 기름으로 예루살렘 신전에 불을 켰는데 그 불이 8일 동안 계속되는 기적이 일어났다. 유대인들은 이를 하느님의 응답으로 여기고 '성전 봉헌일'이라는 명절을 만들어 매년 이 기간에 가정에서 8일 밤 동안 촛불을 밝힌다. 이 축제는 '봉헌절'이라는 이름으로 지금까지도 이어져 내려오고 있다. 유대인들은 이를 '하누카'라 부른다.

하누카 촛대. 뉴욕 유대박물관 소장.

유대인들이 성스러운 성물로 여기는 유대인 고유의 일곱 가지 촛대 메노라menorah가 바로 '하누카 촛대'다. 하누카는 봉헌dedication이라는 뜻이다. 황금의 메노라는 고대 예루살렘의 솔로몬 성전의 예배의식 때 사용된 중요한 도구였다. 그 후로 이것은 여러 가지 형태로 유대 유물의 상징이 되었다. 유대인들의 성전 반환전쟁 승리를 기념하는 하누카는 12월 하순이어서 기독교인들은 하누카를 유대인들의 크리스마스라고 부른다. 유대인 아이들이 가장 좋아하는 명절 하누카 때는 부모들과 조부모들로부터 8일 동안 매일 선물을 하나씩 받는다.

하시딤이 양분되다

독립전쟁에 승리한 하스모니안 가문은 그만 과욕을 부려 기원전 152년에 요나단이 정권과 대제사장직을 독식하는 잘못을 범했다. 대제사장직은 대대로 그간 사두개파의 직분이었다. 일이 이렇게 되자 그때까지 독립군에 가담하던 경건자 그룹 하시딤이 양분되기에 이르렀다. 요나단을 지지하는 경건자들이 바리새파를 만들었고, 그를 반대하는 경건자들이 에세네파를 만들었다.

바리새파는 사두개파를 보수주의로 간주했고 에세네파를 광신자로 보았으며 자신들은 진보주의자라고 주장했다. 그들은 헬레니즘을 반대하며 종교는 진보하는 것이라고 믿었다. 그래서 모세의 율법을 재해석하는 구전 율법을 존중했다. 이들은 유대교에 융통성을 부여한 것이다. 그것이 미래의 곤경에서 유대교를 살아남게 한다.

알렉산드라 여왕, 최초의 의무교육 실시

기원전 76년 얀네우스 왕이 죽자 그의 부인 '살로메 알렉산드라'가 왕위를 계승했다. 그녀는 지적이고 온화한 사람이었다. 살로메 알렉산드라 여왕의 집권기가 하스모니안 왕조의 최고 황금기로 꼽힌다. 통치 기간은 9년으로 비록 짧았지만 폭넓은 사회개혁이 단행되었다. 로마가 그리스와 다투던 시절만 해도, 로마는 유대인의 동맹이었다. 로마인은 약소국가의 존재를 인정하고 어느 정도 독립성을 인정했다.

하스모니안 왕가는 이두메인을 비롯해 자국 내 이방인은 물론 주변 국가의 많은 이방인들을 유대교로 강제 개종시킨 바도 있었다. 따라서 1세기 로마제국 내에서 유대교를 표방하고 있는 7백만 명 중에 4백만 명이 가계로 보아 진정한 유대인이고 나머지는 개종한 이교도 또는 그들의 후손이라는 견해가 있다.

이렇듯 유다 왕국이 영토 확장 야심을 지닌 데다 이웃 여러 민족을 강제로 유대교로 개종시키는 것을 로마 원로원이 보고만 있을 수 없었다. 유대 국가가 내부 분열을 일으키기를 조용히 기다렸다. 이런 점을 눈치챈 살로메는 내부 단결을 도모했다. 당시 반대파로서 대중적 세력을 넓혀가던 바리새인들을 최고 의사결정기구인 산헤드린으로 받아들이고 그들의 구전 율법도 나라의 법제 안으로 수용했다. 이를 통해 나라의 안정적 통일을 시도했다.

특히 여왕은 종교를 중심으로 나라를 통일하려 했다. 그녀는 유대교를 재건하기 위해서는 모든 국민이《성경》을 읽고 율법을 배울 수 있어야 한다고 판단했다. 그러기 위해서는 최소한 가정예배를 이끄는 남자들이 먼저 글을 깨우쳐야 한다고 생각했다. 여왕은 전국에 학교를 짓고 노소 구분 없이 남자들 의무교육을 실시했다. 그리고 교사 양성소도 설치했다.

이후 유대인 사회에서 최소한 가장들 사이에서는 문맹이 사라졌다. 거의 모두가 문맹이었던 당시로서는 파격이었다. 이후 유대인들은 어느 곳에 가던 뛰어난 경쟁력을 갖출 수 있었다. 글을 읽고 쓰고 계산에 능한 유대인들은 어딜 가도 쉽게 자리 잡았다. 또한 그들 간의 서신 연락에 의한 정보 교류는 곧 상업과 무역으로 연결되어 유대인들이 부를 모으는 중요한 수단이 되었다.

그 뒤 유대인들은 세 살이 되면 히브리어를 배운다. 율법을 암기하고 배우기 위해서다. 특히 열세 살 때 성인식을 치르기 위해선《모세오경》중 한 편을 모두 암기해야 한다. 그리고 성인식에 참석한 사람들에게 이를 토대로 직접 준비한 강론을 해야 한다. 이러한 전통은 유대민족의 탁월한 지적능력으로 연결되었다.

유다 왕국, 로마의 속주로

로마가 그리스를 누르고 득세했다. 기원전 64년 로마는 시리아 왕국마저 멸망시켰다. 다음 차례는 유다 왕국이었다. 그 무렵 하스모니안 왕조는 로마에 대항하기보다 로마의 보호를 받으며 번영을 구가하는 편이 낫다고 생각했다. 그래서 기원전 63년 시리아에 주둔하고 있던 로마 장군 폼페이우스에게 화평을 요청했다. 유대는 로마의 유다이아Judaea 주로 편입되었다.

이로써 지중해 패권을 놓고 각축을 벌였던 페니키아, 그리스, 유대 왕국은 모두 차례로 로마의 속주가 되었다. 유대인 역사에 있어 '로마시대'라 불리는 이 시기는 바로 폼페이우스가 이스라엘을 접수한 때부터 7세기 무슬림이 팔레스타인을 점령할 때까지 약 7백 년간 계속되었다.

유대인 종파들

당시 유대에는 여러 종류의 당파가 있었다. 최고 정점에 친로마파인 헤롯당과 사두개파들이 있었다. 헤롯당은 헤롯 왕가의 지지들이며 사두개파들은 구전 율법을 배척하고 오직 《모세오경》만을 경전으로 받들어 대사제직을 맡고 있는 종교 지도자들이었다. 반면 민중에 대한 지도력을 갖고 있었던 계층은 바리새파들이었다. 당시 6천 명 정도였다. 이들은 《성경》과 구전 율법을 다 지켰다. 율법학자의 다수가 바리새파 출신이었다. 그들은 반로마적이었지만 무력사용에는 반대했다. 반면 유대인의 독립을 무력에 호소하는 열심당원들이 있었다.

다른 한편 속세를 버리고 황야와 사해 부근 쿰란에서 금욕적 공동체 생활을 하는 에세네파가 있었다. 이들은 사악한 제사장들 바람에 예루살렘 성전이 더럽혀졌다고 보았다. 그들은 곧 빛의 아들들과 어둠의 아들들 사이에 종말전쟁이 일어난다고 보았고, 결국 빛의 아들들이 승리해 다윗 계통 '임금 메시아'와 사두개파 계통 '제사장 메시아'가 이스라엘의 열두 지파를 다스릴 것이라고 믿었다. 쿰란 수도자들은 본래의 제사장들이 지키던 정결법을 철저히 준수하며 독신생활을 했다. 예수가 올 것을 예언한 세례 요한도 에세네파였다.

로마제국 곳곳에 유대인 커뮤니티

헤롯 시대에 팔레스타인 지역 유대인 수는 약 240만 명 정도로 추정된다. 그 무렵 예루살렘 일대의 인구는 거의 1백만 명에 달했다. 당시로서는 대단히 큰 도시였다. 이 무렵 지중해 일대와 북아프리카를 아우르는 로마제국 전체에서 조사된 총 유대인 수는 694만 4천 명이었다. 이는 로마제국 인구 7천만 명의 10퍼센트에 달하는 큰 민족이었다. 이 수치는 48년 클라우디우스 황제 때 실시한 인구조사에 근거한 것이다.

로마제국 내 유대인들은 상업과 해상무역은 물론 베 짜기, 염색, 유리 제조, 금세공, 주물 및 제련에 이르기까지 모든 종류의 수공품 생산에서도 뛰어난 재능을 보였다. 이밖에도 유대인들은 직업군인, 기사, 황제 측근의 고위관료, 원로원 의원, 변호사와 의사와 같은 상류

계층에도 진입했다. 각지에 흩어져 사는 유대인들은 대부분 이교도들 틈에 섞여 살면서도 그들과 융합하기를 거절했다. 이것은 반유대주의를 불러일으킬 수밖에 없었다.

팔레스타인 유대인의 사회적 상황

반면 팔레스타인 유대인들의 삶은 힘든 편이었다. 밭농사, 수공업, 소매업으로 근근이 생활비를 벌었다. 해안과 갈릴리 호수에서는 고기잡이를 했고, 일부 평야에서 농업이 이루어졌으며 요르단 골짜기에서는 올리브, 포도나무와 무화과나무를 키웠다. 수공업자들 곧 직조공, 피혁공, 재단사, 대장장이, 필사공, 도공들 역시 그리 형편이 낫지 않았는데, 특히 직업 자체가 부정한 것으로 여겨지는 사람들이 있었다. 일례로 피혁공은 늘 동물 시체에서 가죽을 벗겨내는 일을 했기 때문에 부정한 자로 여겨졌고, 세리는 이교 지배자에게 충성하기에 무시당해야 했다. 이외에도 율법의 정결규정에 배치된다고 여겨지는 직업을 가진 사람들은 모두 부정한 자들로 여겨졌다.

《성경》에서 "죄인들"이라고 부르는 사람들은 범죄자들이 아니라 이런 직업을 가진 사람들이었다. 생계를 유지하기 힘들었던 가난한 사람들이 이런 직업을 선택할 수밖에 없었고, 종교적 부정함을 피하기 위해 차라리 가난과 구걸생활을 선택하는 사람들도 많았다. 그들은 돈 벌 기회가 있다면 어디로라도 떠날 수 있는 사람들이었다.

유대인 가정은 대개 창문이 없는 단칸방에서 살았다. 가족 모두가 한 방에서 잠을 잤고 아버지는 가장으로서 율법을 가르쳐야 했다. 혼인은 하느님의 계명으로 여겨졌기 때문에, 독신은 거의 찾아볼 수가 없었다. 남자는 대개 스무 살 전후에 결혼을 했고, 여자는 열세 살을 넘기지 않았다. 결혼은 남자와 여자의 아버지 사이에 합의를 통해 이루어졌다. 일종의 중매였다.

당시 여자는 남자에게 종속되어 있었다. 여자는 증인으로서 법정에 나설 수 없었고, 예배에조차 참석할 수 없었으며, 성전에서도 여자들이 갈 수 있는 영역이 구분되어 있었다. 회당 예배에서는 방청만이 가능했고, 율법의 금지사항을 준수해야 했지만 율법을 공부할 의무는 없었다.

노예들 역시 율법의 금령들만을 지킬 뿐, 율법을 배우고 지킬 의무는 없었다. 유대인 노예들은 7년간 노예생활을 한 후 마지막 해에는 풀려났다. 이렇게 유대인 노예들은 율법에 의해 보호되었기 때문에, 이방인 노예들은 율법의 보호를 받기 위해 할례를 받고 유대교로 개종하려는 경우가 많았다. 유대인이 이방인의 종이 되었을 경우에는 동족들이 될 수 있는 한 빨리 그를 자유롭게 만들기 위해 전력을 기울였다. 이렇게 여자들과 어린아이들, 노예들은 당시 율법과는 거리가 있는 자들로 여겨졌다. 예수가 주위에 모여든 여자들이 가까이 오는 것을 막지 않은 것은 당시 사회적 상황에 비추어 상당히 혁신적인 것이었다.

유대인과 그리스인의 갈등 폭발

로마제국은 기원전 37년부터 팔레스타인 자치

통치를 허락했다. 이때 로마에 의해 왕으로 임명된 이가 바로 아기 예수를 죽이려고 영아 대박해를 저지른 헤롯이다. 헤롯 왕은 잔인한 폭군이었다. 즉위하자 피의 숙청을 단행해 최고 대법원격인 산헤드린의 사제들 45명을 도륙했다. 이밖에도 자신에게 굴하지 않는 유대인 율법학자들은 모두 죽였다. 마음에 들지 않으면 부인과 친자식들도 죽였다. 혈육을 죽였을 정도니 가히 그 잔악성이 짐작이 가고도 남는 인간이었다.

헤롯이 죽고 얼마 지난 뒤 팔레스타인 지역은 자치 통치에서 로마 제국의 직접 통치로 바뀌었다. 서기 6년에 로마는 헤롯 왕의 아들 아켈라우스를 파직시키고, 이스라엘 땅을 '유대Judaea'라는 이름의 속주로 삼았다.

66~73년 로마에 대한 유대인의 대항쟁 직전 유대인 인구는 대략 8백만 명으로 추정된다. 그 가운데 로마제국 통치 밖에 있었던 파르티아 왕국(바빌론)에 1백만 명가량이 살았으며, 나머지 7백만 명은 로마제국 내의 유대인이었다. 로마 황제조차도 결코 무시할 수 없는 민족이었다. 당시 팔레스타인 내에 주둔했던 로마 군단은 네 개 군단이었다. 한 군단이 6천 명이었으니 약 2만 4천 명인 셈이다. 외세에 의한 직접 통치는 유대민족에게는 견디기 힘든 시련이었다. 자연히 크고 작은 사건이 일어나면서 긴장이 고조되었다.

그 무렵 팔레스타인 밖의 상업도시에서도 경쟁 관계인 유대인과 그리스인 사이의 갈등이 커져 갔다. 복합인종으로 구성된 그리스인에게 유대인은 별종으로 보였다. 자신들을 남들로부터 유난히 구별하는 유대인은 원래 사람을 싫어하는 민족으로 보였다. 그리스인은 그들

문명이 지배하는 세계를 보편적이라는 뜻의 '오이쿠메네oecumene'라고 불렀다. 보편 그 저편에 펼쳐져 있는 '카오스' 곧 혼돈의 세계와 구별하기 위해서였다. 그리고 보편적 세계는 많은 인종과 많은 국가로 구성되는 세계 시민사회로 인식하고, 이를 거부하는 자는 인류 공동의 적이라고 생각했다.

그리스 사회는 자신의 문화를 표준으로 간주하고 있었다. 때문에 그리스 신들이 '부정하다'는 이유로 유대인들이 그리스 문화에 동화되기를 거절한다는 사실은 문화적 모욕이었다. 그로부터 최초의 반유대주의가 시작되었다. 유대인들이 성전에서 몰래 인신 공양 제사를 드린다는 루머도 나돌았다. 그리스인들은 소문만 퍼뜨리는 것이 아니라 로마제국에 직접적으로 반유대주의를 부추기기도 했다.

알렉산드리아의 폭동

당시 이집트 최대의 상업도시 알렉산드리아에 유대인과 그리스인이 많이 살았는데 상업적 경쟁 관계인 두 민족 사이가 좋지 않았다. 서기 38년 스스로를 신이라고 선언한 로마의 칼리굴라 황제가 중병에 걸렸다는 소식이 들려왔다. 이에 유대인들은 황제에게 제물을 바치며 쾌유를 빌었지만 그를 신으로 인정할 수는 없었다. 그리스인 입장에서는 눈엣가시 같은 유대인들을 모함할 좋은 기회였다. 다신교를 믿는 그리스인들은 수많은 신 가운데 황제라는 신이 하나 더 늘어나는 것쯤은 전혀 문제가 되지 않았다. 그리스인들은 곧바로 유대인들이 황제를 신으로 인정하지 않고 모독했다고 고발했다.

그 무렵 알렉산드리아는 인구 1백만 명의 대도시였는데 40만 명이 유대인이었다. 유대인들이 해상무역과 상권을 장악하자 이것이 기존 세력인 그리스인들의 비위를 건드린 것이다. 게다가 종교적 차이도 심했다. 다른 민족에게는 유대인이 점점 이해하기 힘들고 우스꽝스럽게 여겨졌다. 이들은 아무도 볼 수 없는 신에 대해서만 이야기하기 때문이었다.

그리스인이나 로마인이 보기에는 제우스 신 등 보이는 신도 믿기 어려운 판국에 보이지 않는 신을 이해하기는 더 힘들었다. 처음에는 유대인들이 다른 민족들로부터 스스로를 고립시켰는데 이제는 다른 민족들이 유대인을 배척하기 시작했다.

또한 문화적 차이도 컸다. 그리스인들은 '세계는 하나다'라는 세계시민주의를 지향하는 헬레니즘 문화인 반면 유대인들은 선민사상에 근거한 차별성을 갖는 문화이다 보니 곳곳에서 부딪혔다. 알렉산드리아는 이제 반유대주의의 중심지가 되었다. 다수 세력에 동화되기를 거부하는 유대민족은 미움, 질시, 핍박, 박해 더 나아가 학살의 위험에 처해졌다.

칼리굴라 황제를 핑계 삼아 그리스인들은 반유대 폭동을 일으켰다. 해상무역 경쟁자인 유대인에 대한 적대감을 드러내며 항구에 정박해 있던 유대인의 배를 모조리 불태웠다. 유대인 거주 지역의 집들도 방화와 약탈로 쑥밭이 되었다. 이 폭동으로 프톨레마이오스 3세가 세운 도서관에 화재가 발생해 약 49만 질의 귀중한 자료들이 불타 버렸다. 당시 알렉산드리아의 치안을 맡고 있었던 로마 군인들은 그리스인들 편에 서서 폭동을 방관했다. 그 뒤에도 계속되는 유대인과 그리스·로마인 간의 갈등은 반란의 도화선이 된다.

2차 이산의 시작, 대규모 반란

유대인들은 유일 신앙 때문에 항상 다신교를 믿는 외국 정복자들을 혐오하고 그들에게 동화되기를 거부했다. 아시리아 시대 이후로 외국 지배자들에 대해 틈만 나면 반란을 일으켰다. 그들은 기원전 2세기 마카비 가문이 반란을 일으켜 성공한 것처럼 이따금씩 반란에 성공하자 후대의 정복자들 치하에서도 계속적으로 반란을 일으켰다.

팔레스타인 지역에서 소규모 반란에 이어 66년 여름 대규모 반란이 일어났다. 반란은 그리스인과 유대인 사이에서 벌어진 소송에서 그리스인이 승소한 직후 팔레스타인 항구도시 카에사리아에서 발발했다. 그리스인들이 유대인을 학살하며 승리를 축하하는 데도 로마 수비대는 아무 조처도 취하지 않았다. 이 소식이 전해지자 예루살렘에서 소란이 벌어진다.

바로 이 시점에 폭동이 일어났다. 로마 총독 플로루스가 예루살렘에서 유대인들을 십자가에 처형하고, 또 체납된 속주세 대신 예루살렘 신전을 침입해 17탤런트의 금화를 몰수한 것이 도화선이 되었다. 당시 1탤런트는 노예 90명을 살 수 있는 값이었다. 몰수 금액의 많고 적음이 문제가 아니라 신성한 신전을 더럽힌 행위였다. 게다가 총독은 장난기가 발동해 대제사장의 예복을 입고 음담패설을 했다. 이런 종교적 모독에 격분한 유대인들이 들고 일어났다. 전투가 벌어지고 로마 군의 약탈이 자행되었다.

다른 도시에서는 그리스인들이 유대인 거주 지역을 습격해서 집을 불태워 피난 온 유대인 난민들이 예루살렘을 뒤덮었다. 이때 전쟁 여부를 놓고 유대인 온건파와 강경파 사이에서 심한 논쟁이 일어났는데 난민들의 출현으로 과격파가 결정적인 우세를 차지했다.

이로써 로마 수비대가 공격받고 병사들이 참살되었다. 반란은 로마 군과 유대인 간의 전쟁이자 또 그리스인과 유대인 사이의 전쟁이었다. 동시에 유대인끼리의 내전이기도 했다. 왜냐하면 유대인 상류 계급 다수가 그리스화해 그리스인 편을 들고 있었기 때문이다. 과격한 민족주의자들이 예루살렘을 제압하더니 부유층에게 칼날을 들이댔다. 그들이 가장 먼저 취한 행동은 신전의 공문 서고를 불태워 채무 기록을 없애버린 일이었다.

1차 유대 · 로마 전쟁

유대인 폭동사건은 대규모 반란으로 발전했다. 총독과 세리를 통해 자신들을 탄압하고 수탈하는 로마제국에 대해 1차 유대 · 로마 전쟁을 일으킨 것이다. 이번에도 타민족의 지배를 받고는 살지 못하는 유대인 특유의 신앙적 가치와 그리스 · 로마 문명과 히브리 문명 사이의 문화적 충돌이 원인이었다. 특히 신앙적 가치의 충돌이 큰 원인이었다.

예루살렘에서 로마 병사들이 참살된 다음, 시리아 주재 로마 군들이 도착했으나 유대인의 거센 저항에 놀라 퇴각한 것이 결과적으로 패주로 이어졌다. 유대인들은 쉽게 예루살렘 외곽의 요새를 장악하고 이어 에돔, 사마리아, 갈릴리 전 지역을 손에 넣었다.

하지만 예루살렘 이외 지역에선 유대인들에 대한 보복 학살이 자행됐다. 로마제국 내에서 그간의 반유대주의가 폭발했다. 당시 지금의 트리폴리에 살고 있던 그리스계 주민들은 유대인들이 예루살렘에서 로마에 항거하는 폭동을 일으켰다는 소식을 듣자, 그 증오를 유대인들에게 폭발시켜 유대인 2만 명이 학살됐으며, 이집트 알렉산드리아에서는 5만 명의 유대인이 죽었다. 다마스쿠스 시민들도 유대인 1만 5천여 명을 공공경기장에 몰아넣은 후 단 1시간 만에 몰살시켰다. 이 같은 상황은 시리아에서도 마찬가지였다. 당시 참혹함을 역사가 요세푸스는《유대 전쟁사》에서 이렇게 적고 있다. "시체들이 매장되지도 않은 채 도시마다 넘쳐났다. 노인들과 아이들의 시체가 뒤엉켜 있었고 여자들의 시체는 벌거벗겨진 채로 나뒹굴었다. 이 땅 전체가 끔찍한 참상으로 가득 차 있었다."

네로, 베스파시아누스 장군을 보내다

당시 로마의 황제는 네로였다. 예루살렘에서 로마 군이 전멸하자 사태의 심각성을 인식하고 로마는 네 개 군단 약 2만 4천 명을 우선 유대로 집중시키고 당대 최고의 명장 베스파시아누스 장군을 총사령관으로 임명했다. 베스파시아누스 장군은 혁혁한 무공을 세운 명장이었다. 그는 가장 우수한 세 개 군단과 수많은 외인

니콜라 푸생, 〈예루살렘 성전의 파괴〉(1637).

부대를 이끌고 북쪽에서 갈릴리를 공격했다. 이 원정에 그의 아들 티투스가 군단장으로 참전했다. 제국 안에서도 가장 경험이 많은 베스파시아누스 장군은 서두르지 않았다. 먼저 해안 지대를 제압하고 연락망을 확보했다. 베스파시아누스는 68년 6월 21일 예리코를 탈환하고, 이어서 남쪽으로 13킬로미터 떨어진 쿰란 수도원을 파괴했다. 그리고 유대인이 지키는 성채의 대부분을 공략해 먼저 지방을 평정했다. 결국 예루살렘을 고립무원의 상태로 만들었다.

베스파시아누스가 황제로 추대되다

예루살렘을 공격하던 베스파시아누스 장군이 전

쟁 중인 69년 로마 황제로 추대되었다. 이는 당시 로마제국이 유대민족과의 전쟁을 얼마나 중시했는지를 단적으로 보여주는 것이다. 베스파시아누스는 그의 아들 티투스(디도)를 후임 사령관으로 임명하고 로마로 떠났다.

로마 군과 대치하고 있는 상황에서 예루살렘 성에서는 유월절 기간에 여러 당파들 간에 피비린내 나는 충돌이 벌어졌었다. 온건파와 열심당원의 싸움에서 처음에는 대중 가운데 지지기반이 넓은 온건파가 우위를 점하고, 열심당원은 성전 구역으로 내몰렸다. 열심당원은 한밤중에 온건파를 덮쳤다. 예루살렘 거리는 유대인의 피로 가득 찼다. 열심당원은 주도권을 장악했다. 70년 이른 봄 로마 군의 공격이 시작되자, 모든 당파들은 힘을 합쳐 성을 방어하기로 했다. 굶주림과

줄리오 로마노Giulio Romano, 〈베시파시아누스와 티투스의 개선〉(1537년경).

전염병에도 지도자들은 항복은 생각조차 하지 않았다.

베스파시아누스 황제의 맏아들인 스물아홉 살의 티투스는 작전의 최종 단계, 즉 예루살렘의 포위와 탈환을 개시했다. 이 싸움은 70년 4월부터 9월까지 이어진다. 예루살렘 성전을 지키는 유대 병력 2만 3천여 명에 비해 8만 명에 달하는 로마의 월등한 군사력에도 불구하고 전쟁은 치열한 항쟁으로 치달았다. 결국 티투스는 8월 29일 성전 구역을 점령한 다음, 9월에는 예루살렘 서북부 고지대와 헤롯 왕궁까지 점령했다. 3년간 무더위와 갖은 어려움 속에 조롱당한 로마 군단은 처참한 살육과 학살로 앙갚음했다.

티투스는 유대인들의 폭동을 무력으로 가혹하게 진압하면서도 부하들에게는 예루살렘 성전은 파괴하지 말라고 했다. 그러나 전쟁 중 방화되어 성전이 완전히 파괴되었다. 함락된 예루살렘 성 안에서는 무차별 살육과 약탈이 자행되었다. 성전 수장고에 숨어 있던 여자들과 어린이 6천 명은 산 채로 불태워졌다. 유대인은 국가를 잃고 흩어져 세계 곳곳에 유대인 공동체 디아스포라 시대가 본격적으로 시작되었다.

통곡의 벽과 티투스 개선문

전쟁이 끝난 뒤 로마제국은 승자의 관용을 베풀어 유대인들이 그들 땅에서 살며 유대교를 믿을 수 있도록 허용했다. 이때 티투스 장군이 로마의 힘을 당시 유대인들과 후대에 보이려고 교훈적으로 남겨둔 것이 바로 '통곡의 벽The Wailing Wall'이다. 원래

통곡의 벽 안에 끼워진 수많은 소원 쪽지들.

이름은 서쪽 벽이지만 오늘날 통곡의 벽으로 더 유명하다. 이 통곡의 벽은 유대인들의 최대 성지 가운데 하나다. 통곡의 벽 돌 틈에는 전 세계에 흩어진 유대인들 뿐 아니라 순례 객들도 소원이 적힌 쪽지를 끼우고 기도한다. 한 가지 간절한 소망은 들어준다는 속설이 있기 때문이다.

로마제국은 예루살렘 함락을 기념해 로마제국 최초로 개선문을 세웠다. 어려웠던 전투의 승리에 대한 국가적 기념물이었다. 로마에는 이 티투스 개선문이 현재까지 남아 있다. 옛 로마 원로원 옆에 있는 개선문이 바로 이것이다. 개선문 내부에는 예루살렘 점령 당시 예루

현존하는 로마의 개선문 가운데 가장 오래된 티투스 개선문과 개선문에 새겨진 메노라를 이송하는 로마 군.

살렘 성전에서 약탈한 금 촛대를 로마로 이송하는 광경이 새겨져 있다. 뒷날 나폴레옹이 파리에 세운 개선문도 바로 이 티투스의 개선문을 본 따 만든 것이다. 로마제국이 얼마나 예루살렘 함락에 힘을 쏟아부었는지를 알려주는 대목이다.

전쟁의 참상은 처절하고도 비참했다. 팔레스타인에 살던 유대인 240만 명 가운데 절반 가까운 110만 명이 살육되거나 굶어 죽었다. 엄청난 살상이었다. 로마인은 항복하는 자는 용서하지만 저항하는 자는 적으로 간주한다는 원칙을 엄격하게 실행했다. 당시 잡혀간 전쟁 포로 노예만도 10만 명이었다. 이때 잡혀간 유대인 노예들이 8년간 건설한 게 그 유명한 콜로세움이다.

교육의 중요성을 인식한 랍비, 요하난 벤 자카이

66년부터 70년까지 계속된 전쟁 당시에 있었던 일이다. 네로는 사태가 심각해지자 정예군단인 베스파시아누스 장군에게 유다 왕국을 함락시키도록 명령한다. 베스파시아누스는 부대를 이끌고 유다 왕국을 공격했다. 68년, 전쟁이 시작된 지 3년째 되던 해에 그는 유다 왕국을 점령했지만 유대인들의 완강한 저항 때문에 예루살렘만은 함락시킬 수 없었다. 그는 예루살렘 도성을 포위하고 주민들이 굶주려 항복하기를 기다렸다.

이 무렵 열심당의 무장투쟁이 성공하지 못할 것을 예견한 사람이 있었다. 그가 유명한 랍비인 '요하난 벤 자카이'였다. 바리새파였던 그는 유대전쟁이 결국에는 대학살로 막을 내리고 유대인들은 뿔뿔이 흩어지고 말 것임을 예견했다. 그는 민족의 독립보다는 유대교 보존이 더 중요하다고 판단했다. 그는 평화를 얻기 위해 항복하자고 주장했다. 그러나 그의 제안이 거절당하자 그는 유대민족이 역사의 무대에서 사라지는 것을 막기 위해 로마 군 사령관과 모종의 타협을 해야 한다고 생각했다. 포위되어 있던 예루살렘은 아비규환이었다. 사람들은 굶주림과 질병으로 수천 명씩 사망했으나 아무도 예루살렘을 떠날 수 없었다.

요하난 벤 자카이는 제자들에게 자신의 확신을 토로하고 함께 탈출 계획을 짰다. 제자들은 길거리로 나가 옷을 찢으며 위대한 랍비 요하난이 흑사병에 걸려 죽었다고 울부짖었다. 그들은 열심당원들에게 존경하는 랍비의 시체를 도심 외곽에 매장해 도시에 전염병이 돌지 않게 해 달라고 요청해 허락을 얻어냈다. 결국 제자들은 랍비가 든 관을 메고 예루살렘을 나와 베스파시아누스 장군 막사에 도착할 수 있었다.

베스파시아누스 황제.

관에서 나온 랍비는 장군에게 "베스파시아누스 당신은 얼마 안 있어 황제에 등극할 것"이라고 예언했다. 황제가 되면 자신들이 예루살렘 근처에서 평화롭게 유대 경전을 공부할 수 있는 조그만 학교를 허락해 달라고 요청했다. 랍비의 예언은 너무나 충격적이었던 반면 요청은 소박한 것이었다. 놀란 장군은 예언이 사실이 되면 호의를 베풀기로 약속했다.

그 뒤 네로 황제가 자살하고 뒤이은 황제들이 살해되자 베스파시아누스가 69년 새로운 황제로 추대되었다. 그는 랍비의 예언이 성취된 데 놀라지 않을 수 없었다. 요하난 벤 자카이는 당시 로마의 정치적 역학관계를 꿰뚫어보고 있었던 것이다. 황제가 된 베스파시아누스는 약속을 지켜 예루살렘에서 가까운 야브네에 유대학교 '예시바'를 허락했다. 이로써 유대교가 소멸의 위기에서 살아남을 수 있었다.

또 하나의 기적,
야브네에서 유대교 살아남다

이 전쟁으로 바리새파를 제외한 다른 유대교 종파가 모두 전멸했다. 1차 독립전쟁을 주도한 열심당과 자객당, 상급 제사장·대지주·귀족 중심의 사두개파, 쿰란 수도원 중심의 에세네파가 모두 소멸되고 오직 바리새파만 살아남았다. 이제 유대교에서 사두개파의 전멸로 예배를 이끌 제사장 곧 사제가 없어진 것이다.

요하난 벤 자카이는 바리새파를 이끌고 텔아비브 남동쪽 20킬로미터 지점에 위치한 야브네로 갔다. 거기서 율법 중심의 유대교를 재건하고 율법학교(베트 미드라시)를 개설했다. 요하난은 여기서 《토라》를 가르쳐 매년 소수의 랍비를 길러내 유럽 각지의 유대인 마을에 보냈다. 그들은 거기서 시너고그를 세우고 예배를 드리며 유대인들에게 《토라》를 가르쳤다. 이것이 전쟁으로 패망한 유대인들의 생존에 중심적 역할을 하게 된다.

참고로 당시 유대인들은 성姓이 없었다. 그래서 '갈릴리의 유다'처럼 지명을 병기하거나, '아무개의 아들'이라는 표현을 썼다. 또 인명 가운데 쓰이는 '벤'이나 '바'는 '~의 아들'이란 의미다. 고로 요하난 벤 자카이는 '자카이의 아들 요하난'이란 뜻이다. 유명한 다비드 벤 구리온David ben - Gurion 장군은 구리온의 아들 다윗이란 뜻이다.

예시바가 유대교와 전통을 이어가다

랍비 요하난 벤 자카이는 비록 유다 왕국이 로마의 무력에 의해 망한다 할지라도 학교를 통해서 유대교와 전통이 전승되기만 한다면 유대민족은 살아남을 수 있을 것이라고 생각했다. 실제로 서기 70년 예루살렘 성전의 붕괴에도 유대교가 살아남고 유대민족의 역사를 이어간 것은 벤 자카이 덕분이었다.

벤 자카이의 후임 가밀리엘 2세는 최고의회 '베트딘'을 창설해 최고의결기관으로 삼았다. 그 뒤 바리새파에서 유명한 랍비들이 나와 유대인들을 이끌었다. 랍비들은 율법을 해석하고 교육하는 역할을 수행했다.

하지만 그들은 성직자가 아니라 평신도였기 때문에 당시 랍비들은 따로 생계수단을 따로 갖고 있었다. 랍비는 초기부터 오늘날까지 사제가 아닌 평신도다. 그들은 엄밀한 의미에서 아무런 의례도 집행하지 않는다. 설교야말로 랍비들의 주된 기능이지만 본질적으로 교사의 가르침으로 이해된다. 그렇다고 랍비가 권위나 영향력이 없다는 이야기는 아니다. 그들의 권위는 종교적으로 주어진 권위가 아니라 학문과 가르침 혹은 탁월한 도덕성을 통해 자율적으로 생긴 권위다.

재미있는 것은 고대 유대에서는 랍비를 길러내는 율법학교인 예시바 1학년을 '현자賢者'라 불렀고, 2학년을 '철학자'로 불렀다. 그리고 최고 학년인 3학년이 되어서야 비로소 '학생'이라 했다. 이러한 사실은 겸허한 자세로 배우는 자가 가장 높은 지위에 오를 수 있으며, 학생이 되려면 수년 동안 수업을 쌓지 않으면 안 된다는 발상에서 비롯된 것이다.

마사다 전투

전쟁은 일단락되었으나 유대인의 봉기가 완전히 끝난 것은 아니었다. 마지막으로 끝까지 굴복하지 않은 '열심당원'들은 절벽 위 요새 마사다에서 배수의 진을 치고 로마제국에 대항했다. 여자와 어린아이까지 포함해 모두 960명이 로마의 10군단과 맞서 싸웠다. 이미 2년 전에 유다 왕국을 무너뜨리고 '유대 정복기념 동전'까지 만들어 쓰던 로마제국으로서는 천 명도 되지 않는 마사다의 유대인들을 보잘것없게 생각했다. 그러나 이들을 그대로 두었다가는 꺼져가는 항쟁의 불길이 또다시 타오를 것 같은 위협을 느꼈다. 이런 상황을 파악한 로마 황제 베스파시아누스는 현지 주둔군인 제10군단에 마사다를 함락하라고 엄명을 내렸다. 서기 72년 플라비우스 실바 장군의 제10군단과 보조 병력은 마사다로 진군해 왔다. 로마 군은 병사 9천여 명과 노역에 동원된 유대인 전쟁 포로 6천여 명 등 1만 5천여 명이었다.

놀랍게도 마사다의 유대인들은 2년이나 버틴다. 마사다의 항전은 유대 민중들의 처절한 마지막 절규였다. 마사다에 저장된 엄청난 양의 식량과 물, 무기는 그들의 마지막 버팀목이었다. 마사다는 히브리어로 '요새'라는 뜻이다. 마사다를 포위한 로마 군은 성의 사방 여덟 곳에 주둔지를 정하고 캠프를 세웠다. 성은 외부로부터 완전히 고립되었다. 그러나 사막과 다름없는 들판을 건너와 지친 로마 군은 가파른 벼랑 위에서 활을 쏘아대는 반란군을 쉽게 이길 수 없었다.

로마의 실바 장군은 군수품 보급이 어려운 로마 군에게 시간이 갈수록 불리한 전쟁이라 판단하고 여름 전에 전쟁을 끝내기로 마음먹었다. 마사다의 서쪽 벼랑에는 희고 넓은 바위가 툭 튀어 나와 있었다. 실바는 이곳에 흙과 돌을 다져 인공 능선을 쌓아 올리도록 지시했다. 그 공사는 예루살렘에서 끌려온 6천 명의 유대인 노예들이 맡았다. 그래서 마사다의 열심당원들은 동족들을 향해 돌을 던질 수 없

천혜의 절벽바위 요새 마사다.

었다.

언덕은 완성되고 마사다가 함락되는 것은 시간문제가 되었다. 비탈길이 완성되자 로마 군은 공성퇴라 불리는 투석기를 마사다 성벽 가까이 배치했다. 투석기에서 날아간 20킬로그램이 넘는 돌들과 불화살은 마사다의 성벽을 무너뜨리고 말았다. 그는 다음날 아침 구름다리를 놓고 성 안으로 쳐들어가기로 결심했다. 로마 군은 밤새 아무도 도망치지 못하도록 마사다를 지켰다.

그날 밤 유대인 지도자 엘리에제르 벤 야이르는 더 이상 버틸 수 없음을 알고 남자들을 모두 불러 모았다. "지금까지 우리는 하느님 외에 그 누구에게도 굴복하지 않았습니다. 이제 그들 손에 죽거나 아니면 항복해 노예가 되기보다는 차라리 죽음을 선택하여 자유의 몸으로 세상을 떠납시다!"

그의 말을 듣자 사람들의 눈동자에는 불꽃이 어른거리며, 눈물을 글썽이던 사람들도 결연한 의지가 감돌았다. 남자들은 경건한 얼굴로 흩어져 집으로 돌아간 후 아내와 아이들을 부드럽게 껴안고 눈물이 가득한 채 오래도록 입을 맞추고, 그들을 죽였다. 먼저 남자들이 가족들을 죽이고 남자 열 명 가운데 한 명을 뽑아 그가 나머지를 죽이고 마지막 한 사람이 자결해 서기 73년 4월 15일 마사다에서 저항하던 960여 명 가운데 여자 두 명과 어린이 다섯 명만 살아남고 모두 숨졌다.

지금도 그들은 그때를 잊지 않으려 마사다에서 사관학교 임관식을 치르며 군인 정신을 선서한다. 그리고 마사다를 찾은 유대인 해외동포들은 병에 흙을 담아 가고 있다. 이스라엘의 단결력은 마사다 정신이요, 그 정신은 흙에 담겨져 있다고 믿기 때문이다. 마사다는 유대의 젊은이라면 정신무장을 위해 필수적으로 찾아와 '다시는 이런 아픔을 겪지 않을 것'이라고 다짐하는 곳이다.

마사다 전투 뒤 로마는 예루살렘을 더욱 철저히 응징했다. 마치 제3차 포에니 전쟁 후 로마에 망한 카르타고의 운명처럼 그곳에 있었던 유대교 신전은 완전히 파괴되었다. 신전뿐 아니라 모든 건물이 파괴되었고 땅은 가래로 고른 다음 소금이 뿌려졌다. 1차 유대반란이 진압된 후 로마 황제는 유대인의 할례를 금지시키고 무너진 예루살렘 성전 터에는 로마의 주피터(제우스) 신전을 세우려 했다. 유대인들은 또다시 폭동을 일으켰다. 이마저 진압한 로마는 유대인들에게 가혹한 형벌을 내렸다. 유대인들을 아예 예루살렘에서 추방한 것이다. 이후 유대인의 예루살렘 거주가 금지되었다. 유대인들은 팔레스타인에서 종교적 생활이 크게 제약 받자 그 땅을 버리고 떠났다.

로마제국이 콘스탄티노플에 수도를 정한 동로마시대에는 일 년에 딱 하루, 곧 로마가 예루살렘을 함락한 아브(Av. 여덟 번째 달 8일)에만 출입을 허용했다. 아브 날이 되면, 유대인들은 파괴된 성전에서 유일하게 남아 있는 서쪽 벽 곧 '통곡의 벽'에 머리를 대고 나라 잃은 자신들의 처지를 슬퍼하며 통곡했다.

로마제국의 종교정책

그 무렵 로마제국의 종교정책은 두 가지로 집약될 수 있다. 하나는 '종교적 혼합정책'이었다. 이는 서로 다른 이름을 가진 각 지역의 신들이 결국 동일한 존재라고 가르친 헬레니즘적 종교관을 정책화한 것이다. 수메르 신화에 등장하는 신들이 바빌로니아와 그리스, 로마를 거치면서 약간의 변화가 있긴 하지만 결국 그 신이 그 신이었다. 다만 지역과 언어에 따라 이름만 달랐을 뿐이다. 로마의 만신전에는 각 지역 신들의 목록이 계속 추가되어 제사장들이 향불을 피우며 관리했다. 이를 통해 로마제국은 종교적 평화를 유지했다.

이전에는 사람들이 자기 출생지에 따라 종교를 운명적으로 섬겨야 했다. 하지만 로마제국에 흡수된 뒤에는 이제 자유 시민답게 시민들이 신을 자유롭게 선택해 섬길 수 있었다. 이러한 시대적 분위기에서 유독 자신들 지역의 유일신을 고집하고 다른 신들을 인정하지 않는 '동방 촌놈'들이 유대인과 기독교도들이었다. 당시 로마 시민들의 이런 시각에는 서방 세계를 통일한 그들의 자부심과 우월감이 바탕에 깔려 있었다. 로마인들이 볼 때 유대교와 기독교는 변방 시리아의 속주에 딸린 야만의 땅에서 탄생한 신비적 미신에 불과했다.

또 다른 하나는 '황제숭배 정책'이었다. 아우구스투스 이후 황제들은 죽은 후 원로원에 의해 신으로 선포되고 로마제국을 지키는 수호신 목록에 올랐다. 시민들은 신전에서 죽은 황제의 이름으로 향불을 피우며 제국의 안녕을 빌었다. 로마제국은 시민의 충성심을 높이는 수단으로 황제숭배 정책을 사용했다. 개중에는 도미티아누스처럼 죽을 때까지 기다릴 인내심이 부족해 살아생전에 신으로 숭배를 받기 원하는 경우도 있었다.[*]

---

[*] 류모세,《유대인 바로 보기》, 두란노, 2010, 29~31쪽.

도미티아누스, 황제숭배 강요

베스파시아누스 황제가 79년에 죽자 그의 아들 티투스(디도)가 뒤를 이었다. 그러나 2년도 채 지나지 않아 40대 밖에 되지 않은 디도도 갑자기 병들어 죽었다. 당시 디도에게 아들이 없어 그의 동생 도미티아누스가 11대 황제가 되었다. 그는 잔인한 독재자였다. 그는 자신을 주피터 신의 육화로 자처하며 모든 사람이 자신을 숭배토록 했다. 그는 그의 신성을 인정하지 않은 자들을 박해했다.

이렇게 도미티아누스는 살아생전 '황제숭배'를 강요한 최초의 황제였다. 도미티아누스 이전에도 네로와 그의 후계자들은 교회를 박해했으나 그들의 박해는 로마 인접 지역에서만 시행되었다. 그러나 도미티아누스의 기독교 박해는 로마제국 전역으로 확대되었다. 로마제국은 광대한 영토를 하나로 결속시키는 통합의 원리로 황제숭배 사상을 이용했지만 다른 민족의 종교를 완전히 없애고 황제숭배를 절대 신앙으로 만들려 한 것은 아니었다. 로마는 단지 로마제국 내의 모든 사람들에게 1년에 한번씩만 황제를 위해 향을 태우고 "가이사는 주님이시다!"라고 외치도록 지시했다. 그러므로 사람들은 그렇게 한 후에 얼마든지 자신들의 신을 섬길 수 있었다. 그러나 이것은 유대인에게는 통할 수 없는 이야기였다. 당연히 유일신을 섬기는 유대교와 충돌이 일어났다.

유대교와 기독교는 우상숭배를 철저히 금하고, 로마 지배체제에 적대적이어서 박해를 피할 수 없었다. 특히 서기 95년을 전후해 박해는 극심해져 이때 계시록이 쓰인다. 〈요한계시록〉은 서기 93~96년경 도미티아누스 황제 때 기록된 서신으로, 당시의 암울한 시대상황이 반영되어 있다. 사도 요한은 로마의 박해로 밧모(파트모스)라고 하는 섬에 유배되어 있을 때 환상을 보고 이를 기록해 소아시아에 있는 교회 일곱 곳에 보냈다.

바르 코크바 반란

이후 유대인의 마지막 반란은 13대 황제 하드리아누스가 편 일련의 유대인 탄압을 계기로 일어난다. 그가 황제로 취임할 때, 선제 트라야누스의 적극적 팽창정책에 의해 제국의 판도는 최대에 이르렀다. 때문에 하드리아누스는 20년간 세 차례에 걸쳐 제국 전역을 시찰하면서 제국 영토의 방위나 반란에 대한 대처, 통치기구 정비 등 제국 내부를 튼실하게 만드는 데 노력했다. 서기 130년 유대 지방을 방문한 하드리아누스는 두 가지 정책으로 유대인의 분노를 샀다. 하나는 '아엘리아 카피톨리나'라는 식민도시를 예루살렘 바로 북쪽에 건설해 10군단을 상주시킨 것이고 다른 하나는 할례를 금지시킨 것이다. 또한 예루살렘 성전 자리에 주피터 신전을 세우고자 했다. 이는 유대인들이 도저히 묵과할 수 없는 조치였다.

이에 격분한 유대인들은 바르 코크바를 중심으로 똘똘 뭉쳐 대대적인 봉기를 일으킨다. 바르 코크바는 카리스마 있는 지도자였다. 132년에 시작된 유대인의 반란은 현지 주둔 로마 군단을 전멸시킬 만큼 거셌다. 코크바에 의한 대규모 반란은 제2유대전쟁이라 일컬어진다.

바르 코크바는 아람어로 '별의 아들'이란 뜻이다. 당시 가장 존경

받던 랍비 아키바 벤 요셉은 〈민수기〉 24장 17절의 "한 별이 야곱에게서 나온다"는 구절을 바르 코크바에게 적용시켜 그가 '약속된 별의 아들'이라며 그를 메시아라고 선포해 봉기에 종교적 힘을 실어주었다. 그때부터 코크바를 메시아로 믿고 많은 유대인들이 가담했다. 메시아로 믿고 따르지 않는 자들은 처형당했다.

유대인들은 메시아가 왔으니, 당연히 하느님 왕국이 실현될 것이라고 믿었다. 이러한 광적인 믿음과 열광으로 반란군은 한때 예루살렘은 물론 유대와 사마리아 지역까지 장악하며 4년 동안 로마에 대항했다.

로마 입장에서는 용납할 수 없는 일이었다. 로마제국은 각지의 군단을 팔레스티나에 집중시켰다. 멀리 브리튼 섬과 도나우 강 유역에서도 군대를 불러들였다. 이때도 로마인은 전쟁을 서두르지 않고 착실한 전법을 구사했다. 반동의 주 세력을 분단해서 고립시키고, 주변에 흩어져 있는 전투 집단의 양식을 끊어서 굶주림에 지쳐 항복하게 만들었다. 그리고 남겨진 저항의 거점을 점차로 좁혀나갔다. 유대인은 예루살렘을 한때 점령한 일도 있었지만, 성벽이 없는 도시의 방어는 불가능했다. 몇 개의 성채가 더 있었는데, 지하 갱도를 만들어 저항했다. 이 마지막 거점들도 135년 로마인의 수중에 들어갔다.

하드리아누스 황제.

폭동의 결과는 무참했다. 결국 봉기를 이끌었던 코크바는 전사했으며 당시 지식인을 비롯한 추종자들은 모두 처형됐다. 로마제국의 폭압에 항거해 독립을 목표로 한 전쟁이었지만 이번에도 로마 군으로부터 가차 없는 타격을 받았다. 50여 개의 성채가 부서지고, 985개의 마을이 완전히 파괴되고 주민들이 전멸했다. 유대 역사가 디오는 58만 명의 유대 군이 전투 중에 죽고, 그 밖에도 '이루 셀 수도 없는 수의 사람들이 굶주림과 화재와 칼 맞아 죽어 유대 전역이 폐허가 되었다'고 기록했다. 로마 군의 무자비한 진압으로, 거짓 메시아를 앞세운 유대인들의 봉기는 아까운 목숨들만 앗아간 채 이렇게 실패로 끝나고 말았다.

국민의 삼분의 이가 절멸하다

그 뒤 수많은 유대인 전쟁포로들이 노예시장에 쏟아져 나왔다. 4세기 말 최초의 라틴어 《성경》 번역가 성 제롬은 패전 후 너무나 많은 유대인이 노예로 나오는 바람에 사람 값이 말 값보다도 싸졌다는 베들레헴의 구전을 기록으로 남겼다.

66년과 132년에 발생했던 두 격변은 사실상 고대 유대 역사에 종지부를 찍었다. 70년 예루살렘 함락 이후에 유대인에게는 그나마 영토가 있었다. 그러나 135년 바르 코크바에 의한 봉기가 실패로 끝나면서 유대인들은 '주권, 영토, 국민' 모두를 잃어 국가를 구성하는 세 요소가 하나도 남지 않았다. 유대인의 나라는 이제 역사의 무대에서 완전히 사라졌다. 로마제국과의 전쟁에서 국민의 삼분의 이가 죽었다.

이때부터 2천 년에 걸친 유랑의 시대가 시작된다. 유대인들은 정든 고향을 등지고 사방으로 뿔뿔이 흩어졌다. 그들은 주로 북부 이탈리아와 독일 그리고 북아프리카로 향했다. 이렇게 해서 '2차 이산'은 로마제국이 유대인들의 예루살렘 입성을 금지한 서기 135년부터 시작되었다.

하드리아누스 황제의 박해

당시 하드리아누스 황제는 세 가지 금지령을 내렸다. 안식일 준수금지,《토라》연구금지, 할례금지가 그것이었다. 그리고 이 세 가지 금지령을 어기면 사형으로 다스렸다. 이때부터 유대인들의 종교의식이 금지되었다. 뿐만 아니라 황제는 2차 유대반란을 계기로 이스라엘 땅에서 유대인의 기억을 완전히 지우기 위해 이스라엘 땅의 이름을 유대에서 팔레스타인으로 바꾸었다.

안식일 금지령 때문에 기독교 교회도 어려운 문제가 발생했다. 당시 로마제국 내에는 유대인들과 기독교인들 모두가 안식일을 지키고 있었다. 그런데 유대인 반란으로 인한 금지령 속에 포함된 안식일 준수 문제는 기독교인들에게까지 해당되는 칙령이었다. 유대인이 아닌 기독교인도 안식일을 지키면 유대인으로 간주되어 박해를 받았다. 로마제국 위정자들은 그리스도교를 유대교의 한 분파로 인식했기 때문이다.

황제는 또 파괴된 예루살렘을 그리스풍 도시로 소생시켰다. 이렇게 건설된 새 도시는 '아엘리아 카피톨리나'라 불렸다. 그리스어를 쓰는 사람들이 이주해 와서 시내에 자리를 잡았다.

기억하라, 네가 어디서 왔는가를!

하지만 유대인들은 이런 극한 상황에서도 살아 남았고, 지금까지 자신들만의 문화를 굳건히 지켜 오고 있다. 그들이 나라 없이 유랑할 때, 동족이 겪었던 학살과 마사다의 의미를 망각했 더라면 분명코 이스라엘은 지금 세계 어디에도 존재할 수 없었을 것 이다. 유대인의 속담에 "망각은 포로 상태로 이어진다. 그러나 기억 은 구원의 비밀이다"라는 말이 있다. 유대인은 역사를 망각하는 민족 은 미래 또한 없다고 믿는다. 새겨들어야 할 구절이다.

유대인들은 언어와 종교를 민족의 정체성으로 삼아 2천 년을 버 티면서 결국 독립을 이루어냈다. 유대인에게는 과거와 현재 미래가 한 선상에 연결되어 있는 가치관을 가지고 있다. 과거가 현재 안에 살아 있는 것이다. 그들은 모세가 시나이 산에서 하느님으로부터 율 법을 받을 때 그들 영혼 역시 모두 참가했다고 믿는다. 그들이 이집 트 탈출을 기리는 유월절 등 종교적 절기를 중시하는 이유다. 따라 서 그들에게 《토라》는 과거의 이야기가 아니며 현재에 살아 있는 하 느님 말씀이다.

훗날 마사다 유적 발굴 현장에서 뜻 깊은 유물이 나왔다. 성벽의 한 방에서 두루마리 《구약성경》 열네 개가 발굴되었다. 특히 외경인 〈벤 시라의 지혜서〉는 원본이 자취를 감추고 그리스어 번역이 외경에 수 록되었는데 마사다에서 히브리어 원본이 나온 것이다. 유대인은 원래 히브리어 원본이 있으면 이를 정경으로 인정했다.

예루살렘에서 유대인들이 추방된 뒤 이 지역은 주로 아랍인들에 의해 통치되어 왔다. 아랍인들은 사라센 건설 이후 동로마제국을 멸망시키고 팔레스타인 지역을 장악해 예루살렘을 성도로 삼았다. 그 뒤 예루살렘은 십자군 원정 때 기독교도들이 일시적으로 점령한 기간을 제외하고는 대부분 이슬람교도들에 의해 지배되어 왔다.

유대민족에게 고난의 역사 첫 번째가 기원전 6세기 바빌론으로의 강제 집단 이주였다면 두 번째는 로마제국에 의해 민족이 아예 사방으로 뿔뿔이 흩어지게 된 것이다. 이후 유대민족은 세계 각지에서 랍비를 중심으로 하는 신앙공동체로 살아갔다. 이를 '디아스포라Diaspora'라 한다. 디아스포라는 '흩어진 사람' 곧 이산이라는 뜻이다. 2천 년이 넘는 기나긴 인고의 세월 동안 민족과 신앙공동체의 정체성을 잃지 않고 시공을 초월해 단결해 살아갈 수 있다는 그 자체가 한마디로 기적이 아닐까?

디아스포라 수칙,
유대인은 모두 한 형제다

2차 이산 이후 유대인 현인들은 사방에 흩어진 종족들을 보존시키고, 더 나아가 종교적 동일성과 민족적 동질성을 유지시킬 방법을 찾는다. 이 결과 그들은 디아스포라 수칙과 커뮤니티 조직에 대한 규정을 제정하고, 모든 유대인 커뮤니티는 이것을 준수하도록 했다. 이 수칙에는 일곱 가지 중요한 규정이 있다.

첫째, 유대인이 노예로 끌려가면 인근 유대인 사회에서 7년 안에 몸값을 지불하고 찾아와야 한다.

둘째, 기도문과 《토라》 독회를 일률화해 통일한다.

셋째, 열세 살을 넘은 남자 성인이 열 명 이상 있으면 반드시 종교집회를 갖는다.

넷째, 남자 성인 120명이 넘는 커뮤니티는 독자적인 유대인 사회 센터를 만들고 유대법을 준수해야 한다.

다섯째, 유대인 사회는 독자적인 세금제도를 만들어 거주국가의 재정적인 부담을 받지 않도록 한다. 그리고 비상시에 쓸 예금을 비축한다.

여섯째, 자녀교육을 하지 못할 정도로 가난한 유대인을 방치하는 유대인 사회는 유대 율법에 위반된다. 유대인이면 누구든 유대인 사회의 도움을 청하고 받을 권리가 있다.

일곱째, 유대인 사회는 독자적인 유대인 자녀들의 교육기관을 만들어 유지하고 경영할 의무가 있다. 가난한 유대인 가정의 아이들을 무료로 교육시키고, 인재 양성을 위한 장학제도를 운영한다.

이러한 수칙은 그들의 정신에 체화되어 이어져 내려왔다. 이 수칙의 핵심은 "모든 유대인들은 그의 형제들을 지키는 보호자이고, 유대인은 모두 한 형제다"라는 것이다. 종교를 기반으로 한 유대인 고유의 공동체의식이 유대 사회를 발전시켰다. 그리고 세계 각지의 디아스포라를 하나로 묶어 놓았다. 이 원칙들은 시대에 따른 개혁을 거쳐 오늘날까지 굳건히 이어지고 있다. 유대인이 강한 이유 중 하나다.

유대인의 경전,
《모세오경》

유대민족의 역사를 기록한 책이 있다. 바로 《구약성경》이다. 《구약성경》은 《모세오경》《토라》을 비롯해 역사서, 시서와 지혜서, 예언서로 구성되어 있다. 이처럼 《구약성경》은 한 권의 책이 아니라 여러 권의 책들을 모은 것이다. 자기 백성에게 개입한 하느님의 구원 업적이 때로는 역사서의 형태로, 때로는 예언자의 입을 통해서, 또는 교훈적 가르침을 통해서 기록되어 있다. 역사가들은 《구약성경》이 기원전 1200년경에 시작되어 8백 년 이상에 걸쳐 기록되었을 것으로 보고 있다.

유대교 성경 《타나크TANAKH》는 율법서Torah, 예언서Neviim, 성문서 Ketubim로 구성되어 총 24권이다. '타나크'는 이 세 분류명의 첫 글자를 떼어 합성한 이름이다. 유대교는 히브리 원문이 남아 있지 않으면 경전으로 인정하지 않았기 때문에 기독교의 《구약성경》보다 권수가 적다. 기독교에서는 그들의 새로운 복음을 '신약'이라고 부르고 유대교의《타나크》를 '구약'이라고 부른다.

구약舊約의 약約은 '계약'을 뜻하는데, 히브리어로는 혈약血約을 의미한다. '피로 약속한 영원불변의 언약'이라는 뜻이다. 오늘날《구약성경》을 경전으로 삼고 있는 종교는 유대교, 기독교, 이슬람교다. 유대교는《구약》만을 경전으로 인정한다. 반면 기독교는《구약》과 예수이후의 복음서인《신약》을 함께《성경》으로 믿는다. 이슬람교는 여기에 마지막 예언자 무함마드가 쓴《코란》이 보태진다.《코란》의 내용을 살펴보면 율법은 모세가, 복음은 예수가 선포했으되 진정한 예언자는 무함마드이고 그의 계시가 최종적인 것이다.

세 종교의 뿌리가《구약》이다. 유대교도는 '구약'이란 말을 싫어한다. 신성모독적인 개념으로 여긴다. 그래서 '구약' 대신 '히브리 성경'이란 말을 선호한다.

'히브리 성경'의 도입부 처음 다섯 권이《모세오경》이다. 〈창세기〉, 〈출애굽기〉, 〈레위기〉, 〈민수기〉, 〈신명기〉를 말한다. 다섯 두루마리라 '오경'이라하며, 모세가 저술했다는 전승에 따라 '모세오경'이라 한다. 유대인들은 이《모세오경》을《토라》라 부른다. 이《토라》가 유대인들의 경전이다. 유대인들은《모세오경》이외의 예언서나 성문서는《토라》를 보조하는 보조경전으로 보고 있다.《토라》의 원리를 가르치는 것이 예언서이고 가르쳐진 말씀을 어떻게 삶 속에 적용시켜야 할

법궤 안에 들어 있는《토라》.

유대인의 경전,《모세오경》

지를 보여주는 게 성문서다.

이렇듯 유대인에게《토라》는 모세를 통한 하느님의 말씀이다. 따라서《토라》는《성경》가운데서도 계시의 핵심이다. 계시revelation란 "숨겨져 있는 것을 나타내 보여준다"는 뜻이다. 유대인은 합리성을 중시한다. 그런데도 계시가 합리성보다 우선한다고 믿고 있다. 유대인들의《토라》에 대한 연구는 그들이 하느님의 계시에 참여하는 가장 본질적이고도 핵심적인 수단이다. 유대인에게《토라》는 지나간 과거가 아니라 영원히 현존하는 신비스러운 차원의 이야기다.

유대인들에게《토라》공부는 가장 중요한 종교행위다.《탈무드》에는《토라》연구의 중요성에 대해 다음과 같이 이야기하고 있다. "세상을 지탱하는 세 가지 기둥이 있다. 첫째는《토라》요, 둘째는 하느님께 드리는 예배요, 셋째는 자선 활동이다." 그들에게《토라》는 평생 공부해야 할 거룩한 대상이다.

유대인은 '모든 진리는 하느님에게서 나온다'고 믿고 있다. 진리는 인간이 만드는 게 아니라 단지 발견하는 것이라는 생각이다. 이러한 믿음은 자연히 유대인들을 계시의 교리로 이끈다. 유대인들은 모든 과학기술도 하느님이 창조한 세상과 생명의 섬세한 구조를 인간이 이해해 모방한 것이라는 시각을 갖고 있다.

회당 예배의 중심,《토라》

지금도 유대교에선《모세오경》인《토라》를 가장 중요시한다. 그래서 유대회당의 중요한 특징은 동쪽 벽 맞은쪽에 예루살렘을 향해서 법궤가 놓여 있다는 점이다. 궤 안에는 양피지에 히브리어로 쓰인 《오경》의 두루마리가 있다. 토요일 아침 예배는 먼저 회중이 일어나 그들의 고향 예루살렘을 향해 기도드리는 것으로 시작된다. 그 뒤 법궤의 두루마리는 높이 들려서 회당 좌석 사이를 돌아간다.

그리고 《성경》이 낭독된다. 그들은 귀한 《성경》에 직접 손가락을 대고 읽지 않는다. 읽기가 끝나면 《성경》 두루마리는 다시

마우리시 고틀리엡Maurycy Gottlieb, 〈용서의 날 시너고그에서 유대인들의 기도〉(1878).

회중석을 도는데, 이때 유대인들은 자기들의 《성경》이나 숄의 끝으로 두루마리 《성경》에 댄 후에 그 숄 끝에 키스를 하는데, 이것은 신의 말씀에 대한 헌신과 경외를 나타내는 것이다.

《토라》에 대한 유대인들의 신앙은 놀랍다. 유대인들이 가지고 있는 《토

유대인들은 《성경》을 읽을 때 직접 손가락을 대지 않고 읽는다.

유대인의 경전, 《모세오경》

라》는 대부분 필사《토라》다. 최근에는 인쇄된《토라》가 나오기도 하지만, 직접 손으로 쓴 것을 선호한다. 특히 회당에서 읽는《토라》는 반드시 손으로 쓴 것이어야 한다. 그런데 이《토라》를 옮겨 쓰는 과정이 매우 복잡하다.《토라》의 내용 중에 '하느님'이라는 단어가 나오면 반드시 쓰기를 멈추고 목욕을 한다. 몸과 마음이 깨끗하지 않은 상태에서 '하느님'이라는 단어를 쓸 수 없다고 생각하기 때문이다.[※]

구전 율법에 해석을 덧붙인《탈무드》

방대한 양의 구전 율법을 집대성한《미쉬나》

구전 해설을 곁들인 구전 율법은 아무리 기억력이 좋은 사람일지라도 선대의 구전 설명을 그대로 후대에 전하기가 힘들었다. 게다가 교사 역할을 담당했던 랍비들도 시대에 따라 저마다 조금씩 해석방법이 달랐다. 때문에 심지어 해석방법이 크게 서른 두 가지로 분류되기도 했다. 아무리 구전 율법이 좋다고는 하나 기억력의 한계에 부딪혔다.

이유는 또 있었다. 기원전 6세기 바빌로니아 1차 이산 이후, 세계 도처에 흩어져 있는 유대인 젊은이들은 밀려오는 외래문화와 헬레니즘 문화에 파묻혀 정체성을 잃어갔다. 이들을 위해서는 율법도 시대

[※] 우광호, '유대인 이야기',《가톨릭신문》, 2010년 2월 28일자.

에 맞게 가르쳐야 한다고 유대 원로들은 생각했다.

유대민족의 선지자였던 에스라와 느헤미야가《모세오경》은 일점 일획도 고쳐져서는 안 된다고 이미 못 박아 두었던 터라, 방법을 찾는 데 골몰했다. 이때 거론된 것이 바빌로니아 이산 당시에 사용했던《토라》의 학습서격인《미드라시》에 관한 이야기였다. 율법을 건드리지 않고도 율법을 이야기할 수 있는 방법은 새로운 학습서를 만드는 것이었다. 이로써 탄생한 것이《탈무드》의 전신《미쉬나》다.

기원전 6세기 에스라에 의해 구전 율법이 쓰이기 시작했다. 에스라가 바빌론에서 예루살렘으로 귀환해서《토라》를 유대인의 삶의 지표로 만들기 시작했다. 그리고 그 일환으로 유대인의 종교생활과 일상생활을 규율하는 구전 율법을 모아 체계적으로 분류해 이를 글로 작성하기 시작했다. 이후 작업은 후대에 이르기까지 계속 이어져 주석가들에 의해 방대한 저작을 낳는다.

서기 210년경 위대한 랍비 '유다 하 나지'는 사람들을 모아 구전 율법의 본격적인 편찬에 착수해 6부(농업, 축제, 결혼, 민법과 형법, 제물, 제식) 63편 520장으로 완성했다. 이렇게 모아진《미쉬나》는《토라》곧《모세오경》에 그 근원을 두고 있다.

보통 사람들은《탈무드》만 알고 탈무드의 핵심인《미쉬나》에 대해선 잘 모른다. 하지만《미쉬나》는 오늘날 이스라엘 국법의 뿌리일 정도로 유대인들에게는 큰 의미가 있다. 유대교는 이를 통해 신앙만이 아니라 인간의 삶과 행동 방향도 함께 가르친다. 유대교는 생활 속에 어떻게《토라》를 적용하며 살아가느냐를 가르친다. 곧 유대교란 생활의 도리를 가르치는 종교다. 한마디로 생활 그 자체가 종교생활이다.

이때를 계기로 랍비를 중심으로 한 '랍비 유대교Rabbinic Judaism'의 기본 틀이 세워진다. 랍비란 '나의 선생님'이란 뜻이다.

5세기 전후 《탈무드》 등장

《미쉬나》의 내용들은 크게 '농사, 축제, 여자와 가정, 시민법, 성결, 의식법' 등 여섯 항목으로 구성되어 있어 이를 샤스Shas, six orders라고도 부른다. 그런데 《미쉬나》는 원론적 내용만 담고 있어, 일상생활에 그대로 적용하는 데 어려움이 있었다.

그래서 랍비들은 《미쉬나》를 바탕으로 오랜 기간 토론하고 해석하는 작업을 했다. 당시 랍비들은 수공업자, 대장장이, 도공, 상인, 재봉사 등 보통 유대인들과 똑같은 직업과 생활고의 중압감을 안고 살아

《탈무드》를 읽고 토론하는 랍비들.

가면서 율법을 생활에 어떻게 접목시켜 해석해야 할지를 연구했다. 그 뒤 3백여 년 동안 많은 랍비들은《미쉬나》에 대한 보충설명과 해석을 더 했다. 이 해석들을 모은 것이《게마라》다.

이렇게《미쉬나》와 그 주해《게마라》를 한데 모은 것이 '탈무드'다.《탈무드》는 히브리어로 '연구', '배움'이라는 뜻이다. 사회의 모든 사상에 대해 구전되던 율법을 모아, 해설을 덧붙여 집대성한 책이다.

랍비 유대교가 완전한 기반을 세우는 시기는《미쉬나》가 편찬된 이후다. 이 시기에 쓰인《성경》해석서《미드라시》와《미쉬나》의 해석서인《탈무드》는 실로 방대한 분량이다.

흔히 유대민족을 '책의 백성'이라고 부르는 이유는 이 시기에서 찾을 수 있다. 이러한 유대인의 문헌들은 평생 배워도 완전히 이해하기 힘들다. 일곱 권의 대백과사전 같은《탈무드》를 하루 한 페이지씩 공부하면 7년이 지나야 겨우 전질을 읽을 수 있다 한다. 분량도 많지만 내용도 만만치 않다. 그러나 율법을 연구하는 것은 하느님을 조금이라도 더 아는 것으로 직결되기 때문에 유대인들은 대를 이어 부지런히 책을 읽는 것이다.

《탈무드》

이렇게《탈무드》는 원로 랍비들이 후손들을 깨우치기 위해 기원전 500년부터 기원후 500년까지 약 1천 년 동안의 현인들의 말과 글을 모은 지혜서다.《탈무드》는 사실 1천 년 동안 설계된 책이다.《성경》을 보완하는 보조서이자 유대 교육의 중심서다.《탈

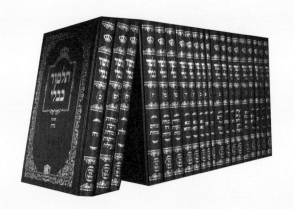

방대한 양의 《탈무드》.

무드》는 히브리어로 '위대한 연구'라는 의미다. 구전 《토라》, 곧 《미쉬나》가 발전한 《탈무드》는 세계 곳곳에 흩어져 있는 디아스포라 유대인들의 종교적 지침과 민족적 동질성을 지키는 데 길잡이가 되고 있다.

《탈무드》는 로마제국의 지배를 받았던 4세기 말경에 팔레스타인에서 나온 것과 이후 1백여 년 후인 6세기 초에 내용이 보완되어 바빌로니아에서 나온 두 종류가 있다. 전자를 팔레스타인 《탈무드》라 부르며, 후자를 바빌로니아 《탈무드》라고 부른다. 요즈음 유대인들이 보는 《탈무드》는 대부분 바빌로니아 《탈무드》다. 바빌로니아 《탈무드》는 한 권의 책이 아니다. 63권의 방대한 책이다. 6부, 63제, 525장, 4,187절로 되어 있다. 1만 2천 페이지에다 단어의 수만도 무려 250여만 개 이상이며, 그 무게가 75킬로그램이나 나가는 엄청난 분량이다.

유대인들의 삶에는 미리 정해진 답이 없다. 상황에 따라 스스로 답을 찾아야 하는 고단한 삶을 살았다. 그래서 《탈무드》에 기록되어 있는 수많은 토론은 바른 길을 찾기 위한 훈련의 흔적이다.《탈무드》는 역사책도 윤리나 철학책도 아니다. 하지만 모든 분야가 포함되어 있다.《탈무드》는 책이라기보다는 '학문'이라고 해야 옳다. 그것도 '위대한' 학문이다.

현대 유대교의
세 흐름

전 세계 1천 5백만 유대인들 가운데 대략 660만 명이 미국에 살고 있다. 오늘날 미국 유대교 분파는 크게 세 종류다. 율법과 전통대로 사는 정통파, 현대 흐름에 맞추어 진보된 개혁파 그리고 중도 보수격인 보수파가 있다. 근대 하스칼라Haskalah 운동과 게토로부터의 해방 이후 유대교는 다양한 흐름으로 현대 세계에 대처하는 모습을 보인다. 하스칼라 운동이란 유대인들이 사회와 융합할 것을 주장하며 현대교육을 장려하는 운동이다.

정통파 유대교

정통파 유대인은 율법과 전통을 철저히 지키는 사람들이다. 그들은 폭염 아래에서도 검은 모자를 쓰고 검은 두루마기와 검은 양복에 검정 넥타이까지 매고 다닌다. 이들은 아이들도 십여 명 이상씩 낳는다. 하시딤 곧 철저한 경건주의자들이다. 정통파는 다시 그들이 믿는 교리에 따라 여러 종파로 나뉘지만 이들은 모든 면에서 거의 비슷하다. 계명을 철저하게 지키는 사람들이다. 하시딤의 경건은 구원에 이르게 한다고 《미쉬나》에

정통파 유대교도들의 예배 모습.

언급되어 있다. 이들은 독특한 의복과 귀밑머리를 기르고 있기 때문에 쉽게 구별할 수 있다. 정통파 유대교에서 성문 율법인 《토라》와 구전 율법인 《탈무드》는 종교적으로 준수해야 할 규범이다. 이들은 이러한 까다로운 규범을 완화하라는 현대의 압박에 물러서지 않았다. 매일 드리는 예배와 음식에 관한 규정, 전통적인 기도와 의식들, 규칙적인 《토라》 연구, 회당에서 남녀가 따로 앉는 것 같은 관행을 철저하게 지킨다. 또한 안식일과 종교 절기를 엄격하게 지키고 공동예배 시에 악기 사용을 금한다. 그럼에도 정통파 유대교는 상당한 다양성을 지니고 있다. 삼손 라파엘 히르시의 지도로 19세기 말에 발전한 신정통파는 현대 의상의 착용, 설교 시의 일상어 사용, 현대문화에 대한 좀 더 긍정적인 견해를 허용한다. 유대연맹 위원회가 2000년에 수행한 전국 유대인 인구조사NJPS에서는 미국 유대인들의 10퍼센트가 정통파로 나타났다. 이 숫자는 회당 유대교인들의 22퍼센트를 차지한다.

개혁파 유대교

개혁파는 율법과 전통 중 많은 것을 수정하거나 포기함으로써 현대의 변화된 상황에 적응했다. 모든 예배의식을 현대화해 기독교 예배와 비슷하다. 하시딤이 극단적 보수주의의 입장이라면 개혁파는 극단적 자유주의로 생각할 수 있다. 개혁파 유대교는 성경과 《탈무드》에 규정된 율법과 관습에 비교적 자유로운 게 정통파와의 큰 차이다. 그들은 《토라》가 하느님에 의해 기록되었다는 것을 믿지 않고 자료설과 편집설과 같은 비평적 이론을 수용한다. 따라서 개혁파 유대인들은 계명의 준수에 크게 구속되지 않는다. 이 운동은 19세기 초 독일에서 평신도들이 주도해 시작되었다.

평신도 이스라엘 야콥슨은 1801년 메인 주 브런즈윅에 혁신적 학교를 세웠다. 1809년 그곳에서 처음으로 개혁적인 예배를 보았다. 야콥슨의 예배의식은 히브리어가 아닌 독일어로 진행되었으며, 남녀가 함께 앉아 예배를 보았다. 당시로서는 대단히 파격이었다.

또한 오르간과 성가대가 예배에 추가되었고 전통적 성인식인 '바르 미츠바' 대신 소년·소녀를 위한 견진성사 제도를 도입했다. 그 뒤 개혁운동 지지자들은 더 이상 그들의 머리를 가리거나 기도할 때 숄곤 탈리트를 두르지 않았다. 심지어 안식일에 일을 해도 괜찮으며, 음식에 대한 율법 카슈루트는 낡은 것으로 선포되었다.

19세기 랍비 아브라함 가이거는 개혁운동의 주도자였다. 그는 유대교의 본질은 모든 인류의 유일하신 하느님을 믿는 것과 영원한 윤리적 원칙들을 실천하며, 이러한 진리를 모든 민족에게 전해야 한다고 결론지었다.

1차 미국 개혁파 랍비 회의는 1869년 필라델피아에서 열렸는데 이 회의에서 죽은 후 육체의 부활에 대한 믿음을 거부했다. 하지만 발표된 개혁파 유대교의 〈필라델피아 강령〉 중 일부만 살펴보아도 유대인의 '제사장적 소명의식'이 강하게 표출되고 있음을 알 수 있다. 이는 곧 집단 메시아사상을 뜻한다.

19세기 개혁파 유대교 랍비인 아브라함 가이거.

필라델피아 강령

......

2. 유대공동체의 2차 멸망은 이스라엘의 죄 때문에 받은 징벌이 아니다. 아브라함에게 약속하신 하느님 의도의 한 결과다. 곧 세계사 과정에서 좀 더 분명히 드러난 것처럼, 유대인을 지구 구석구석까지 흩으시고, 그들에게 높은 제사장적 사명을 주셔서 세상의 모든 민족들로 하여금 참 하느님을 알고 섬기도록 만들기 위한 것이었다.

3. 아론의 제사장직과 모세의 희생 제의는 전 민족이 제사장이 되는 예비 단계였다. 곧 유대인을 흩으셔서 진실한 열의와 도덕적 성화로써 자기를 희생 제물로 드리게 하심으로 가장 거룩하신 하느님을 기쁘고 즐겁게 하도록 하셨다.

......

5. 이스라엘이 종교적인 백성으로 선택된 것은 인간의 가장 높은 이상을 전파하는 자로서 언제나 온 세계를 끌어안아야 할 이스라엘의 사명과 모든 자기 백성을 사랑하시는 하느님의 사랑을 강하게 강조해야 할 사명이 있음을 뜻한다.

전국 유대인 인구조사에서는 미국 유대인들의 35퍼센트가 개혁파로, 회당 유대교인들의 39퍼센트를 차지함을 알 수 있다. 미국과 캐나다에 대략 9백 개의 개혁주의 회당들이 있다.

보수파 유대교

보수파는 모든 종교의식을 지키며 안식일마다 회당에 나가 예배를 드리는 경건한 사람들이다. 보수파 유대교는 전통 유대교의 본질적 내용을 보존하려는 종교운동이며, 개혁파보다는 보수적 입장을 취하면서 종교 관습의 현대화를 허용했다.

초기 보수주의 사상을 고취한 19세기 자카리아스 프랑켈Zacharias Frankel은 독일에서 열린 일련의 개혁파 회의 이후 극단주의자들과 결별했다. 유대교는 유대 문화 및 민족적 정체성과 밀접한 관계를 가진다는 생각을 고수한다. 그래서 종교 관습과 전통을 본질적인 요소로 지킨다. 역사 연구를 통해 구전 율법과 성문 율법의 내용들이 영속적인 종교 진리임을 밝히고, 그 내용들을 현대적인 삶의 맥락에 맞도록 재해석해 생명력 있는 율법의 신성함을 강조한다. 식사 규정법도 존중하지만 필요한 경우 수정도 가능하다. 1985년 이후로 보수파 유대교는 여성 랍비들을 임명함으로써 정통주의에서 멀어졌다.

전국 유대인 인구조사에서는 미국 유대인들의 26퍼센트가 보수파로, 회당 유대교인들의 33퍼센트를 차지한다고 조사되었다. 오늘날 전 세계에 대략 750개의 보수주의 회당들이 있다. 중요한 것은 정통파, 보수파, 개혁파를 위시한 모든 유대교 분파는 서로 상대방을 인정한다는 점이다.[※]

이스라엘 유대교

이스라엘에는 전체 인구 8백 만 명 가운데 대략 5백 50만 명의 유대인들이 살고 있다. 정통주의 유대교가 이스라엘에서 공식적이고 합법적으로 인정되는 유일한 유대교다. 정통주의 유대인들만이 종교협의회들에서 일할 수 있고 정통주의 랍비만이 결혼, 개종, 이혼과 같은 개인의 지위 문제들을 다룬다.

미국의 유대교 분파들이 이스라엘에서도 모습을 보이고는 있지만, 대부분의 사람들은 그들 자신을 미국의 분파들과 동일시하지 않는다. 이스라엘 유대인의 절반 이상인 60퍼센트가 힐로니hiloni(세속주의)에 속한다. 그리고 대략 15~20퍼센트가 그들 자신들을 하레디haredi(극단적 정통주의) 혹은 다티dati(정통주의)로, 나머지가 마소르티masorti(전통적으로 유대교 전통들을 지키지만 정통주의만큼 교조적이지 않다)로 분류한다. 일반적으로 이스라엘 유대인들은 미국 유대인들보다 유대교 전통들을 더 잘 지키고 있다. 예를 들면 이스라엘의 힐로니는 안식일 활동을 제한

[※] 전주대학교 선교신학대학원 구약전공 라황용 리포트 등.

하며, 일정한 선까지는 음식정결법인 코셔를 지키는 등 전통적인 관행들을 지킨다. 아직까지 이스라엘에서는 직업 없이 종교만을 지키는 정통 유대인들을 나라가 부양하고 있다.[※]

※ '유대교의 교파 운동들'(http://www.jewfaq.org/movement.htm), 번역 조동호 목사, 2009년 8월 2일자.

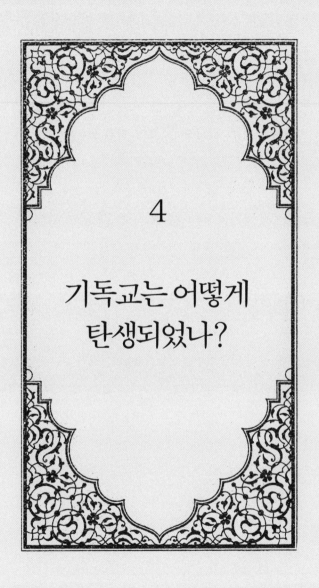

4

기독교는 어떻게
탄생되었나?

역사에서 예수만큼 세상을 뒤흔든 인물은 없다. 예수가 태어나기 수백 년 전부터《성경》은 선지자 이사야를 통해 그를 예언했다. 예수의 삶, 그가 행한 기적, 그가 한 말, 십자가의 죽음과 부활, 그리고 승천은 기독교를 탄생시켰다.

2014년 기준, 세계 인구 71억 명의 삼분의 일이 기독교인일 만큼 가장 강력한 파워를 가지고 있다. 우리나라도 예외가 아니어서, 가톨릭과 개신교를 합한 기독교인 숫자는 전 국민의 30퍼센트에 육박하고 있다. 2013년 전체 인구 약 5,100만 명 가운데 22.5퍼센트인 약 1,150만 명이 개신교 신자고 10.1퍼센트인 약 520만 명이 가톨릭 신자다.

예수는 유대인의 전유물이었던 유일신교 유대교를 온 인류에게 개방해 보편종교로 탈바꿈시켰다. 그 과정에서 많은 박해를 받고 결국 십자가 위에 못 박히는 고통을 겪었다. 기독교의 탄생과 성장 과정을 알아보자.

예수의 생애와 기독교의 탄생

예수 그리스도

기원전 4년 예수가 탄생했다. 히브리어 '여호수아'를 그리스어로 예수라 하며 '야훼는 우리의 구원'이라는 뜻이다. 그 무렵 로마의 속주였던 팔레스타인에서는 외국의 지배에 시달려온 유대인들이 민족을 구원해줄 메시아를 기다리고 있었다. 이미 기원전 8세기경 선지자 이사야가 "처녀가 잉태해 아기를 낳으리니, 그 이름을 임마누엘이라 하리라"라고 메시아의 탄생을 예언했기 때문이다. 임마누엘이란 '하느님께서 우리와 함께 계시다'는 의미다.❧

무엇보다도 기독교의 발생에 커다란 영향을 미친 것은 메시아사상이다. 메시아Messiah란 구세주를 뜻한다. 히브리어로 '기름 부음을 받

❧ 참고로 예수는 기원전 4년 이전에 태어났다는 게 정설이다. 왜냐하면 예수는 헤롯이 죽기 전에 태어났는데 헤롯이 기원전 4년에 죽었기 때문이다.

엘 그레코El Greco, 〈십자가를 안고 가는 예수〉(1594).

은 자'라는 말이다. 《구약》 시대에는 예언자, 사제, 왕 등에게 성유를 붓는 관습 이 있었다. 인류를 구제하 기 위해 이 세상에 강림한 예수는 하느님으로부터 기 름 부음을 받은 구세주라 해 '메시아'라 부른다. 메시 아를 그리스어로는 '크리 스토스'라 한다. '예수 그리 스도'는 여기서 유래했다.

당시 유대 왕국의 헤롯은 메시아가 태어날 것이라는 예언에 두 살 이하의 아기는 모조리 죽이라는 명령을 내렸다. 다행히 아기 예수는 이집트로 피난 가 있었기 때문에 헤롯의 손아귀에서 벗어날 수 있 었다. 목수였던 아버지 요셉은 예수가 세례를 받기 전에 세상을 떠 났다.

예수, 유대인과 이방인의 벽을 허물다

성장한 예수는 예루살렘으로 와서 설교를 하며 만민구원의 복음을 전파했다. 하느님 가르침의 본질인 '사랑과 박애 와 평등'을 부르짖었다. 그때까지만 해도 하느님의 축복은 유대인에 게만 유효했다. 그리고 사람이 병들고 어려운 것은 그가 지은 죄 때문이라 생각했다.

그러나 예수는 이를 뒤집었다. 그가 말한 복음은 유대인이건 아니건, 사람이 병들건 건강하건, 위대한 사상가이건 어린애처럼 단순하건 간에 그것은 중요한 것이 아니었다. 사람은 모두 하느님의 자녀이고 신의 사랑은 무한하다는 것이다.

그 무렵 모든 종교는 착한 사람은 상을 받고 죄 진 사람은 벌을 받는다는 '상선벌악'이 핵심이었다. 그러나 예수는 이것도 뒤집었다. 죄진 사람도 하느님 앞에 진심으로 회개하면 구원을 받을 수 있다고 선포했다. 하느님은 죄인인 우리를 긍휼히 여긴다는 것이다. 정의가 아니라 신의 은총이 가르침의 핵심이었다. 따라서 신이 우리에게 사랑을 베풀 듯 우리도 이웃에게 똑같이 베풀라는 것이다.

예수는 그를 통해 하느님을 믿고 회개하면 누구든지 하느님 나라에 들어갈 수 있다고 가르쳤다. "때가 이르렀다. 하느님 나라가 가까이 왔으니 회개하고 복음을 믿으라."

예수는 유대인인데도 배타적인 선민사상과 형식화된 율법주의에 대해 비판적이었다. 그 무렵 바리새파가 주도하는 유대교는 신앙의 본질인 '사랑'보다는 율법의 형식에 얽매여 있었다. 그는 율법의 자리를 '사랑, 믿음, 소망'으로 대치해 설파했다. 그건 혁명적인 선언이었다. 한마디로 그는 율법을 곧이곧대로 지키는 게 능사가 아니고, 하느님과 이웃을 등진 인간이 하느님과 이웃에게로 '돌아섬'을 강조했다.

예수는 십계명과 율법의 정신을 묻는 바리새파 질문에 다음과 같이 요약했다. "네 마음을 다하고 네 목숨을 다하고 네 정신을 다하여 주 너의 하느님을 사랑해야 한다. 이것이 가장 크고 첫째가는 계명이다. 둘째도 이와 같다. 네 이웃을 너 자신처럼 사랑해야 한다는 것이다. 온 율법과 예언서의 정신이 이 두 계명에 달려 있다."《마태복음》22:37~40) 이렇게 십계명과 율법의 알맹이는 하느님 사랑, 이웃 사랑이라 요약했다. 이는 신선한 외침이었다.

더구나 예수는 유대인들이 받아들이기 힘든 내용의 복음을 전파했다. 율법과 할례로 유대인만 선택을 받고 구원을 받는 게 아니라 율법과 할례 없이도 모든 인류가 그를 통한 믿음으로 구원을 받을 수 있다고 가르쳤다. 예수가 전한 것은 인간이 만들어낸 온갖 고통과 억압으로부터의 해방이었다. 그가 외친 하느님 나라는 '정의가 강물처럼 흐르고', '누르는 자도 눌린 자도 없는' 그런 나라였다. 그의 사상은 율법의 기본정신인 정의와 평등을 지향하는 것이었다.

그의 가르침은 가난한 사람, 병든 사람, 멸시를 받고 손가락질 당하는 사람들의 가슴에 파고들었다. 제사장이나 율법학자들처럼 사람들 위에 군림하려 들지 않고 신분이 낮은 비천한 사람들과 거리낌 없이 어울려 먹고 마셨다. 그런가하면 부와 권력을 믿고 위세를 부리는 자들을 신랄하게 비난했다.

유대교는 태고 때부터 메시아가 출현해 모든 인류를 구제한다고 하는 사상을 갖고 있었다. 그런데다 세례자 요한이 나타나 멀지 않은 장래에 메시아가 출현할 것이라고 예언했고, 그의 세례를 받은 나사렛 사람 예수가 복음을 전파하자 많은 민중이 그를 따랐다.

하지만 바리새파가 보기에 예수는 위험인물이었다. 유대인들이 생각하기에 유대인과 이방인의 가장 큰 차이점은 하느님으로부터 '선택을 받았는지의 여부'다. 바로 이 구분과 증거가 율법과 할례였다.

유대인에게 율법과 할례는 그들의 정체성이자 종교요 목숨이었다. 하지만 예수는 율법과 할례 없이도 그를 통해 하느님을 믿고 회개하면 누구나 하느님의 백성이 될 수 있다는 새로운 복음을 전파했다. 유대인과 이방인의 벽을 허물고 기독교가 세계 보편의 종교가 될 수 있었던 원동력을 마련한 셈이다. 이로써 하느님이 유대인만의 하느님이 아닌 모든 인류의 하느님이 되신 것이다.

예수를 십자가의 죽음으로 내몰다

바리새파와 사두개파 사람들은 예수가 세리, 창녀, 나병환자들과 어울리는 것을 비판했다. 당시에는 유대교의 '정결 제도'에 따라 병자나 죽은 사람, 피 흘리는 사람, 불의한 사람, 천한 사람 등을 피했는데, 그들이 부정하다고 여겼기 때문이다. 그러나 예수는 그의 도움을 필요로 하는 사람이라면 누구도 피하지 않았다. 그의 교제에는 창녀나 세리 등 당시 천시되던 사람들도 참여할 수 있었다. 계층 간 장벽도 허문 것이다.

고대 유대교 교리에 따르면, 예루살렘 성전에 들어가 자신의 죄를 회개하고 사제의 축복을 받은 사람만 구원을 받을 수 있었다. 장애인은 성전에 들어가지 못하기 때문에 구원을 받을 수 없었다. 유대교에서는 장애가 죄 때문에 발생했다고 믿었기 때문이다. 그러나 예수는 병자와 장애인들의 병을 고쳐주고, 그들이 성전에 들어갈 수 있도록 했다. 예수의 이런 행동은 종교적 공동체의 범위를 뛰어넘어 종족과 계층의 장벽을 깼다.

예수는 설혹 가난하고 무지하며 죄 많은 자라 하더라도, 인간은 하느님과 직접 관계를 가질 수 있다고 말했다. 그리고 오히려 예수는 하느님의 응답은 《토라》에 대한 복종으로 얻어지는 것이 아니라, 믿음이 깊은 인간에게 내려지는 하느님의 은총이라고 말했다. 하느님을 향한 믿음 때문에 사람들은 계율을 지킨다는 것이다.

유대교 입장에서는 이는 잘못이었다. 왜냐하면 예수는 《토라》를 배제하면서, 다가올 최후의 심판 때 구제를 받기 위해서 필요한 것은 율법에 대한 복종이 아니라 믿음이라고 단언했기 때문이다. 이처럼 《토라》를 부정하는 것은 있을 수 없는 일이었다. 더구나 선택을 받지 않은 이방인들이 자기들의 하느님을 함께 믿는다는 점을 받아들일 수 없었다. 그렇기 때문에 이러한 복음을 전하는 예수를 자기들이 기다리던 메시아로 인정하는 것은 더더욱 힘들었다. 그들은 율법과

다 빈치, 〈최후의 만찬〉(1497).

관습이 깨져 나가는 것을 그대로 방치할 수가 없었다. 유대교 신앙공동체의 정체성을 지키기 위해 유대인들은 예수를 배척하고 박해했다. 결국 예수를 십자가의 죽음으로 내몰았다.

예수는 십자가에 못 박히기 전날 저녁에 제자들과 '최후의 만찬'을 가졌다. "예수께서 이르시되 내가 진실로 너희에게 이르노니 인자의 살을 먹지 아니하고 인자의 피를 마시지 아니하면 너희 속에 생명이 없느니

벨라스케스, 〈십자가에 못 박힌 예수〉(1632).

라. 내 살을 먹고 내 피를 마시는 자는 영생을 가졌고 마지막 날에 내가 그를 다시 살리리니 내 살은 참된 양식이요 내 피는 참된 음료로다."(〈요한복음〉 6:53~55) 그 뒤 이 말씀은 가톨릭 미사의식의 요체가 되었다.

유대인들은 예수를 십자가에 못 박으라고 빌라도에게 아우성치면서 "백성이 다 대답하여 가로되 그 피를 우리와 우리 자손에게 돌릴지어다."(〈마가복음〉 27:25)라고 외쳤다. 예수는 끌려가면서 뒤따라오는 무리들과 여인들에게 이렇게 말한다. "예루살렘의 딸들아, 나를 위하여 울지 말고 너희와 너희 자녀를 위하여 울라"(〈누가복음〉 23:28).

유월절에 유대인들이 예수를 십자가형을 당하게 함으로써 무죄한

피를 흘리게 한 대가는 참으로 엄청난 것이었다. 유대인들은 자기들의 이러한 행동이 훗날 후손들에게 얼마나 지난한 고통의 역사를 가져다줄지 당시에는 미처 몰랐다.

정치범으로 처형된 예수

예수가 십자가형에 처해졌다는 사실은 그가 정치범이었다는 뜻이다. 로마인들은 정치범에 한해 십자가형을 집행했기 때문이다. 로마인은 유대인의 저항과 반란이 잦아 한시도 그들에 대해 고삐를 늦추지 않았다. 특히 갈릴리는 무력 봉기로 로마를 물리치려는 열심당의 본거지이자, 민란이 잦은 곳이라 경계의 대상이었다. 이런 형편에서 예수는 대규모 집회를 인도하고, 나귀를 타고 백성들의 환호를 받으면서 입성하는 등 민중을 선동해 소요를 일으킬 가능성이 농후한 사람이라고 판단했을 것이다. 그래서 로마 관리들이 예수를 처형했다고 보는 게 역사적 순리다.

그러나 당시 복음서 저자들은 유대인에 대한 적대감으로, 로마인은 단지 유대인 등쌀 때문에 할 수 없이 예수를 처형한 것처럼 기술했다. 복음서의 이러한 기술 방식은 지난 2천 년 동안 기독교인이 유대인을 미워하고 박해한 근거를 제공했다.[※]

[※] 오강남,《세계 종교 둘러보기》, 현암사, 2013, 250쪽.

예수 부활로 그리스도교 탄생하다

예수 사건은 십자가 처형에서 막을 내리지 않았다. 하느님은 그를 부활시켰다. 제자들은 수시로 부활한 예수를 목격했다. 겁에 질려 예수를 세 번씩이나 부정했던 베드로를 비롯한 제자들은 예수 부활을 눈으로 직접 보고서야 확신할 수 있었다. 예수의 부활이 점차로 많은 사람들 사이에서 광범위하게, 그리고 집요하게 믿어졌다. 마침내 서기 30년 오순절, 예루살렘에 순례 온 제자들이 그리스도교를 창교했다. 예수는 이단자가 아니라 메시아라고 확신했던 것이다. 예수를 직접 따라다

닌 제자들은 예수의 죽음과 부활을 하느님 계획의 '새로운 계약'의 증거로 믿었다. 이로써 각 개인은 예수의 죽음과 부활을 통해 하느님과 새로운 계약을 맺을 수 있는 것이다.

카라바조, 〈의심하는 도마〉(1602~1603 추정).

이산을 예언한 예수

《성경》에 '이방인의 때'라는 표현이 있다. 예수는 유대인의 이산을 예언했다. 예수는 유대인들에 대해 말하기를, "저희가 칼날에 죽임을 당하며 모든 이방에 사로잡혀 가겠고, 예루살렘은 이방인의 때가 차기까지 이방인들에게 밟히리라"《누가복음》 21:

24)고 했다.

사도 바울은 유대인의 운명에 관해 예언하기를, "형제들아, 너희가 스스로 지혜 있다 함을 면키 위하여 이 비밀을 너희가 모르기를 내가 원치 아니하노니, 이 비밀은 이방인의 충만한 수가 들어오기까지 이스라엘이 더러는 완악하게 된 것이라"《로마서》11: 25)고 했다. 그리고 이어 정해진 기간 동안에 모든 이방인들이 하느님에게로 돌아오는 날에는 이스라엘도 그 완고한 마음을 버리고 구원을 받게 되리라고 말했다. 이 말은 충분한 이방인들이 그리스도의 복음을 받아들일 때까지 유대인들이 그리스도의 복음을 거부할 것이라는 뜻으로 해석할 수 있다. 두 구절을 종합하면 '이방인의 때'라는 표현은 이방 세계에서 그리스도 복음이 충분히 확산될 때까지를 가리킨다.

유대인 역사가 요세푸스의 예수에 대한 증언

교회가 세워진 지 7년만인 서기 37년에 태어난 유대인 역사가 요세푸스는 그의 책《유대인 고대사》에서 예수의 역사성에 관해 다음과 같이 기록했다. "이 시대에 예수라고 불리는 현인이 있었다. 그의 행실은 선했고, 그의 학식은 뛰어났다. 그리고 유대인들과 다른 나라의 많은 사람들이 그의 제자가 되었다. 빌라도는 그를 정죄해 십자가에 못 박혀 죽도록 했다. 그러나 그의 제자들은 예수가 죽은 지 삼 일만에 그들에게 나타났고, 그가 살아났다고 보도했다. 따라서 그는 아마도 선지자들이 놀라움으로 자세하게 말했던 메시아였을

것이다. 이른바 그의 이름을 따서 그
리스도인으로 불렸던 족속은 오늘날
까지 여전히 사라지지 않고 있다."

유대인 요세푸스는 원래 갈릴리 총
사령관이었으나 베스파시아누스 장
군에게 사로잡혀 유대군 사기를 떨어
뜨리는 역할을 해 민족 반역자로 낙
인찍힌 자였다. 그러나 그가 기록한
《유대 전쟁사》와《유대 고대사》는 가
치 있는 역사 저술이다.

역사가 요세푸스.

예수를 신의 아들로 인정치 않는
유대교와 이슬람교

이러한 예수에 대해 유대교는《탈무드》〈산헤드
린〉에서 "예수는 마술을 써서 이스라엘을 미혹시켜 배교하게 했으므
로 유월절 전날에 처형되었다"고 기록하고 있다. 이렇게 유대교에서
는 예수를 신의 아들, 삼위일체 하느님의 한 지체로 보지 않는다.

예수를 '이샤'라고 부르는 이슬람교도 유대교와 마찬가지로 예수
를 신의 아들로 보지 않는다. 그러나 처녀의 몸에서 태어난 사실과 기
적을 행한 사실은 믿는다. 무슬림들은 예수를 이스라엘 민족을 인도
하기 위해 신이 보낸 중요한 예언자들 가운데 한 사람으로 존경한다.

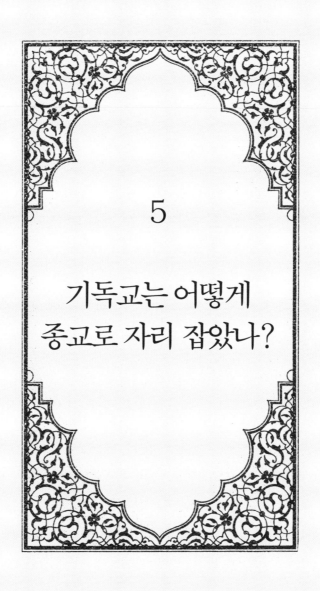

5

기독교는 어떻게
종교로 자리 잡았나?

초기 기독교가 종교로 자리 잡았던 데는 죽음으로 예수의 복음을 전파한 사도들의 역할이 컸다. 그들은 처음에는 예수가 십자가에 매달려 죽자 모두 피신해 숨고는 몸을 사렸다. 그들은 부활한 예수를 만난 후에야 비로소 그가 하느님의 아들임을 확신하고 모두 죽음을 불사하는 복음의 전도에 나서게 된다.

그 뒤 제자들은 복음을 전파하며 모두 혹독한 죽음을 받아들이며 순교했다. 믿음과 확신은 죽음보다 강하다는 점을 몸소 보여주었다. 이후 기독교는 전 인류의 구원을 지향하는 '보편적' 종교로 발전할 수 있었다.

특히 여러 사도들 중에서 사도 바울의 역할이 가장 컸다. 그는 예수를 한 번도 만난 적이 없는 로마 시민권을 지닌 유대인이었다. 그는 그리스도교도들을 박해하러 다마스쿠스로 가던 중 그리스도의 음성을 듣는다. 사도 바울은 예수의 부활이 사실이고, 자신이 구세주라는 예수의 주장이 진실이라는 확신이 서자, 그때부터 이방인들에게 그리스도를 전파하는 데 일생을 바쳤다.

4세기 들어 로마제국을 장악한 콘스탄티누스 황제의 등장으로 기독교는 로마제국의 국교로 자리 잡게 된다. 그 뒤로 기독교는 서양사 흥망성쇠의 한 축을 담당하며 세계 종교로 그 입지를 다지게 된다. 현재에도 가장 많은 사람이 믿는 종교가 기독교다. 세계 인구의 삼분의 일이 기독교를 믿고 있다.

열두 제자의 활약

예수, 열두 제자를 뽑다

예수가 공생활公生活을 시작한 이후, 복음 전파를 위해 최초로 뽑은 제자가 열두 명이다. 이는 열두 지파를 염두에 둔 것이다. 열두 제자는 베드로라 하는 시몬과 그의 형제 안드레, 세베대의 아들 야고보와 그의 형제 요한, '알패오의 아들 야고보'(소야고보)와 그의 형제 타대오라고도 불리는 유다 그리고 빌립, 바돌로메, 도마, 세리 마태, 가나안 사람 시몬, 가룟 유다다.

예수를 배신한 가룟 유다가 자살한 뒤 제자들이 유다를 대신해 다른 사람을 제자로 맞아들였다. 그들은 세례자 요한 때부터 예수를 따라다닌 사람들 가운데에서 제비뽑기로 마티아를 뽑았다. 제비뽑기는 아주 오래전부터 신의 뜻을 묻는 데 사용하는 방법이었다. 구약 시대에 재산이나 땅을 나눌 때의 갈등을 해결하는 방법으로 자주 쓰였다.

성령 강림

예수는 부활 후 40일간 제자들과 함께 하다 승천했다. 그리고 승천한 뒤 열흘이 지나 오순절이 되었다. 원래 오순절은 밀 추수에 대해 하느님께 감사드리는 절기인 동시에 시나이 산에서 모세가 율법을 받은 걸 기념하는 절기다. 풍성한 수확의 절기로 우리나라 추석과 같다고 보면 된다. 가난한 자와 의지할 곳 없는 객들이 굶주릴까 봐 일부러 밭에 이삭을 남기는 사랑과 나눔의 절기였다. 단 한 사람도 소외됨 없이 모두가 하느님 앞에서 즐기고, 기뻐하는 절기였다.

이때 제자들이 예루살렘에 모였을 때 성령이 임함을 체험했다. 오순절이라 각국에 퍼져 있던 디아스포라 유대인들이 모였을 때인데 그들이 이 소식을 듣고 몰려들었다. 이들은 이상하게도 제자들이 하는 말을 자기가 사는 지역의 말로 알아들었다. 이른바 방언 현상이었다. 이 일로 하루

티치아노, 〈성령 강림〉(1545).

에 3천 명, 5천 명이 세례를 받고 제자로 합류했다.

이들은 사유 재산을 처분하고 이를 모아 각 사람의 필요에 따라 나누어 썼다. 신앙공동체를 만든 것이다. 이는 "능력껏 벌어 필요에 따라 나누어 쓴다"는 고대로부터 내려오는 유대교 고유의 공동체 정신에 의한 것이다. 공동체가 점점 커져 마침내 예루살렘 교회가 성립되었다. 이때 지도자로 단연 두각을 나타낸 사람은 베드로와 야고보였다. 이후 부활과 성령 체험으로 확신에 찬 제자들은 목숨 걸고 복음 전파에 나섰다. 제자들은 '예수가 주이자 그리스도임'을 전했다.

제자들의 순교

야고보

세베대의 아들 야고보는 사도 요한의 형이다. 야고보라는 이름의 유래는 '발꿈치를 잡다'라는 뜻이다. 또 다른 사도인 알패오의 아들 야고보와 동명이인이라 혼동을 피하기 위해 흔히 '대 야고보'라고 부른다. 야고보는 예수 승천 후 예루살렘 교회의 지도자가 되어 복음을 전파했다. 그는 사마리아와 유대 지역에서 복음을 전파했으며 이베리아 반도까지도 다녀왔다는 기록이 있다. 예루살렘에서 그리스도인을 탄압하던 헤롯 아그리파 왕의 칼에 순교당해 사도 가운데 첫 순교자가 되었다.

야고보의 유해는 처음에는 예루살렘에 안장되었으나, 정확히 어디에 묻혔는지에 대해서는 행방이 묘연했다. 그러던 중 9세기경 하늘

에서 한 별빛이 숲 속
의 한 동굴을 비추어
사람들이 가 보니 야
고보의 무덤이 있었다
고 한다. 그 후 야고보
의 유해는 스페인 서
북부 갈리시아의 '산
티아고 데 콤포스텔
라' 도시로 이장되었

야고보의 유해가 있는 스페인 산티아고 데 콤포스텔라 대성당.

다. 당시 스페인 알폰소 왕은 그 묘지 위에 150년에 걸쳐 웅대한 성
당을 건축했다. 현재 산티아고 데 콤포스텔라 대성당에는 그의 유골
함이 전시되어 있다.

십자군전쟁 때 교황은 그의 묘지가 있는 산티아고를 순례하면 천
당에 갈 수 있다고 공표했다. 그 뒤 기독교인들에게 산티아고는 예루
살렘에 이어 제2의 성지가 되었다. 오늘날에도 그 길을 걷고자 하는
많은 순례 객들이 산티아고 데 콤포스텔라로 가는 길을 걷고 있다.

베드로

베드로 역시 헤롯 아그리파에게 잡혔으나 구사
일생으로 피신해 소아시아 및 시리아의 수도 안티오크로 가서 복음
을 전파했다. 고대 교회 전승에 의하면 그는 로마로 돌아와 그리스도
교단을 주재主宰하다 네로 치하에서 순교했다고 한다. 순교 당시 일
화가 있다. 로마에서 박해가 일어나 많은 성도들이 잡혀 죽임을 당

피에트로 페루지노, 〈베드로에게 천국의 열쇠를 주는 예수〉
(1482년경).

했다. 그때 베드로는 다른 성도들의 권면에 따라 로마에서 도망쳐 피신 도중에 환상으로 예수를 만났다. 이때 베드로는 "주여 어디로 가시나이까?Quo vadis"라고 물었다. 그러자 예수가 "로마로 가서 다시 십자가에 못 박히려 한다"고 말씀했다. 그 길로 베드로도 다시 로마로 돌아가 십자가에 거꾸로 못 박혀 죽었다 한다.

바티칸의 성 베드로 대성전 아래 그의 무덤이 있다. 베드로는 예수로부터 하늘나라의 열쇠를 받았다. 때문에 로마 가톨릭교회와 동방정교회는 그를 초대 교황으로 받든다. 이 제도를 지금까지 유지해오고 있으며 현재 프란체스코 교황은 베드로의 266번째 후계자다.

사도 요한

사도 요한은 야고보의 동생으로 이름은 '주님께서는 은혜로우시다'라는 뜻이다. 예수가 십자가에 매달려 임종하기 직전에 아래에서 올려다보고 있던 마리아와 요한을 보고 먼저 마리아에게 "어머니, 이 사람이 어머니의 아들입니다"하고, 요한에게는 "이 분이 너의 어머니이시다"라고 말하며, 요한에게 자신의 어머니를 부탁했다. 이때부터 요한은 임종 때까지 평생 마리아를 곁에서 모시고 섬겼다. 예수가 죽은 지 사흘 만에 부활한 후 마리아 막달레나로부터 예수의 무덤이 비어 있다는 소식을 전해 듣고, 사도들 중 가장 먼저 예수의 빈 무덤으로 달려 갔으며, 뒤따라오는 베드로를 기다려서 그가 먼저 들어가게 했다. 그

알브레히트 알트도르퍼Albrecht Altdorfer, 〈십자가 아래 성모 마리아와 사도 요한〉(1512).

제야 요한을 비롯한 다른 제자들도 차례대로 무덤 안으로 들어갔다. 그런 다음 예수가 부활했다는 사실을 믿었으며, 티베리아 호숫가에서 부활한 예수를 제일 먼저 알아보았다.

그는《신약》의 〈요한복음〉, 〈요한 제1서〉, 〈요한 제2서〉, 〈요한 제3서〉, 〈요한계시록〉의 저자다. 예수 승천 후 초대 그리스도교의 중요한 인물로 일했다. 전승에 의하면, 그는 유대 국내에서 전도하다 예루살렘이 70년 로마 군에게 멸망되자, 에베소에 가서 전도했다. 로마 도미티아누스 황제의 핍박으로 끓는 가마에 넣어졌으나 튀어나오는 이적이 일어났다. 이에 그를 박해하던 무리가 놀라 그를 밧모 섬으로 귀양 보냈는데 요한은 거기서 계시를 받고《성경》을 쓰며 수명대로 살다 죽었다고 한다.

안드레

베드로의 동생 안드레는 형에 가려 별로 두드러 져 보이지 않지만 예수의 첫 번째 제자였다. 예수의 제자가 되기 전에는 예수의 친척인 세례자 요한의 제자였던 것으로 미루어 그는 신앙심이 매우 깊은 사람이었다 하겠다. 안드레는 소아시아, 그리스 등에서 전도하다 '안드레의 십자가'에 매달려 순교했다. 안드레는 엑스자형 십자가에 매달려 숨이 끊어지기까지 이틀에 걸쳐 계속 설교를 했다고 한다. 안드레는 그리스, 러시아, 스코틀랜드에서 수호성인으로 모셔지고 있다.

그 외 제자들

그 외에도 예수의 제자들은 대부분 순교의 길을 선택했다. 빌립은 예수 승천 후, 소아시아의 브루기아에 가서 전도하다가 기둥에 매달려 순교했다고 한다. 바돌로메는 소아시아, 인도 등에서 전도했으며, 다시 아르메니아에 가서 전도하다가 십자가에 거꾸로 매달려 순교했다고 전해진다.

도마(토마스)는 예수 부활 후 그 상흔을 보기 전까지는 믿지 않다가 신앙을 회복한 후 파르티아, 인도 등지에 가서 전도하다가 창에 맞아 순교했다고 한다. 〈마태복음〉을 쓴 마태는 에티오피아에 가서 전도하다가 참수형을 당했다고 한다.

알패오의 아들 야고보(소야고보)는 전승에 의하면 성전 꼭대기에서 떨어져 순교했다고 한다. 그의 동생 유다(타대오)는 파사에서 전도하다가 활에 맞아 죽었다고 한다.

열심당원이었던 시몬은 이집트에서 전도한 뒤, 유대에 돌아와 전도하다가 십자가에 못 박혀 죽었다. 가룟 유다 대신 선출된 사도 마티아는 에티오피아에 가서 전도하다 돌에 맞아 죽었다고 한다.

원시 기독교 사상의 변화

사도 바울의 회심

예수를 믿는 사람의 수가 늘어나면서 박해도 그만큼 심해졌다. 이에 많은 사람들이 예루살렘을 떠나 유대와 사마리아 각처로 퍼졌다. 이때 예수 믿는 자들을 핍박하던 사울이라는 사람이 있었다. 사울은 예수가 다윗이 예언한 구세주이며, 이사야 선지자가 예언한 그리스도 곧 메시아라고 선전하는 기독교인들에 대해 격분했다. 더욱이 유대인들이 십자가에 죽인 예수를 하느님이 3일 만에 부활시켰으며, 유대인들이 이러한 죄를 회개하면 하느님이 용서해줄 것이라는 말에 분노했다. 그리스도인들이야말로 거룩한 성전과 율법을 거스르며 전능하신 하느님을 모독한다고 생각했다. 그는 다메섹(다마스쿠스) 그리스도인들을 감옥에 잡아넣기 위해 산헤드린의 정식공문을 가지고 다메섹으로 가게 되었다.

그가 다메섹 가까이 왔을 때 갑자기 강한 빛을 보게 되어 땅에 엎

안드레아 멜도라, 〈사울의 개종〉(1540~45).

드릴 수밖에 없었다. 눈을 뜰 수 없는 강한 빛이었다. 홀연히 하늘에
서 "사울아, 사울아 네가 왜 나를 핍박하느냐" 하는 목소리가 들렸다.
그는 "주여 뉘시나이까?"라고 대답했다. 하늘에서 다시 "나는 네가
핍박하는 예수라 네가 일어나 성으로 들어가라. 행할 것을 네게 이를
자가 있느니라" 했다. 동행인들은 그 소리만 듣고 아무도 보지 못하
고 서 있기만 했다.(《사도행전》 9:6~9)

사울은 다메섹에서 만난 아나니아의 인도에 따라 시력을 회복했
다. 사울은 그에게 세례를 받고 모든 사람 앞에서 다메섹 오는 길에
보고들은 하느님의 증인이 될 것을 증언했다. 그리스도인의 박해자
였던 사울은 새롭게 바울로 거듭났다. 바울의 이 경험은 그의 삶뿐만

아니라 세계의 역사까지 변모시켰다.

바울(파울로스)은 그리스어 이름이며, 그의 히브리어 이름이 '사울 Saul'이다. 당시 해외 유대인들은 대부분 히브리어 이름과 그리스어 이름을 모두 사용했다. 때문에 사도 바울도 그리스어 이름인 바울과 히브리어 이름인 사울을 모두 사용했다.

바울, 유대교와 기독교를 구분 짓다

바울이 환영을 경험하기 전, 예수의 제자들은 자신들을 《토라》를 따르는 유대인으로 여겼다. 다른 유대인들과 구별되는 그들의 특징은 메시아인 예수가 언젠가 유대민족을 구원하기 위해 돌아오리라는 그들의 믿음이었다.

바울은 이 작은 유대 종파를 유대교와 확연히 구분되는 새로운 종교로 재정립했다. 바울은 하느님이 중요하게 여기는 것은 《토라》를 따르는 것이 아니라 예수에 대한 믿음이라고 설파했다. 예수에게서 직접 가르침을 받은 기독교인들은 바울의 이러한 가르침을 강력하게 거부했다.

《신약》의 〈사도행전〉 10장 14절은 가톨릭교회가 최초의 교황으로 여기는 베드로가 카슈루트(유대교의 식사계율)를 세심하게 지키는 것을 기록하고 있다. 〈사도행전〉 2장 46절과 3장 1절에 따르면 예수의 제자들은 정기적으로 대성전에서 예배를 드렸다. 예수의 동생 야고보는 안티오크에 몇몇 사람들을 보내 유대인들은 모두 할례를 받아야 한다는 말을 전하게 했다.(《사도행전》 15:1, 〈갈라디아서〉 2:12 참조)

엘 그레코, 〈사도 베드로와 바울〉(1587~1592).

그런데 바울이 야고보의 명령을 거부하고 다음과 같이 가르쳤다. "우리는 사람이 율법의 행위와 상관없이 믿음으로 의롭다는 인정을 받는다고 생각합니다."《로마서》 3:28) 야고보의 가르침이 아닌 바울의 가르침이 기독교에서 승리했다.

초대교회의 그리스도인들은 유대교와 기독교는 큰 차이가 없다고 보았다. 곧 기독교를 유대교의 한 종파로 이해했다. 그래서 율법, 할례 등의 유대교 전통을 지켰다. 점차 이를 강조한 '유대 기독교인'과 유대교와 기독교 간의 단절을 주장하며 유대교 전통을 거부한 '이방 기독교인'으로 나뉘어졌다. 바울이 이방 기독교의 지도자였다.

원시 기독교 공동체가 탄생할 당시 유대교는 바리새파, 사두개파, 에세네파, 열심당 등의 다양한 종파가 있었다. 새롭게 시작하는 '그리스도교'도 나사렛 예수를 따른다는 의미에서 '나사렛파'로 불리는 유대교 내의 새로운 분파 정도로 인식되었다. 베드로를 중심으로 하는 초기 예루살렘 교회 역시 이러한 인식에 안주하고 있었다.

그러나 바울의 생각은 달랐다. 그는 《토라》의 의례와 윤리적 계명을 지키는 사람이 하느님의 눈에 의로운 사람이라는 유대인의 믿음과 치열하게 싸웠다. 이러한 유대인의 믿음이 옳다면 사람들은 노력만으로 정의에 도달할 수 있게 된다. 그렇게 되면 예수가 십자가에 못 박힌 목적이 사라져 "예수는 결국 헛되게 죽었을 뿐"《갈라디아서》 2:21)이라는 것이 바울의 논리였다. 이는 예루살렘 교회를 중심으로 한 베드로가 이끄는 '유대 기독교인'과의 갈등이기도 했다.

베드로, 야고보 등의 기존 사도들은 유대 기독교 지도자들이었고, 순교자 스테파노를 비롯한 일곱 부제들은 이방 기독교인이었다. 베드로와 바울이 충돌한 것에서 알 수 있듯, 이들은 신학적 갈등을 겪었다. 바울은 유대 기독교인들이 다른 복음을 전하는 거짓 형제라고 비난했고, 유대 기독교 예루살렘 교회 신자들은 바울을 유대교 전통을 파괴하는 인물로 보았다.

그럼에도 〈갈라디아서〉에 따르면 예루살렘 교회 지도자 야고보와 요한은 유대교 전통에 대한 해석은 달랐지만 바울을 이방인 사도로 존중하며, 두 교회 모두 가난한 사람을 위해 일해야 한다는 생각에는 일치했다.[*]

바울의 주장을 인정한 예루살렘 종교회의

초대교회에서는 〈사도행전〉에 나타나듯 '이방인들이 유대인이 되어야 하는가' 하는 문제에 관심이 집중됐다. 바울은 이방인들이 할례와 음식정결법을 지키지 않아도 유대교 안으로 흡수 가능하다고 주장했다. 바울은 하느님의 아들 예수를 메시아로 믿는 믿음 하나만으로 충분히 그들도 유대인처럼 아브라함의 자녀가 될 수 있다고 가르쳤다.

다른 것은 다 지켜도 늘 유대교 밖에 있다고 위축되어 있던 '하느님을 경외하는 자'들에게 바울의 메시지는 진정한 복음이었다. 바울

---

[*] Rabbi Joseph Telushkin, *Jewish Literacy*, 1부 72장 바울, Harpercollins, 2008.

은 이방 지역 디아스포라 유대교 회당을 돌면서 이들 그룹 가운데 수 많은 개종자들을 얻게 된다. 하지만 그들이 아직까지는 스스로 기독교인으로 인식하지 않았다는 사실이다. 그들은 당시 유대교 안의 종파 가운데 하나인 '나사렛파'로 불린 유대 기독교 곧 초기 기독교 공동체 회원이 된 것이다.

바울이 선교여행을 떠난 후 예루살렘에서 온 신자라고 자칭하는 사람들이 안티오키아 교회에 와서 '이방인들은 할례를 받아야 한다'고 강요하고 나섰다. 곧 구원이 이스라엘 사람들에게만 약속되어 있으므로 할례의식을 통해 이방인들을 이스라엘 백성에 입적시켜야 한다고 주장했다. 다시 말해 이들은 예수 그리스도의 역할보다 율법을 우선시하고 있었다. 격렬한 의견 충돌과 치열한 논쟁은 시간이 흘러도 그칠 줄을 몰랐다. 그리하여 바울은 예루살렘으로 가기로 결단을 내린다. 예루살렘에 가서 확실한 결론을 얻어 더 이상 힘들게 전교한 신자들이 교회를 떠나는 것을 막고 교회가 분열되는 사태를 막고자 했다.

서기 49년 바나바와 함께 예루살렘에 도착한 바울은 사도들에게 그간의 이야기들을 보고했다. 그런데 바리새파에 속했다가 그리스도교 신자가 된 유대주의자들이 '이방인들에게도 할례를 주고 모세의 율법을 지키도록 해야 한다'(《사도행전》 15:5)고 강력하게 주장하고 나섰다.

급기야 예수의 형제 야고보의 주재로 가톨릭교회 첫 공의회인 사도회의가 열렸다.(《사도행전》 15:6) 열띤 토론이 계속됐다. 그러나 토론의 결론이 날 분위기가 아니었다. 이때 이미 베드로는 환상을 통해 이방인을 구원하는 신의 계시를 받았다. 게다가 이방인 백부장인 고넬료

의 가정을 방문하고 세례를 베푼 사실이 있었다.(《사도행전》 10:9~43)

그래서 베드로가 구원의 원칙을 세웠다(《사도행전》 15:7~11). 첫째, 유대인들도 잘 지키지 못하는 법, 즉 '할례'라는 멍에를 이방인들에게 강제로 부과할 수 없다. 둘째, 무엇보다도 예수가 죽고 부활함으로써 완전한 구원을 마련했으므로 불필요한 규칙은 폐지할 수밖에 없다는 것이다.

곧 베드로의 결정은 이방인들도 사도들과 똑같이 성령을 받아 모시고 있고, 예수도 아무런 차별을 두지 않았는데, 할례를 받지 않았다고 해서 구원을 받을 수 없다는 것은 말도 안 된다는 것이었다.

이방인은 할례와 음식정결법을 지킬 필요가 없다는 결론을 내렸다. 다만 우상과 음행, 목매어 죽이는 것과 피를 멀리 하는 것만으로 충분하다고 결론지었다. 이로써 나사렛파 유대교인이 되려는 이방인들의 문제를 깔끔하게 해결해주었다. 이 회의에서 내린 결정은 교회 역사상 가장 대담하고 관대한 결정이었다. 그 뒤 이방인 회심자들은 기하급수적으로 늘어났다. 당시에는 그야말로 다양한 곳에서 온 그리스도인들을 서로 형제로 맞아들이며 다문화적인 연합을 추구했다.[*]

보편적 기독교의 탄생

바울은 유대인의 회당을 찾아다니며 '예수가 하

---

[*] 류모세, 《유대인 바로 보기》, 두란노, 2010, 51~53쪽.

느님의 아들 그리스도임'을 전했다. 그 뒤 그는 아라비아 사막으로 가서 내적 준비를 갖춘 다음 마침내 위대한 전도자로 등장했다. 그는 초기 기독교의 포교와 신학에 주춧돌을 놓은 사도이자 51년경 첫 번째 《신약성경》인 〈데살로니가전서〉를 저술한 신학자다.

사도 바울은 〈로마서〉 10장에서 "유대인이나 이방인이나 아무런 구별이 없습니다. 같은 주님께서 만민의 주님이 되시고 당신의 이름을 부르며 찾는 모든 사람에게 풍성한 복을 내리십니다"라고 말했다.

하느님은 단지 아브라함의 자손들만의 번성을 약속한 것이 아니었다. 이 약속이 가시화되는 중심에 유대인 예수가 있다. 구원의 메커니즘은 《구약》뿐 아니라 이제 《신약》에도 주어졌다. 아브라함과 맺은 계약은 이제 그의 자손들에게만 해당되는 것이 아니라 모든 그리스도인에게 주어진 것이다.

바울은 예수 사후 한참 후에 입교해 활약한 인물이다. 때문에 열두 사도에는 들어가지 않고 이방인 사도라 불린다. 바울은 처음에는 디아스포라 유대인을 대상으로 전도하다 스스로 '이방인을 위한 사도'라 자처하며 당시로서는 세상의 끝이라 여겨졌던 지중해 전역으로 전도여행을 세 번이나 떠났다.

그는 선교여행 중 여러 번 죽을 위기를 맞았다. 유대인에게 다섯 번 매를 맞고, 세 번 태장으로 맞고, 한 번 돌로 맞고, 세 번 배가 파선되었다고 한다. 그런데도 가는 곳마다 교회를 세우고 돌아와서는 교회에 일일이 문안과 교훈의 편지를 썼다. 이 편지들이 《신약성경》 중에 가장 먼저 쓰인 것으로 13편에 이르며, 《신약》 27권 중 거의 반을 차지한다. 이 편지들은 대략 서기 50~60년 사이에 쓰였다.

초기 기독교는 이렇듯 임박한 종말을 교리의 핵심으로 하는 유대교의 한 종파였다. 사도 바울은 이러한 유대교적 기독교가 오늘날의 기독교로 변화하는 데 매우 중요한 역할을 했다.

원시 기독교는 〈묵시록〉을 신봉하면서 하느님 나라가 곧 올 것으로 기대했다. 그래서 사도 바울은 기독교 사상의 방향을 내세 중심, 내면 중심으로 환치시켰다. 곧 중요한 것은 현세가 아니라 내세이며, 외부 현실이 아니라 인간 내면의 정화라는 것이었다.

바울에 의해 체계화된 기독교는 에게 해 지역 사람들에게 전파되면서 유대교로서 갖고 있던 관행을 없앴다. 그리고 그 지역에서 유행하던 영지주의, 스토아의 자연철학, 로고스, 플라톤 등의 사상과 접목되어 유대인만을 위한 기독교가 아닌 보편적 기독교가 되었다.

바울의 3대 교리, 기독교를 세계화시키다

바울은 기독교의 세계화에 결정적인 기여를 했다. 그는 복음을 이방 세계에 전하기 위해 많은 노력을 기울였다. 이를 위해 그는 구원의 의미를 '은혜' 중심으로 설명함으로써, 유대 관습에 낯선 이방인들에게 문화적 충격 없이 복음을 전파하는 데 성공했다.

바울은 흩어져 있던 기독교 교리들을 하나로 정리하면서 자신의 사상을 추가해 이를 글로 기록해 기독교 성립에 핵심적 역할을 했다. 그의 교리는 세 가지로 볼 수 있다.

첫째 예수를 '인류의 보편적 구원자'로 정립했다. 둘째, 성령 개념을 도입해 신의 은총과 인간의 믿음을 연결시키는 '삼위일체론'을 만들었다. 마지막으로 예수가 인간의 죄를 대신해 죽음으로써 인간이 구원에 이르도록 했으나 이는 전적으로 하느님 뜻에 따른다는 '예정설'을 지지했다. 그 무렵 열두 제자가 주축인 예루살렘의 교부들이 유대교에 안주하고 있을 때 바울은 예수를 인류의 보편적 구원자로, 그리고 삼위일체설을 만들어 확고한 신의 아들로 자리매김했다.

바울에 의해 정리된 기독교의 교리는 '사랑'이라는 주제를 강조한 것이 특징이다. 하느님 명령을 바탕에 둔 기독교는 사랑으로 세계를 파악하고 이를 개인 차원만이 아닌 공동체 차원에서도 실현코자하는 종교라는 것이다. 이로써 사랑을 실천하기 위해 가난한 사람들에 대한 구호활동이 로마시대 기독교도들과 사제들의 중요한 임무가 되었다. 지금부터 2천 년 전에 전체 인류에 대한 보편적 사랑과 재산의 분배 같은 사상을 내포한 범세계적 종교가 등장한 것이다. 이는 유대교에서 받은 영향으로 유대인들이 고대로부터 지켜 내려온 공동체 정신인 '각자 능력껏 벌어 필요에 따라 나누어 쓴다'라는 사상과도 맥을 같이한다.

임박한 종말을 강조한 초기 기독교는 유대교의 한 지파에 머물 수도 있었다. 그러나 바울은 '인격적 신'을 체계화해 세 가지 핵심 교리를 기반으로 기독교를 성립시켰다. 기독교는 이후 로마제국을 등에 업고 세계 종교로 나아갔다.

바울의 열성적 전도와 신학사상으로 기독교는 유대교의 일파에서 벗어나 보편 종교로 발전했다. 약 30년 동안 복음 전파를 위해 힘을 쏟던 바울은 네로가 기독교인을 박해하던 60년 무렵, 로마로 가서 선교하다 65년 그곳에서 처형당했다고 한다. 기독교가 세계적 종교로 발전하게 된 데는, 세 번에 걸친 바울의 전도여행과 로마에서의 순교가 그 촉매제가 되었다.[주]

《신약성경》

초기 기독교인들은 예수가 곧 재림하리라 믿었으므로 그의 행적을 기록할 필요를 느끼지 못했다. 그러나 시간이 지남에 따라 예수의 삶과 가르침을 기억하는 사람들이 줄어들고 더구나 70년에 예루살렘이 로마에 의해 멸망당하면서 예루살렘 교회도 없어졌다. 이제는 누군가가 예수의 삶을 기록할 필요가 있었다.

《신약성경》의 글들은 당시의 예수를 믿고 따르던 사도들과 기독교인들이 서로 지역에 따른 언어 소통의 불편을 덜기 위한 수단으로 고대 그리스어의 방언의 일종인 '코이네koine'로 쓰였다.

《신약성경》의 내용은 예수의 삶과 가르침을 해석한 복음서들인 〈마태복음〉에서 〈요한복음〉까지 네 권, 사도들의 이야기를 기록한 〈사도행전〉 한 권, 바울이 목회와 관련된 질문에 답을 주기 위해 교회에 보낸 목회편지 곧 〈로마서〉에서 〈빌레몬서〉까지 열세 권, 또 〈히브리서〉로부터 〈유다서〉까지의 바울 이외의 편지 여덟 권과, 사도 요한이 예수에게 받은 종말론적 계시를 기록한 묵시문학인 〈요한계시록〉 한 권,

---

[주] 강성률 논문 등, 〈헬레니즘적 기독교와 사도 바울〉, 〈메시아에 대한 유대교와 기독교의 관점에 대한 고찰〉.

총 스물일곱 권으로 되어 있다. 현재의《신약성경》은 서기 50~150년 사이 1백 년에 걸쳐 쓰였다.

유대교와 기독교의 차이

유대교와 기독교가 극명하게 다른 점이 있다. 유대교는 유대인에 한정된 종교인 반면 기독교는 예수의 죽음과 부활을 계기로 사랑과 전 인류의 구원을 지향하는 보편적인 종교로 발전했다는 사실이다.《구약》이란 하느님이 인간에게 계명이나 율법을 지키면 구원해 주겠다고 한 약속이다. 그러나 인간은 그것을 지키지 않아 모두 하느님의 심판에 놓이게 되었다. 그래서 새로운 약속 곧《신약》을 받았다. 그것이 예수 그리스도를 믿는 것이다.《구약》은 어떻게 하느님의 계명을 지켜야 하느냐 하는 문제와 이스라엘의 역사를 기록했다면《신약》은 예수가 그리스도 곧 구세주임과 하느님의 아들임을 알게 하고 그를 왜 믿어야 하는가를 가르치는 안내서다.《구약》은 하느님과 유대민족과의 약속이라면《신약》은 예수 그리스도를 통해 구원의 범위를 이방인에게까지 넓힌 것이다.

하지만 이후 기독교 문명의 번성은 포교와 전쟁이란 양자택일적 강압 수단에 의한 것이 많았다. 인류 역사에 기독교가 뿌리를 내린 이후 오늘날까지 신앙이란 이름으로 수많은 전쟁과 이로 말미암은 숱한 희생이 있었다. 반면 유대교에는 포교나 전도라는 개념이 없다. 왜냐하면 유대교는 선민 곧 선택된 민족만 갖는 종교이므로 굳이 이교도에게 전파할 이유가 없기 때문이다. 따라서 선교를 목적으로 야기된 무력투쟁 역사도 없다. 이러한 배타적인 면이 유대인에 대한 역사적 박해를 가중시킨 측면이 있다.

참 올리브나무에 접붙인 돌 올리브나무

바울은 이방인들을 위해 기독교를 유대교에서 분리했지만 기독교도들에게 유대교를 존중할 것을 권면했다. 복음은 "모든 믿는 사람을 구원하는 하나님의 능력"인데, "먼저는 유대인에게요 그리고 헬라인"에게 적용된다(〈롬〉 1:16)고 바울은 가르쳤다. 모든 사람의 불순종에도 불구하고 하나님은 예수 그리스도를 믿는 믿음을 통해 유대인과 헬라인을 모두 구원하는 길을 마련했다는 것이다(〈롬〉 3:21~26). 당시 헬라인은 유대인 이외의 이방인을 뜻했다. 이방인들은 율법을 행하는 유대인으로 개종하지 않고, 믿음으로 하느님의 백성이 될 권리가 있다는 것이다.

그러나 바울은 하느님이 선택한 민족 유대인을 존중하라고 일깨웠다. 유대인들이 지금 불순종한다고 해서 이방인들이 유대인들을 차별하는 것은, 참 올리브나무에 접붙인 돌 올리브나무 가지들이 우쭐대는

올리브나무.

격이다. "그 가지가 뿌리를 지탱하는 것이 아니라, 뿌리가 그 가지를 지탱한다는 것을 명심"하라고 바울은 가르쳤다.(〈롬〉 11:18)

유대교의 한 분파였던
초기 기독교

박해를 받은 초기 기독교

초기 기독교인이 박해를 받은 원인은 예배의식에 대한 로마인의 오해 때문이었다. 그들이 비밀리에 모여 예배 보는 모습에서 '식인풍습과 근친상간 그리고 무신론'이 의심된다는 이유였다. 신자들이 서로를 향해 형제, 자매라 부르는 초대교회 관습은 로마인들에게 기독교인들이 성적으로 문란하다는 인상을 주었다. 예배후 '평안의 키스'를 나눈다는 표현은 상황을 더욱 악화시켰다. '예수의 몸과 피를 마신다'는 성찬식 표현은 말 그대로 기독교인들이 식인 풍습을 지닌 것으로 와전되었다.

게다가 교인의 갑작스러운 증가로 그 존재감이 부각되었을 뿐 아니라 이방인 세계에 급속히 전파되어 로마인들에게 국적 불명의 종교로 인식되었다. 로마에 대항한 유대인의 세 차례 봉기로 인한 불똥이 기독교인들에게까지 튄 것이다. 이런 살벌한 분위기 속에서 예수를 메시아로 전하는 기독교인들은 또 다른 반역을 선동하는 무리로 의심을 받았다.

무엇보다도 기독교인이 핍박받은 가장 큰 이유는 황제숭배를 거부했기 때문이다. 로마인에게는 눈에 안 보이는 신을 믿는 기독교인들이 무신론자로 보였다. 게다가 로마제국의 수호신인 황제에 대한 숭배를 거부하는 것은 곧 제국의 안녕을 위협하는 반국가적 행위였다. 자연히 로마에 재난이 발생할 때마다 기독교인은 비난의 대상의 되어 사자 밥이 되었다. 이와 같은 박해는 네로 황제 때부터 313년 콘스탄티누스 황제에 의해 기독교가 공인되기까지 계속되었다.

네로 황제가 재임하던 서기 64년에 발생한 로마 대화재는 기독교 역사상 잊을 수 없는 사건이었다. 네로는 화재 원인을 기독교인들에게 돌리고 극심하게 박해하기 시작했다. 당시 일반인들도 기독교에 대해 부정적인 견해를 가지고 있었다. 때문에 네로는 자연스럽게 화재 사건의 책임을 기독교인들에게 돌릴 수 있었다. 로마 화재 사건으로 네로는 많은 그리스도인을 죽였다. 4세기의 교회사가 유세비우스도 네로의 '극단적인 광기'가 그의 생모와 아내, 수천 명의 사람들을 죽였다고 말하고 있다.

허버트 로버트Hubert Robert, 〈**로마 대화재**〉(1795).

유대교와 기독교가 갈라선 이유

유대교와 기독교가 처음부터 반목했던 것은 아니었다. 오히려 유대교와 초기 기독교는 오랜 기간 사이좋게 예배를 같이 보았다. 유일신 하느님을 믿는 뿌리가 같았기 때문이다. 초기 기독교 예루살렘 교회의 경우 유대교의 한 분파인 '나사렛파'로 존재했다.

그 무렵 로마와 3차에 걸친 전쟁 막바지에 예루살렘에서 최후의 일전이 있었다. 68년 로마 군의 예루살렘 성 포위를 보고 임박한 세상의 종말을 확신한 유대 기독교인들은 요르단 강 동편 펠라 성으로 집단 탈출을 감행했다. 임박한 종말신앙 속에 살아간 유대 기독교인들은 로마 군의 예루살렘 포위가 임박하자 예수의 말을 기억했다. "예루살렘이 군대들에게 에워싸이는 것을 보거든 그 멸망이 가까운 줄 알라, 그때에 유대에 있는 자들은 산으로 도망갈 것이며……"(《누가복음》 21:20~21)

예수의 혜안이 기독교인들을 살린 셈이다. 하지만 민족의 위기 상황에서 탈출로 목숨을 연명한 이들의 행동은 유대인들에게는 정죄의 대상이 되었다. 이때부터 유대인들은 나사렛파를 비겁한 배신자들로 여기며 곧 운명을 걸고 신앙공동체를 함께할 수 없다고 보았다.

3차에 걸친 로마와의 전쟁 후유증으로 유대민족의 삼분의 이가 멸절되어 거의 모든 종파가 와해되고 바리새파만이 남았다. 전쟁 통에 제사장 계급이 전멸당해 사제가 없어지자 이른바 랍비들이 주도하는 랍비 유대교가 자리 잡았다.

유대인들은 유대 왕국이 로마제국에 의해 무참히 박살난 이유가 하느님께 대한 그들의 불충에 직접적인 원인이 있다고 보았다. 특히 종파 간 교리 싸움에 문제가 있었다고 보았다. 그래서 랍비들은 율법 논쟁은 용인하나 종파적 논쟁은 멈추어야 한다고 생각했다. 이것이 '이단들에 대한 저주'의 기도문으로 나타났다. 랍비들은 성전이 없는 세계에서 종파를 고집하는 사람들을 멸망시켜 달라고 하느님께 기도했다.

그러다 서기 90년 야브네(얌니아) 종교회의에서 《구약성경》을 확정하면서, 사무엘 랍비가 회당 예배 때마다 바치는 18조 기도문 가운데 이단자들을 단죄하는 제12조에 '나사렛 사람들' 곧 기독교인들을 덧붙였다. 그 결과 기독교도들은 더 이상 유대교 회당 예배에 참석할 수 없게 되었다. 이때부터 기독교는 독자적 종단으로 독립했다.

이 조항을 의역하면 다음과 같다. "나사렛 사람들과 이단자들을 사라지게 하소서. 살아 있는 이들의 책에서 그들을 지워버리시어 의인들과 함께 쓰여 있지 않게 하소서. 무엄한 자들을 굴복시키시는 하느님, 찬양받으소서."

지하묘지 예배당, 카타콤

서기 200년부터 기독교인들은 로마 시내의 카타콤이라는 지하묘지 동굴에서 은밀하게 예배를 드렸다. 그리고 순교자나 죽은 기독교인들을 추모하고 장사 지냈다. 카타콤은 2세기경부터 로마 시내 지하에 조성되기 시작한 묘지다. 로마인들은 전통적으로 화장을 선호했는데, 부활을 믿는 기독교인들은 화장보다는 매장

로마 카타콤 지하묘지.

을 선호했다. 그러나 그 무렵 기독교인들은 대부분 하층민과 노예들이라 묘지로 쓸 땅을 살 만한 여력이 없었다. 또한 당시 로마는 로마 시내에 묘지를 만들지 못하게 했기 때문에, 부자들만이 로마에 무덤을 가질 수 있었다.

그런데 로마 시는 단단하지 않은 화산암 위에 세워져 있어 쉽게 동굴을 파내려 갈 수 있었다. 한번 파여진 동굴은 공기에 노출되어 단단하게 굳어졌다. 따라서 로마의 가난한 기독교인들은 지하 깊숙이 로마의 대로를 따라서 긴 터널을 파내려 가기 시작했다.

카타콤은 지하 7미터~19미터 아래에 3~4층으로 지어졌고, 통로는 2.5미터 높이에 1미터 넓이였다. 그리고 통로의 벽을 파서 40~60센티미터 높이에 120~150센티미터 길이로 벽에 공간을 내고 시신을 묻었다.[*]

---

[*] '카타콤과 초기 기독교 교회의 예술'(http://blog.naver.com/altazor1/50087539271).

기독교,
로마제국의 국교로

로마제국의 혼란과
디오클레티아누스의 개혁

3세기의 로마제국은 매우 혼란스러웠다. 235년에서 284년까지 49년 동안 무려 26명의 황제들이 제위에 올랐다. 당시 로마 군대는 제국 자체보다 자신의 군단장이나 지역 총독에게 절대적인 충성을 바치는 풍조가 만연했다. 몇몇 군단이 힘을 합치면 로마로 진군해 황제 자리를 찬탈하는 것이 가능했다. 새로 등극한 황제가 마음에 들지 않는다고 황제 근위대가 황제를 암살하고 다른 황제를 세우기도 할 만큼 혼란스러웠다.

284년 발칸 반도 출신의 장군 디오클레티아누스가 황제가 되면서 혼란은 끝이 난다. 디오클레티아누스는 기독교를 위험 세력으로 간주해 탄압을 계속했다.

디오클레티아누스는 거대한 제국을 한 사람이 다스리는 것은 무리라고 여겨 사인정四人政을 도입했다. 로마제국을 네 개의 지역으로 나눈 후, 두 명의 정황제(아우구스투스)가 각각 부황제(카이사르)를 한 명씩 거느리고 다스리는 것이다. 정황제가 죽거나 은퇴하면 부황제가 정황제가 되고, 신임 정황제가 부황제를 새로 임명하는 시스템이었다. 이는 군대가 황제를 만드는 폐단을 없애고 효과적인 황제 계승 체계를 만들기 위함이었다. 디오클레티아누스는 로마제국을 보스니아 지역을 기준으로 크게 둘로 나누었다. 이는 나중에 로마가 동서로 나뉘는 계기가 되었다.※

콘스탄티누스의 등장, 태양 위에 빛나는 십자가를 보다

계속되는 박해와 순교에도 로마제국 내에 기독교가 널리 퍼지자 303년 디오클레티아누스 황제는 기독교도들이 로마 신에게 제물을 바치지 않는다는 이유로 박해하기 시작했다. 이것이 정치적 내분을 일으켜 당시 로마제국을 사등분해 다스리던 황제들이 서로 다투는 계기가 되었다.

305년 디오클레티아누스 황제가 죽으면서 서방의 공동 황제였던 막시미아누스도 동반 은퇴하고 제국은 부황제들에 의해 통치되었다. 그러나 '하늘에 두 개의 태양이 있을 수 없듯이' 이후의 정황제들은

※ 편집부, '콘스탄티누스의 기독교 공인과 세속화',《기쁜소식》, 2013년 3월호.

줄리오 로마노Giulio Romano, 〈밀비안 다리의 전투〉(1520~1524).

서로를 제거하고 일인자가 되기 위해 암투를 시작한다.

　이를 계기로 콘스탄티누스는 다른 황제들을 하나씩 제거했다. 그는 갈레리우스, 막시미안, 또 다른 막시미안을 제압하고 마지막으로 막센티우스를 312년에 격파하고 로마에 입성했다. 뜻밖에도 이 싸움의 승자는 기독교였다.

　콘스탄티누스가 처음으로 기독교를 믿게 된 동기는 310년 10월 27일 막센티우스와 로마 근교 밀비안 다리에서 전투할 때 태양 위에 빛나는 십자가를 보았기 때문이다. 그는 그때 십자가 위에 쓰인 '십자가의 깃발로 싸우라'는 글자를 보았다. 그는 그 의미를 생각하다 그날 밤 꿈을 꾸었다. 꿈에 하느님이 나타나서 낮에 본 것과 같은 십자가를 보이면서 이것과 같은 것을 만들어서 군기장軍旗章으로 삼으라는 말을 했다.

그는 전 군대에 그리스어로 그리스도를 상징하는 키(X)와 로(P)로 된 깃발을 들고 싸우도록 했다. 그리스어 키(X)와 로(P)는 라틴어로 Ch와 R에 해당하는데, 그리스도의 알파벳 머리글자와 일치한다. 이 전투에서 그는 세 배나 많은 적을 무찌르고 승리했다. 이로 인해 콘스탄티누스는 하느님을 믿기로 결심했다. 그리고 기독교에 대해 배우고 옹호하기 시작했다.

그는 전쟁의 승리를 기념해 로마 콜로세움 옆에 개선문을 세웠다. 이후 그는 기독교에 입문한 후에도 죽을 때까지 영세를 받지 않았는데 그것은 영세 후 죄를 범하면 다시 속죄할 수 없다고 생각했기 때문이었다.

기독교 공인, 313년 밀라노 칙령

콘스탄티누스 황제 때 유대인들에게 중대한 사건이 발생한다. 콘스탄티누스 황제가 313년 밀라노 칙령으로 '종교의 자유를 선포'한 것이다. 이는 313년 2월에 당시 서로마 황제였던 콘스탄티누스와 동로마 황제 리키니우스가 밀라노에서 혼인동맹을 맺고 발표한 칙령이다. 기독교 탄압에 종지부를 찍고 기독교를 공인한 것이다. 가히 세상을 뒤집어엎을 만큼 충격적인 선언이었다.

312년 막센티우스와의 전투에서 승리해 서방의 패권을 거머쥔 콘스탄티누스는 313년 동방의 황제 리키니우스와 밀라노에서 만나 제국의 모든 종교에 평등권을 주는 정책에 합의한다. 리키니우스가 기

로마에 콘스탄티누스가 세운 개선문.

독교인이 아니었기 때문에 이 회의에서는 기독교적 용어는 전혀 없고 기독교에게 우월한 지위를 주지도 않았다. 단지 기독교에게 주어진 것은 당시의 다른 종교들과 같은 혜택들이었는데 이것만으로도 엄청난 것이었다. 이로써 기독교의 예배가 회복되고 교회 단체가 인정되었으며 성직자들이 다른 종교의 사제들과 마찬가지로 신분의 혜택을 받게 되었다.

이로써 기독교인들은 완전한 종교의 자유를 획득했다. 그 동안 박해하고 금지해왔던 기독교를 누구나 믿을 수 있는 종교로 공식적으로 인정한 것이다. 기독교도들은 박해 때 몰수당한 재산을 되돌려 받았다. 그리고 종교 재산과 성직자에 대한 세금 및 병역면제 등이 실시되었다. 교회에 대한 세금면제는 지금까지도 시행되고 있다.

밀라노 칙령은 그간 3백 년 동안 갖은 박해를 당하며 숨어 지냈던 기독교도들한테는 무한한 기쁨이요 예수를 박해했던 유대인들에게는 불행의 시작이었다.

콘스탄티누스와 기독교의 인연

콘스탄티누스로 하여금 기독교를 공인하도록 만

든 당시 몇 가지 역사적 이유가 있었다. 첫째, 독실한 기독교 신자인 어머니 헬레나 아우구스타의 영향 때문이다. 콘스탄티누스의 아버지 콘스탄티우스는 소아시아 지방에서 장군으로 복역하던 중 술집 하녀 에게서 아들 콘스탄티누스를 얻었다. 하지만 콘스탄티우스는 디오클 레티아누스 황제의 신임을 얻어 고속 승진을 통해 부황제까지 올라 갔다. 당시 부황제는 정황제의 딸과 결혼해 '장인-사위' 관계를 맺음 으로써 결속력을 강화했다. 때문에 콘스탄티우스는 어쩔 수 없이 아 내를 버리고 황제의 딸과 결혼했다. 이때 버림을 받은 헬레나는 훗날 효자 아들 콘스탄티누스가 황제가 되면서 궁으로 돌아온다.

둘째, 동방의 황제인 갈레리우스는 원래 기독교를 무자비하게 핍 박하던 황제였는데, 병에 걸리면서 반성을 했는지 콘스탄티누스에게 기독교인에 대한 관용을 보일 것을 유언으로 남겼다고 한다.

셋째, 콘스탄티누스 자신이 예수와 태양신과의 큰 차이를 알지 못 했다는 것이다. 274년 로마의 아우렐리우스 황제가 '정복되지 않는 태양'을 로마제국의 종교로 만든 이후 태양신은 제국의 최고의 신이 었다. 콘스탄티누스의 혼동에는 충분한 이유가 있었는데, 기독교인 들은 예수를 '의의 태양'으로 불렀고, 태양신을 섬기는 축일sun-day에 기독교인들도 함께 예배를 보았기 때문이다. 콘스탄티누스 이후의 일이지만, 교회에서 '정복되지 않는 태양'의 생일인 12월 25일을 예 수 생일 크리스마스로 함께 기념하게 된 것도 당시 상황을 알 때 전 혀 이상할 게 없다.

넷째, 네 개로 분리된 제국의 사상적 통일을 위해 기독교를 이용하 고자 했다. 그는 이미 제국 인구의 20퍼센트까지 급성장한 기독교를

보면서, '상대를 제압시키지 못할 바에는 차라리 상대에 가담하라'는 경구를 떠올렸을지 모른다.✝

황제, 직접 교회를 다스리다

밀라노 칙령이 발표되면서 기독교는 콘스탄티누스의 호의 아래 세력을 키워 나갔다. 기독교인들은 빼앗겼던 시민권을 되찾고, 몰수당했던 교회의 재산을 되찾고, 돌려받은 재산으로 많은 예배당을 세웠다. 콘스탄티누스는 교회의 감독들에게 큰 호의를 베풀고 궁으로 초대하기도 했다.

콘스탄티누스는 교회를 후원하면서 한편으로 교회의 문제에 최고 권위를 가진 자로 자처했다. 그는 장로회에 호위병 없이 나타나기도 하고, 토론에 함께 참여하기도 하며, 신앙이나 교리 문제의 해결에 간섭하기도 했다. 종교회의와 공회의를 소집, 주재했고, 이 회의의 결정을 거부하는 이단자들에 대해서는 군사력을 동원해 진압했다.

급기야 황제 자신이 교회를 다스리기로 결정했다. 이때부터 교회에 보내는 모든 공문서에는 '가톨릭'이란 용어가 쓰이기 시작했다. 본래 가톨릭catholic이란 '우주적'이라는 뜻으로, 2세기부터 이단이나 분열되어 떨어져 나간 무리와 구분해서 일반적으로 그리스도인의 교회를 가톨릭이라 불렀다. 콘스탄티누스는 자신의 위치를 교회의 머리

✝ 류모세, 《유대인 바로 보기》, 두란노, 2010, 59~66쪽.

로 분명하게 드러냈다. 교회의 감독들이 있었지만 그는 자신을 감독 중의 감독이라고 했다.

그러면서 그는 동시에 자기 아버지가 믿었던 페르시아의 태양신 미트라를 섬겼다. 기독교 공인 후에도 그가 발행한 화폐에는 미트라 신을 조각하고 '무적의 태양, 나의 보호자'라고 써넣었다. 그의 영향으로 미트라 신앙의 의식이나 제도, 관습, 교리 등이 초기 기독교에 대부분 수용되었다.[⸎]

교회법이 곧 국법이 되다

콘스탄티누스는 기독교를 위해 여러 국법들을 개정했다. 315년에는 십자가 형벌을 폐지하고, 검투를 금지시키고, 축첩과 간음을 엄중히 금하며, 이혼을 제한시켰다. 또 여자들도 토지 외의 재산은 소유할 수 있도록 함으로써 여성의 권리를 신장시켰다. 그리고 죄인의 이마에 화인을 찍는 습관도 금지시켰다.

또 교회법을 국법과 마찬가지로 인정하며 교회 안의 분쟁에 대해 교직자가 내린 결정은 국가가 그 효력을 공인했다. 그 뒤 교회의 대회의 판결은 그대로 로마제국 국법이 되었다. 또한 교회 건물은 아무도 침범할 수 없는 성역이 되었다. 죄인이 그곳으로 피하면 보호를 받을 수 있었다. 또 죄인을 위해 감형과 사죄를 요구할 수 있는 권리가

⸎ 월간 기쁜소식, '콘스탄티누스의 기독교 공인과 세속화', 《기쁜소식》, 2013년 3월호.

성직자에게 주어졌다.

로마제국, 일요일을 공식 휴일로 도입하다

로마제국에서 유대인들과 기독교인들은 모두가 안식일을 지키고 있었다. 그러다 서기 132년 유대인 반란으로 인해 안식일 금지령 칙령이 생겼는데 이는 기독교인들에게도 해당되는 칙령이었다. 로마제국은 안식일을 지키는 기독교인들은 유대교의 일파로 보았기 때문에 기독교인에게도 유대인과 마찬가지로 무지막지한 박해를 가했다.

하지만 콘스탄티누스 황제가 321년에 일요일을 공식 휴일로 도입함으로써 인류는 일주일에 하루는 노동에서 해방되어 쉴 수 있게 되었다. 이는 유대인들이 일주일에 한번 안식일을 도입한 지 1천 5백년 후에 이루어진 일이었다. 이 법령은 그리스도교 역사의 새로운 장을 열게 하는 기점이 되었다.

니케아 공의회, 삼위일체 교리 채택

324년 콘스탄티누스와 리키니우스는 마지막 패권을 놓고 결전을 벌여 콘스탄티누스가 로마제국을 통일했다. 콘스탄티누스가 유일한 황제로 등극하자 제국의 중심지는 급격하게 동로마제국으로 이동했다. 콘스탄티누스 황제가 로마제국 전체의 통치권을 장악하자 이제 유대인들은 처음으로 팔레스타인과 디아스포라에서 동시에 기독교 황제의 손아래 놓이게 되었다. 그간 유대인들이 누렸던 법적 지위가 물거품이 될 위기에 이르렀다.

기독교인들은 자신들이 유대인 대신 '옛 이스라엘'을 대체했다고 주장했다. 아울러 그들은 이스라엘 땅을 성지로 간주했다. 이 점에 있어 로마 정부 역시 마찬가지 견해였다. 팔레스타인 지역에서 이미 소수로 줄어든 유대인들은 서서히 기독교화되는 위기를 맞았다.

콘스탄티누스의 노모 헬레나(당시 80세)가 예루살렘에 다녀온 뒤로 아들을 설득해, 콘스탄티누스 황제는 50개의 성당을 짓고 각 성당에 비치할 양피지 경전을 만들 비용을 내겠다고 했다. 그때 유세비우스는 아직 《신약성경》이 정해져 있지 않았으므로 니케아 공의회를 소집해 교리 문제를 토의해 매듭지은 후 《신약성경》을 완성하자고 했다.

이로 인해 여전히 태양신을 섬기는 콘스탄티누스 황제를 교회 회의의 의장으로 모시고 로마제국 내 교회의 교부들이 니케아에 모여 교리를 토의하고 아리우스파를 정죄하는 아이러니가 벌어졌다.

325년 콘스탄티누스 황제는 친히 '제1회 니케아 공의회'를 주재하고 당시 뜨거운 논쟁을 벌이던 교리 문제를 매듭지었다. 당시 기독교의 최대 논쟁거리 중 하나인 '예수는 신인가? 인간인가?'에 대해 예수는 아버지인 하느님과 본질적으로 동질의 신격을 갖는다고 의결했다. 이로써 삼위일체설을 가톨릭의 정통으로 채택해 하느님과 예수와 성령이 하나라는 '삼위일체'를 기독교의 기본골격으로 확립했다.

삼위일체 논쟁의 종결

　　당시 콘스탄티누스가 삼위일체 논쟁을 종결지은
상황을 살펴보자. 로마가 콘스탄티누스 이후 기독교를 공인했지만 기
독교 내에서는 아리우스파와 알렉산더파로 분열되어 있었다. 신학적
논쟁은 아리우스파와 알렉산더파 사이에서 진행되었고 이를 관망하
는 다수의 중도파가 있었다. 아리우스는 과거부터 주장한 "성자 종속
설"을 되풀이했다. 그는 〈신명기〉 6장 4절에 근거해 기독교 신앙의 근
본은 오직 하느님 한 분이라고 했다. 이 주장을 뒷받침하는 《성경》 구
절은 〈잠언〉 8장 22절과 〈요한복음〉 14장 28절이라고 주장했다.

〈**니케아 공의회**〉(1590).

아리우스의 이론을 따르면 성자(예수, 로고스)는 무 존재로부터 하느님에 의해 존재하게 되는 피조물이다. 따라서 피조된 예수(로고스)는 인간과 같이 변화되어 선과 악을 행할 것이며 궁극적으로는 우리의 죄를 구원할 구원자로서 역할을 할 수 없게 된다.

반면 알렉산더와 아타나시우스는 성자는 성부 하나님과 동일본질로서 영원 전에 홀로 태어난 하느님의 아들이며, 하느님과 동등하다고 했고 예수(로고스)가 피조물이 아니라고 설명했다. 여기에서 말하는 로고스는 '하느님의 말씀 곧 하느님인 예수 그리스도'를 뜻한다.

회의석상에서 토의 진행을 흥미롭게 지켜보고 있었던 콘스탄티누스 황제는 아무리 생각해도 결말이 쉽게 나지 않을 것 같아 유세비우스를 불러 절충안을 제시하도록 했다.

유세비우스는 다음과 같은 절충안을 제출했다. "우리는 보이는 것과 보이지 않는 모든 것을 만드신 전능자 아버지, 한 하느님을 믿습니다. 그리고 한 예수 그리스도, 하느님의 로고스이시며, 하느님으로 온 하느님이시며, 빛으로 온 빛, 생명의 생명, 독생자, 모든 창조 중에 처음 낳으시고, 아버지로부터 낳으셨고, 그분을 통해 만물이 존재하게 됨을 믿습니다. 그분은 우리의 구원을 위해 성육신하시고, 우리 가운데 거하시고, 고통을 받으시고, 삼 일 만에 부활하시고, 아버지께 오르셨으며, 영광 중에 다시 오셔서 산 자와 죽은 자를 심판하실 것을 믿습니다. 우리는 또한 성령을 믿습니다."

황제를 위시해 대다수가 이 절충안에 찬성을 표했다. 아리우스까지도 찬성했다. 아리우스는 예수가 "하느님으로부터 나온 하느님"으로 결국 하느님으로부터 "피조"되었다고 생각할 수 있어 반대할 하등의 이유가 없었다. 그러나 알렉산더파는 이 수정안에 동의하지 않았다. 콘스탄티누스는 모든 이를 다 만족케 해야 분쟁이 종식되는 것을 깨닫고 자신이 마지막 중재안을 내놓았다.

그는 하느님과 성자 예수는 동일본질이라고 선포했다. 절대다수의 참석자들은 황제의 권위와 존경심으로 인해 이 새 제안을 찬성했다. 그들은 예수 그리스도는 "낳으신 분이며 만들어진 분이 아니시다. 그리고 아버지와 한 본질이시다"란 문구에 찬성하고 작성한 신조 곧 니케아 신조(325년)에 서명했다. 하지만 아리우스와 두 명의 교부가 서명하지 않아 출교와 성직박탈을 감수해야 했다.[※]

교회 예배, 안식일에서 일요일로 바뀌다

325년 니케아 공의회에서 태양의 날인 일요일을 부활절로 성수하도록 결의했다. 태양신을 국교로 믿었던 로마 시민들의 반발을 피하기 위해 콘스탄티누스는 교회도 태양신의 날인 일요일에 예배를 보도록 했다.

이 법령을 통해 콘스탄티누스는 로마제국의 2대 종교, 곧 태양신 아폴로 숭배의식과 기독교 예배를 일요일로 묶어서 단일 종교로 융합하려는 야심찬 종교정책을 시도했다. 그는 이 정책의 성공을 위해 자신도 그리스도교로 개종할 것을 선포했다. 그 뒤 365년 라오디게

[※] 강민수, 〈광주기독일보〉, 2014년 2월 25일자, 3월 27일자.

아 공의회에서 그리스도 교회의 예배일을 정식으로 안식일에서 일요일로 바꾸게 된다.

유대교 박해의 본격 시작

이후 콘스탄티누스 황제는 삼위일체를 부정하는 유대교가 해롭다고 판단한다. 그는 329년 기독교인들의 유대교로의 개종을 금했다. 그리고 유대인의 기독교인 노예 소유도 금했다. 그는 모친 헬레나와 더불어 유대교의 본거지인 이스라엘 땅을 아예 기독교화하는 운동을 벌였다. 또 유대인과 기독교도 간의 결혼을 금했다. 어길 경우 사형에 처했다.

기독교가 로마제국의 종교가 되면서 이제 예수의 죽음에 대해 로마인들을 비난하기 어렵게 되어 그 화살이 너무나도 쉽게 유대인들에게 돌아가기 시작했다. 유대인에 대한 박해가 본격적으로 행해지기 시작했다. 이후 그리스도교 후손들은 유대교인들이 예수를 죽였다고 굳게 믿게 되었다. 예수를 죽인 죄인들이기 때문에 유대인들을 미워해야 한다는 생각이 점점 깊어져 집단 의식화하기 시작했다.

콘스탄티누스,
성 베드로 대성당과 개선문을 세우다

콘스탄티누스가 그리스도교를 공인한 후 네로 황제의 전차경기장 자리였던 바티칸에 성 베드로 대성당을 건축했

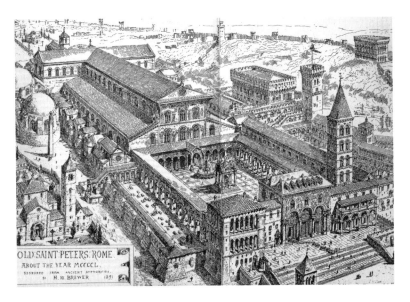

브루워H.W. Brewer, 〈옛 베드로 대성당 상상도〉(1891).

다. 가톨릭 신자들은 성 베드로의 시신이 성전의 제대 아래 묻혀 있다
고 여기는 까닭에 옛날부터 역대 교황의 시신을 제대 아래에 안치하
고 있다. 성 베드로 성당은 15세기 말, 아비뇽 유수기에 비워 두는 바
람에 관리가 소홀해 노후화가 극심해졌다. 그래서 16세기에 미켈란
젤로에 의해 지금의 형태로 재건축되었다.

그리고 콜로세움 옆의 개선문 역시 심하게 훼손되어 1804년에 다
시 복원해 지금과 같은 모양을 갖추게 되었다. 재미있는 것은 콘스탄
티누스 황제의 업적과 전쟁 장면이 새겨진 부조가 특히 많이 훼손되
어 지금의 부조는 로마 유적지 여기저기에서 가져다 붙인 것이라고
한다. 이 개선문을 모방해 지은 것이 파리 개선문이다.

로마제국의 수도, 비잔티움으로 옮기다

또한 황제와 그의 어머니 헬레나는 예루살렘에 교회를 세우고 기독교 전파에 노력했다. 황제는 원로원에도 기독교를 권했으나 의회는 거절했다. 당시 100만 명 인구의 로마를 기독교화하려다 실패하자 황제는 아예 비잔티움을 개조해 새로운 기독교 도시로 만들었다. 이 무렵부터 로마는 제국의 중심으로서의 지위를 잃고 밀라노와 라벤나로 이탈리아 반도의 정치·경제적 중심이 옮겨갔다. 그 뒤 로마는 베드로 대성당이 있는 로마 가톨릭교의 중심지 구실만 하게 된다.

콘스탄티누스는 비잔티움을 종교도시로 대대적으로 개조했다. 원로원과 공공건물을 지어 '새로운 로마Nova Roma'로 불렀다. 그러나 사람들은 그 이름보다 황제의 이름을 따 '콘스탄티노플'이라고 불렀다. '콘스탄티누스의 도시'라는 뜻이다. 또 확장되는 로마제국을 효율적으로 통치하기 위해 330년 수도를 아예 로마에서 교통과 해상교역의 요충지인 비잔티움으로 옮겼다. 이로써 비잔틴시대가 시작되었다.

콘스탄티누스 황제와 그의 어머니 헬레나 성화.

현재 터키 이스탄불에 있는 성 소피아 성당.

그리고 도시 이름도 비잔티움에서 콘스탄티노플로 개명했다. 콘스탄티노플은 로마와 닮아갔다. 비잔틴 도시에는 기독교의 상징물들이 세워지기 시작했다. 콘스탄티누스 황제는 성 소피아 성당 건설에 착수했다.

그 뒤 콘스탄티누스 2세(337~361년)는 유대인의 기독교 노예 소유 금지령을 이교도 노예로까지 확대했다. 이는 유대인의 경제 활동 특히 농업에서의 퇴출을 의미했다. 당시는 노예경제 시대였다. 유대인의 법적 지위도 제약을 받았다. 그리고 유대인과 기독교도 사이의 혼인도 금했다. 이런 혼인은 사형에 처해졌다. 기독교 고위 성직자들은 대중이 모이는 광장으로 나가서 공공연히 반유대인 설교를 하면서 무리로 하여금 유대인들의 예배장소를 파괴하도록 선동했다.

암브로시우스 교부, 교권을 확립하다

당시 로마교부는 기독교 공인 초창기여서 전혀 힘을 쓰지 못할 때였다. 오히려 안티오크 등 소아시아 지역 교부들의 세력이 강했다. 이때 교권의 확립에 최초로 앞장선 교부가 밀라노의 암브로시우스였다. 원래 암브로시우스는 밀라노를 포함한 주변 지역의 집정관이었다. 374년 밀라노 교부가 죽자 후계자 다툼이 일어났다. 집정관으로 중재에 나섰던 그가 오히려 그의 인격을 흠모하던 시민들에 의해 갑작스럽게 교부로 추대되었다. 당시 서른다섯 살의 젊은이였다.

그는 교부가 되고 난 후 강직한 신앙생활을 하며 당시 강력한 황제인 테오도시우스와도 맞서 싸웠다. 390년경 테오도시우스 황제는 테살로니키에서 일어난 교회 소요를 진압하면서 죄 없는 주민들을 학살했다. 지나친 불법을 저지른 황제에게 어느 누구도 대항하지 못하고 끙끙 앓고만 있었다. 이 소식을 들은 그는 즉시 황제에게 서한을 보내 테살로니키 학살에 대한 책임을 물었다. 그는 황제에게 공식적으로 참회할 것과 아울러 당분간 교회 출입을 금할 것을 요청했다.

그러나 이러한 요청을 묵살한 황제는 부활절에 측근들을 대동하고 교회로 행차했다. 그러자 암브로시우스는 교회 문을 가로막고 황제가 교회에 못 들어오게 했다. 그의 단호한 태

프란시스코 데 수르바란Francisco de Zurbaran, 〈암브로시우스 교부〉(1626).

기독교는 어떻게 종교로 자리 잡았나?

도에 테오도시우스 1세는 하는 수 없이 발길을 돌렸다. 황제는 성탄절에 다시 교회를 찾았다. 암브로시우스는 이번에도 입구에서 황제를 제지하며 그에게 사죄를 요구했다. 그러자 황제는 결국 굴복해 자신의 죄를 용서받기 위해 미사에 참석하려 하니 부디 들여보내 달라고 간청했다. 이에 암브로시우스는 가벼운 보속을 명하고 교회 출입을 허가했다. 세상 권력이 하느님 법 앞에 무릎 꿇는 순간이었다.

암브로시우스는 로마제국에 대한 충성은 그리스도인의 의무라고 여겼지만, 국가의 간섭으로부터 교회의 독립성을 지키고자 최선을 다했다. 그는 '황제도 그리스도인으로서 교회 안에 있는 것이지 교회 위에 있는 것이 아니다'고 강조하면서 하느님의 교회는 사회법보다 교회법을 우선 적용해야 한다고 선포했다. 또한 그는 한발 더 나아가 로마제국 내의 우상숭배를 완전히 철폐했다. 이 일이 있은 후 보편적인 교회의 권위가 황제의 권위보다 더 빛나게 되었다.

테오도시우스 황제, 기독교를 로마 국교로 채택하다

그 뒤 테오도시우스 황제는 신실한 기독교도가 되었다. 그는 392년에 기독교를 로마제국의 국교로 채택했다. 가톨릭이 로마의 국교로 채택된 배경에는 이렇듯 암브로시우스 교부가 주도한 교권의 확대를 들 수 있다.

《신약성경》이 기록되고 얼마 후인 4세기 초를 고비로 교회에 대한 그리스 문화의 영향력이 줄어들자 교회 언어가 라틴어로 바뀌었다.

이를 계기로 4세기 말에는 로마제국의 공식 언어가 그리스어에서 라틴어로 바뀌게 된다. 교권의 확립은 이렇게 로마제국을 명실상부하게 기독교 국가로 바꾸어 놓았다.

그리스도교는 이제 지하묘지 대신 교회에서 예배를 보았다. 그리고 고통을 통한 구원의 징표인 십자가는 이제 오히려 군단의 전투휘장으로 빛나게 되었다. 이 말은 가톨릭 주교가 국가 통치에 큰 영향을 끼친다는 뜻과 같았다. 예수

반 다이크, 〈성 암브로시우스와 테오도시우스 황제〉(1620).

를 박해했던 유대인들에게는 그들의 신앙과 더불어 안위를 걱정해야 하는 그야말로 엄청난 사건이었다.

비잔틴제국 시대의 팔레스타인

서기 132년 유대인 바르 코크바의 반란 직후 팔레스타인은 더 이상 유대인의 땅이 아니었다. 아예 유대인의 출입을 금지시켰다. 이후 325년 로마의 콘스탄티누스 대제가 소집한 제1차 공의회인 니케아 공의회는 예수의 신성을 기초로 하는 삼위일체설을 공포하며 여러 가지 교회법을 반포했다. 이때부터 기독교에 의한 유대인의 박해가 본격적으로 시작된다.

395년 로마제국은 동로마와 서로마로 분열되었다. 이후 476년 서

로마가 게르만 족에 의해 망했다. 비잔틴제국의 관할 아래 있던 예루 살렘에 기독교를 믿는 로마인들이 대거 피난을 오면서 유대인들의 입지는 더욱 축소되었다. 교황 그레고리우스 1세는 신학적 입장에서 유대교를 박해했다. 유대인이 회당을 새로 짓는 것을 금했다. 기독교 로 개종하지 않은 유대인들을 법으로 차별했다.

가톨릭의 분열과 종교개혁

로마 가톨릭과 동방정교회의 분열

1세기 초대교회는 예루살렘을 시작으로 안티오키아, 알렉산드리아, 콘스탄티노플, 로마 등 다섯 개 지역을 중심으로 선교활동을 전개했다. 이들은 기독교 공동체를 형성하면서 공의회를 통해 그리스도교의 기초가 되는 교리와 전례를 제정함으로써 하나의 교회를 유지했다.

그러다 730년 비잔틴제국의 레오 3세가 성상은 우상숭배에 해당한다며 성상의 숭배를 금하는 성상숭배 금지령을 내렸다. 이는 십계명에 있는 '우상을 짓지 말라'를 근거로 했다. 교회 내의 성상이 모조리 파괴되었다. 이는 비잔티움 제국을 양분시켰다. 성상을 게르만 족에 대한 포교에 이용했던 로마 교황청은 이에 반발했다. 그들에게는 눈으로 볼 수 있는 무언가를 보여주어야 했고, 그것이 성상이었던 것이다. 이는 그렇지 않아도 비잔티움 황제의 간섭에서 벗어나고자 했던 로마 교황청에 좋은 명분을 제공해 동방정교회와 로마 가톨릭으로 갈라서는 계기가 되었다.

1054년 교리를 둘러싼 갈등으로 로마 가톨릭이 초기 기독교 공동체에서 분리되면서 본격적인 대립이 시작되었다. 특히 로마교회가 로마 교황의 수위권을 주장하자 콘스탄티노플을 중심으로 한 정교회는 이를 반대한다. 이미 두 차례의 세계 공의회에서 콘스탄티노플의 주교에게 로마의 주교와 동등한 권위를 인정했다는 게 그들의 주장이었다. 결국 콘스탄티노플의 포티오스 총대주교가 로마 교황을 파문했고, 로마의 움베르토 추기경이 동방정교회에 대한 파문장을 던짐으로써 양 교회는 완전히 단절되었다.

이로써 하나의 교회에서 콘스탄티노플을 중심으로 한 예루살렘, 안티오키아, 알렉산드리아의 네 개의 교회연합 곧 정교회와 로마교회가 분리된 것이다. 정교회는 자신들이야말로 초대교회로부터 이어져 온 정통 기독교라는 뜻이다.

종교개혁의 발생

종교개혁은 1517년 로마 가톨릭 사제였던 독일의 마틴 루터가 당시 로마 가톨릭교회의 부패와 타락을 비판하는 내용의 95개 조 반박문을 발표해 시작됐다. 그는 돈을 주고 사는 면죄부로 죄가 사해지는 것이 아니라 믿음으로 의롭게 됨을 강조했다. 종교개혁은 부패한 교회를 《성경》의 권위와 하느님의 은혜와 믿음을 강조함으로써 새롭게 변혁시키고자 했던 신학운동이다. 루터가 1529년

스파이어 회의의 판결에 불복해 저항했기 때문에 그의 개혁운동을 프로테스탄트(저항자) 운동이라 부르게 되었다. 루터는 신부가 결혼할 것을 권장했으며, 그 자신도 결혼했다.

그 뒤 루터는《신약성경》과《구약성경》을 독일어로 번역해 인쇄함으로써 누구나《성경》을 읽을 수 있도록 했다. 이로써 평신도들이 비로소《성경》을 접하게 되었다. 이것이 결정적으로 종교개혁이 성공할 수 있었던 힘이자 이유였다.

독일에서 루터를 중심으로 개혁운동이 일어날 때 스위스에서는 츠빙글리에 의해 종교개혁운동이 일어났다. 이러한 가운데, 제네바에서는 칼뱅의 세속적 종교운동이 꽃을 피우게 되었다. 칼뱅의 제자였던 낙스는 스코틀랜드로 가서 개혁교회Reformed Church 신학을 전함으로써 스코틀랜드에 장로교 전통을 심었다. 지금도 스코틀랜드의 국교는 장로교회다. 종교개혁운동 결과, 기독교는 개신교 그리고 로마 가톨릭교회와 동방정교회로 구분되어 발전해 오고 있다.

발도파의 등장

그러나 사실 종교개혁의 불씨는 12세기에 시작되었다. 그 무렵 발도(왈도)는 금융업으로 많은 돈을 번 프랑스 리용의 부호였다. 그는 1176년 5월 어느 주일 날, 신학자에게 하느님에게 가장 빨리 훌륭하게 도달할 수 있는 방법을 물었다. 신학자의 대답은 예수가 부유한 청년에게 했던 대답과 같았다. 그 뒤 발도는 부인에게 재산의 일부를 준 뒤, 나머지 재산을 모두 팔아 가난한 사람들에게 나누어주었다.

이후 그는 아시시의 성자 프란체스코처럼 청빈한 생활을 하면서 설교에 전념했다. 설교에 감동한 많은 사람들은 《성경》에 나온 대로 두 명씩 조를 짜 '리옹의 빈자'라 이름 짓고 각지를 돌아다니며 복음을 전했다. 이른바 '발도파'였다.

발도는 로마 교황청으로부터 그들의 지위를 확인받고자 했으나 거부당했다. 그러자 발도파는 라틴 고어체로 된 《성경》을 자국어와 방언으로 번역해 전 유럽으로 퍼져나가 길거리 전도활동을 시작했다. 당시 전도활동은 교황청 사제만이 할 수 있었는데 이들은 이것을 부인했다.

발도파의 교리는 로마교회와 다른 점이 많았다. 우선 연옥을 인정하지 않았다. 그리고 죽은 자를 위한 연미사, 속죄를 위한 보속 등에 반대했다. 서약이나 유혈도 거부했다. 그들은 단순한 '《성경》주의'를 신봉하며 엄격한 도덕을 중시했다. 그리고 교회의 부패를 비판했다. 이른바 종교개혁의 선구자들이었다.

1184년 교황은 발도파를 파문했다. 그런데도 발도파는 많은 세력을 유지했는데 주로 중산계급과 농민의 평신도들로 이루어졌다. 발도파의 득세로 《성경》 주석에 능한 평신도가 사제들과 《성경》을 토대로 한 교리적인 마찰을 불러일으키자 교황청은 당황했다.

1229년 그레고리우스 9세에 의해 소집된 툴루즈 공의회에서 평신도의 《성경》 읽기, 번역, 소지 금지조항을 채택했다. 더 나아가 그간 비공식적이었던 종교재판을 공식화해서 마녀 곧 이단 색출에 나섰다. 이단 심판 기준의 하나가 《성경》을 소유하거나 번역해서 읽은 자였다. 이들을 화형에 처했다.

그 뒤 가톨릭은 문맹을 권하는 종교가 되었다. 가톨릭 신자의 98퍼센트 이상이 문맹이었다. 가톨릭의 평신도 《성경》 읽기 금지가 무려 5백 년 가까이 지속되었다. 이 통에 덕본 것은 유대인들이었다. 대부분이 문맹이었던 중세 사회에서 글을 아는 유대인들이 상업과 교역을 주도할 수 있었던 이유였다.

루터의 종교개혁과 유대인

16세기 종교개혁은 유대인들의 운명에 결정적인 영향을 끼쳤다. 장기적인 관점에서 프로테스탄트의 출현은 유대인들에게 크게 유리하게 작용했다. 종교개혁이 교황 중심의 기독교 세계의 통일성을 무너뜨렸기 때문이다. 종교개혁으로 유대인들에 대한 노골적인 격리는 끝났다. 유대인들이 증오했던 수도사와 수도원들도 신교에서는 없어졌다. 유대인들은 종교개혁을 환영했다. 초기에 개신교도와 유대인들은 비교적 잘 지냈다.

마틴 루터도 처음에는 유대인을 옹호했다. 그가 가톨릭을 공격했던 내용 중의 하나가 가톨릭이 유대인들을 너무 무자비하게 취급했다는 것이었다. 가톨릭의 사제와 수사들이 유대인들을 박해한 일을 루터는 강렬한 어조로 비난했다. 루터는 "유대인들은 지상에서 가장 좋은 혈통이다. 성령은 그들을 통해 《성경》의 모든 책을 세상에 주기를 원했다. 그들은 자녀요, 우리는 손님이요 나그네다. 우리는 가나안 여인처럼, 주인의 상에서 떨어지는 부스러기를 먹는 개가 된 것으로

대 루카스 크라나흐Lucas Cranach the Elder,
〈루터〉(1533).

만족해야 한다"고 말했다. 그러면서 유대인들을 개종시키기 위한 최선의 방법은 그리스도의 사랑이요, 초대교회 교부들이 권했던 친절과 관심이 방법이라고 주장했다.

일부 유대인들은 루터의 말에 큰 기대를 걸고 그를 환영했다. 하지만 대부분의 유대인들은 멀찌감치 떨어져서 관망했다. 그 뒤 루터는 교황의 박해를 피해 피신 중에 《성경》을 독일어로 번역했다. 독일 지역의 말들이 서로 달라 지난한 작업이었지만 이를 통해 근대 독일어의 근간이 정리되었다. 그리고 이것이 인쇄술 덕에 각지로 전파될 수 있었으며 루터의 의견에 호응하는 사람들이 많아졌다. 그리고 루터는 교황의 권위를 정면으로 부정하면서 유대인에게 도움을 구했다. 1523년에 쓴 《예수 그리스도는 나면서부터 유대인》이라는 소책자에서, 루터는 유대인이 그리스도를 받아들이지 않을 이유가 전혀 없다고 말하면서, 유대인이 자발적으로 집단 개종하기를 바랐다. 그러나 유대인들은 루터의 《성경》보다 《탈무드》쪽이 훌륭한 《성경》 해석이라면서 개종의 손짓을 거부했다.

그러자 이때부터 루터는 돌변했다. 그리고 유대인들을 거세게 비난하기 시작했다. 이어 간행된 《유대인과 그 허위에 대해》라는 소책자에서 홀로코스트를 향한 첫 발짝이라 할 만큼 유대인에 대해 과격한 독설을 퍼부었다. 먼저, 유대인의 시너고그에 불을 지르고, 유대교의 기도서를 파기하고, 랍비가 설교하는 것을 금해야 한다고 부추겼다. 또한 그들의 재산을 몰수하고, 최종적으로는 '영원히' 추방해야 한다. 루터는 이렇게 말로 공격하는 것만으로 만족할 수 없었다. 그의 영향력이 커지자 반유대적인 소책자를 쓰기 이전부터, 그는 유대인을 1537년에는 작센에서 추방했고, 1540년에는 독일 곳곳에서 내쫓았다.

장 칼뱅, 상인 곧 유대인을 지지하다

이에 견주어 훗날 영국 청교도혁명의 사상적 지주가 된 프랑스인 장 칼뱅은 상인들을 지지했다. 당시 유럽에서 상인들은 사회적 지위가 낮았다. 이러한 상인들에게 칼뱅은 자신의 직업에 충실한 것이 신에게 봉사하는 길이라고 설교했다. 그 무렵 '상인 merchant'은 유대인과 같은 뜻으로 쓰였다. 해상무역에 직간접적으로 종사하는 유대인을 'merchant'라 불렀다. 중세 말에 유대인들은 대부분 모직물 분야의 머천트 어드벤처스Merchant Adventurers 회사의 일원으로 활동했기 때문이다. 이러한 칼뱅의 주장은 당시로서는 파격이었다. 그리하여 상업이 융성했던 네덜란드에 칼뱅파가 널리 퍼지게 된다. 그는 인간이 스스로의 구원을 확신하면서 세속적인 직업활동과 합리적이고 금욕적인 일상생활을 함께 영위해야 함을 강조했다. 이는 근대적인 직업관과 생활윤리를 제공해 근대사회의 발전에 크게 기여했다.

작자 미상, 〈칼뱅〉(16세기).

칼뱅은 5퍼센트 이자율 한도 내에서 이자를 받고 대부하는 일에 대해 찬성했다. 그리고 루터의 반대에도 불구하고 종교개혁 후 등장한 네덜란드 신교도와 영국 청교도들은 고리대금업에 대해 관대한 입장을 폈다. 이것이 이 두 나라가 근대에 금융업을 기반으로 상업을 비약적으로 발전시킨 이유이기도 하다. 칼뱅은 그의 저서를 통해 유대인의 주장을 객관적으로 전하는 바람에, 루터파로부터 유대화하고 있다는 질책을 받을 정도였다.

유대교 입장에서 바라본 예수

예수를 하시딤으로 본 유대인들

유대교의 입장에서 바라본 예수에 대해 알아보자. 유대인은 예수를 구세주가 아닌 위대한 선지자의 한 사람으로 보고 있다. 예수와 그 제자들이 원래 유대인이고 그들이 모두 유대인 가정에서 자랐으며 유대인 교사로부터 교육을 받았기 때문에 기독교 교리에 유대사상이 적지 않게 반영되어 있다고 유대인들은 말한다. 예수는 가정에서 유대교 교육을 받아 랍비로 불릴 만큼《구약성경》과《탈무드》에 해박한 지식을 갖추었다. 유대인들은 예수가 유대 역사상 가장 훌륭한 랍비로 추앙 받고 있는 힐렐의 가르침을 받은 것으로 보고 있다.

힐렐은 유대 율법의 모체인《모세오경》즉《토라》가 무엇인지 짤막하게 이야기해 달라는 질문에 "네가 싫어하는 것을 너의 이웃에게 하지 마라. 이것이《토라》의 전부다. 나머지는 모두 부연 설명이다"라고 대답한 것으로 유명하다. 이는 이웃을 사랑하라는 예수의 가르침과 일맥상통한다.

아는 데 그치지 않고 행동과 실천을 강조하는 것은 기독교와 유대교의 공통점이다. 기원전 3세기 그리스 통치기간 중 유대교가 헬레니즘의 영향을 받아 변질되는 것에 죽음을 각오하고 맞서 싸운 독실한 신앙계층이 하시딤이었다. 그들은 종교생활에서 지성주의를 거부하고 실천을 강조했다. 예수 또한 행동의 중요성을 강조하면서 제자들에게 바리새인의 수칙에 따라 행하라고 지시했다.

그리고 종종 하늘에 계신 그의 아버지 뜻에 따라 행하는 것에 대해 말했다. 하느님에 대한 '아버지'라는 호칭은 예수 생전 당시 하시딤들이 사용하고 있었다. 그래서 유대인들은 예수가 하느님을 아버지라 부르는 것을 보고 그를 하시딤 중의 한 명으로 인식했다. 이들 하시딤들은 기도를 통해 비를 내리게 하고 병자를 낫게 할 수 있다고 믿었다.

기독교에서 가난을 종교적 가치로 표현한 점 또한 하시딤의 극좌파 에세네파가 가난과 정의를 중시하는 종교 강령과 비슷하다. 유대교는 에세네파의 구원을 위한 희망과 메시아 출현에 대한 사고가 초기 기독교 사상에 스며든 것으로 본다. 곧 유대교는 예수가 창시한 기독교가 유대교의 한 분파인 에세네파라는 극좌파에서 독립해 나간 종교라는 인식을 갖고 있음을 엿볼 수 있다.

삼위일체설에 대한 반박

유대교는 기독교의 삼위일체설도 거부한다. 하느님이 어떤 특정 개인에게 육화肉化되었다는 주장에 대해 반대하는 것이다. 유대교는 '모든 인간은 하느님의 신성을 반영하며 모두가 하느님의 자녀들이다'라고 가르친다. "그러므로 어떤 한 인간이 하느님 자신일 수 있다는 주장은 신성모독이다."

하느님과 인간 사이에는 아무도 없다. 어떠한 신인神人도, 천사도, 옹호자도 개입하지 않으며 어떠한 간섭이나 관여도 요구되지 않는다. 그 어떤 것도 하느님을 인간과 분리하지 못한다. 누군가가 사람들을 대신해 모범을 보이거나 용기와 가르침을 줄 수는 있다. "그러나 대리구원이란 있을 수도 없으며 있지도 않다. 인간은 개인 각자가 자신의 영혼을 구원해야만 하는 것이다."[*]

중세 최고의 유대인 성서학자인 나흐마니데스는 삼위일체 교리에 대해 이렇게 단언했다. "유대인이든 혹은 다른 어떤 사람이든, 하늘과 땅을 만드신 창조주가 ……유대인 여자에게서 태어나서는 ……후에 적들의 손에 넘어가 …… 죽임을 당했다고 믿을 사람은 아무도 없을 것입니다." 나흐마니데스는 간략하게 이렇게 말했다. "여러분이 믿는 것은 여러분의 믿음의 뿌리이기도 한데, 합리적인 정신을 가진 사람들에게는 받아들여질 수 없는 것입니다."

---

[*] 밀턴 스타인버그, 이수현 옮김, 〈유대교의 기본〉, 동인, 1996, 55, 68쪽.

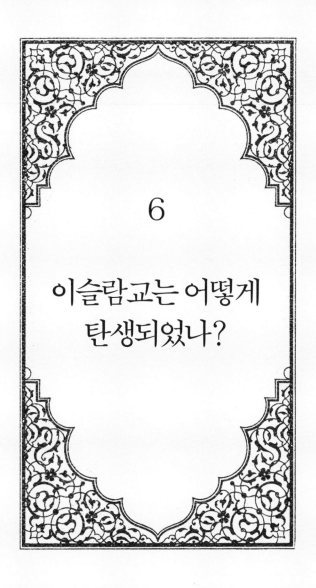

6

이슬람교는 어떻게
탄생되었나?

아라비아 반도에 살았던 아랍인들은 아라비아 사막의 오아시스를 중심으로 유목생활을 하며 메카, 메디나 등을 오가며 대상무역을 했다. 이들 아라비아 민족은 원시 샤머니즘과 다신교를 믿었다.

그런데 6세기 후반 비잔틴제국이 약해지고 중앙아시아에서는 파르티아를 대신해 사산조 페르시아가 등장하면서 치열한 전쟁이 시작되었다. 이 전쟁으로 동방과 서방의 상인들은 기존의 사막 길을 이용할 수 없었다. 그래서 상인들이 아라비아 반도를 통해 무역을 하기 시작했는데 이 새로운 교역로의 중심지가 바로 '메카'였다. 메카에는 여러 민족의 상인과 수많은 종교들이 들어왔고, 무함마드는 장사를 하며 여러 종교들을 접했다.

그는 미신과 우상에 젖어 있는 자기 민족도 유대교나 기독교 같은 도덕적인 종교가 절실함을 느꼈다. 무함마드는 610년경 이슬람교를 창시했다. 이슬람교는 아브라함의 하느님을 섬기는 종교다. 다만 신의 이름을 직접 일컫는 것을 금지하는 교리로 인해 그들의 유일신을 알라라고 부른다. '알라Allah'는 아랍어로 'The God'이란 뜻이다.

하지만 이슬람교에는 뚜렷한 특징이 있다. 바로 신정일치의 종교라는 점이다. 종교의 수장이 곧 국가의 수장으로 종교적 가르침이 곧 국법이었다. 이슬람이란 용어에는 복종, 순종이라는 뜻을 담고 있다. 무슬림은 복종의 행위를 취하는 사람이라는 뜻으로 곧 이슬람교를 믿는 사람을 의미한다. 그들의 성전聖戰이 막강한 이유다. 이슬람교는 아라비아 반도에서 시작한 아랍인의 종교였으나 태어나자마자 막강한 정복전쟁을 통해 중앙아시아, 북아프리카, 스페인, 그리고 일부 인도 대륙까지 퍼져 나가면서 순식간에 세계 종교로 커졌다.

이슬람교의 출현

젊은 시절의 무함마드

이슬람교의 창시자 무함마드는 570년 메카에서 태어났다. 그가 태어날 당시 아랍 세계는 한마디로 사막에서의 삶이 한시도 편하지 않은 상황이었다. 아랍인들은 대개가 유목민이었다. 그들은 사막의 혹독한 기후 때문에 한곳에 정착하지 못하고 낙타와 양떼를 몰며 옮겨 다니며 살았다. 그러다 보니 사람들은 자기 종족 이외에는 아무 책임의식이 없었다. 이러한 궁핍한 생활은 그들의 행동을 공격적으로 만들었다. 그들은 전투에서의 용맹, 부족공동체에 대한 충성심, 약한 자

프랑스 역사학자 미셸 보디에Michel Baudier의 책에 실린 무함마드 초상.

와 가난한 자에 대한 관용 등 남
성다운 태도와 여행자와 손님에
대한 환대 등을 으뜸가는 미덕
으로 여겼다. 한편으로는 미신
이 유행했다.

무함마드는 어린 나이에 부모
를 여의고 할아버지의 보살핌으
로 자라다가 나중엔 작은아버지

이스탄불의 술탄 아흐메트 사원.

집에서 성장한다. 그는 가난해 교육을 제대로 받지 못했으나 뛰어난
지성과 통찰력을 갖고 있었다. 그가 살던 메카는 아라비아 반도 중부
에 위치하는 도시로, 인도양에서 지중해 해안에 이르는 대상로隊商路
의 요지였다. 옛날부터 유대인들이 살았으며 기독교 신자들이 로마
교회의 탄압을 피해 와서 거주했다.

열두 살 때 무함마드는 작은아버지를 따라 사막을 횡단하는 대상隊
商의 일원으로 시리아에 가 그곳에서 유대교와 기독교를 접하게 된다.
일설에 의하면 그곳의 기독교 성직자가 그를 보고 예언자가 될 상이
라 했다고 한다. 그는 유대교《성경》에 푹 빠져들었다. 아브라함과 이
스마엘 등 그의 조상들은 그에게 영웅으로 마음속 깊이 자리 잡는다.

당시 아라비아 반도 주위에 퍼진 유대교나 기독교는 우상숭배에
젖어 있는 아랍인들에게 새로운 종교를 탄생시키는 촉매제 구실을
했다. 유대교는 1세기부터 반도의 남부에 위치한 예멘에 전파되어
5세기 말에는 히미리아 왕조의 자누와스 왕이 유대교로 개종할 정도
로 번성했다. 북쪽의 메디나(야스립)에는 일찍이 로마제국의 박해를 피

해 팔레스타인으로부터 피난 온 유대인의 후예들이 살고 있었다.

무함마드가 청년이 되었을 무렵, 메카에는 카디자라는 부유한 미망인이 살고 있었다. 그녀는 죽은 남편이 하던 장사를 맡아 관리해줄 사람을 구하고 있었다. 그러자 조카인 튜지마가 나서서 그의 친구인 무함마드를 추천했다. 카디자의 관리인으로 들어간 무함마드는 뒤에 대상의 책임자가 되어 팔레스타인에도 자주 가게 되는데 사업 파트너인 기독교도와 유대인을 통해 그들이 가지고 있는 세계관, 신앙관, 관습 그리고 하느님 경배 방법을 알게 된다. 그러면서 점차 아랍인의 우상숭배를 바꾸어야겠다는 생각을 가지게 된다. 그는 어떻게 민족을 구원할 수 있을까 하는 생각에 사로잡혀 사색을 계속했다.

그러는 동안에 카디자는 무함마드에게 호감을 갖게 되어 두 사람은 결혼하게 된다. 스물다섯 살에 열다섯 살 연상인 카디자와 결혼한 뒤 파티마라는 딸을 하나 낳았다. 무함마드는 메카에서 으뜸가는 부자가 되었다. 하지만 그는 사치스러운 생활에 빠지지 않고 오히려 메카 부근의 히라 동굴에 들어가 단식을 하며 인생의 진리를 찾기 위해 사색과 명상에 잠겼다.

알라의 계시

15년이란 긴 세월의 명상과 수행의 시간이 흘러 마침내 그의 나이 40세인 610년 9월 히라 산 동굴에서 사색하며 진리를 찾고 있을 때 알라의 첫 계시를 받는다. 천사 가브리엘을 통해 "읽어라, 창조주인 너의 주님의 이름으로 그분께서 한 방울의 정액으로 인간을 창조하시고……"라는 말씀이었다. 무함마드가 "못하겠습니다"라고 거절했는데도 "읽어라"라고 하는 소리가 세 번이나 더 들려왔다. 동굴 밖으로 나왔는데도 "그대는 하느님의 사자로다" 하는 소리가 들려왔다.

무함마드는 겁에 질려 집으로 돌아와 놀란 나머지 정신이 혼미했다. 부인 카디자가 그를 진정시키고 에비온파 기독교인이었던 자신의 사촌 와라까에게 가서 사정을 설명했다. 와라까는 무함마드가 만난 것이 천사 가브리엘이었다며 무함마드가 하느님의 예언자라고 말했다. 카디자는 집으로 돌아와 무함마드에게 사촌이 말한 것을 알려주고 그의 예언자 직을 인정했다.

문맹이던 그가 하느님의 메시지인 《코란》을 받아서 외웠다. 그 뒤 그는 쉰두 살이 될 때까지 계속 환상을 보며 계시를 받았다. 무함마드가 외운 것을 그의 제자인 '자이드 빈 사비트' 등 추종자들이 기록하여 책으로 만든 것이 《코란》이다.

무함마드는 하느님의 마지막 성경인 《코란》을 계시 받아 이슬람교를 인류에게 전달할 목적으로 선택된 최후의 예언자였다. 이슬람교에서는 신의 계시를 받은 자들을 예언자로서 존경하는데 아브라함, 모세, 다윗, 예수, 무함마드는 모두 여기에 속한다. 이슬람교는 무함마드에 의해 만들어진 것이 아니라 그에 의해 '알려진 것' 뿐이라는 것이 이슬람교의 주장이다.

'이슬람'이라는 말은 "평화롭게 되는 것" 곧 "신에게 귀의하는 것"이라는 뜻으로 평화와 순종을 의미했다. 창조주의 섭리에 따름으로써 인간이 현실과 내세에서 평화에 이르는 것이 이슬람교의 가장 큰 뜻이다. 이슬람교를 믿는 사람을 '무슬림'이라고 한다. 무슬림이란 '복종하는 사람'이란 뜻이다.

이슬람이란 단어 자체가 '평화'를 의미하는 '샬람'이라는 아랍어에서 유래된 것으로 평화를 뜻하는 히브리어 '샬롬'과 같다. 두 민족이 형제 민족임이 단어에서도 드러난다. 종교적 의미의 이슬람이라는 말은 하느님의 뜻에 순종함을 뜻한다. 인간의 현세와 내세의 진정한 평화는 오직 창조주의 뜻과 율법에 복종함으로써 성취된다는 것이 이슬람의 근본 핵심이다.

이슬람교의 탄생

무함마드는 2년여의 고민과 망설임 끝에 자기가 받은 계시에 따라 유일신 알라의 종교인 이슬람교를 포교하는 데 나섰다. 그는 우선 아내에게 참된 신 곧 알라에 대해 알려주었다. 다음에는 열한 살 난 사촌 동생에게, 그 다음에는 하인에게 설교했다. 그는 이처럼 주변 사람들로부터 시작해 613년 공적인 자리에서 가르침을 시작했다.

예로부터 내려오는 각종 종교적, 사회적 폐습을 비난하면서 알라는 한 분뿐이라는 것, 심판이 임박했다는 것, 평등, 박애 등 윤리적 삶을 살아야 한다는 것, 우상숭배나 영아 살해를 금하라는 것 등을 가르쳤다. 그는 절대신 알라에 무조건 순종하라고 경고했다. 순종자들은 순종을 뜻하는 의례적 동작으로 알라를 향해 몸을 굽혀 이마가 바닥에 닿도록 절하는 예배 법을 창안해 냈다. 그는 차츰차츰 메카 사람들을 신도로 만들어 나갔다. 그 뒤부터 그는 자신을 하느님 곧 알라가 보낸 모세나 예수보다 더 위대한 예언자라 했다.

하지만 무함마드는 자기 씨족들로부터 배척당했다. 그는 친절하고 신앙심 깊은 자로 인식되어 왔는데, 이제는 사람들이 그를 모욕하고 비웃고 심지어 제정신이 아니라고까지 말했다. 이 모든 박해를 받으면서도 그는 단 한마디라도 나쁜 말로 그들에게 응수하지 않았다.

619년에 무함마드의 큰 후원자였던 부인 카디자가 죽었다. 또한 자신의 방패가 되어주던 삼촌 아부 딸립도 그해에 세상을 떠났다. 무함마드는 고통 속에서도 박해와 핍박에 대항하기 위해서는 이슬람교 공동체를 더욱 강하게 만들기로 결정하고 자신의 친구 아부 바크르의 딸 아이샤와 결혼했다. 이때 무함마드의 나이가 쉰 살이었고 아이샤의 나이는 아홉 살에 불과했다. 일종의 결혼동맹이었다.

무함마드의 승천

무함마드는 세상을 떠날 때까지 천사 가브리엘로부터 23년간 계시를 받았다고 전해진다. 그러던 어느 날 밤 무함마드는 천사 가브리엘의 보호를 받으며 예루살렘으로 가 그곳에서 유대교도와 기독교도 등과 함께 예배를 본 뒤 가브리엘에 이끌려 '알바락'이라는 백마를 타고 하늘로 올라갔다. 그곳에서 그는 영적 초월 세계인 일곱 하늘을 본다. 일곱 개의 천계天界에서 각 예언자들과 만나게 되는데 제1천에서는 아담을, 제2천에서는 세례 요한, 제3천에서는 요셉, 제4천에서는 이드리스, 제5천에서는 아론, 제6천에서는

천국에서 천사들을 만나는 무함마드.

모세, 제7천에서는 아브라함을 만났다. 이윽고 깨달음을 얻은 그는 알라로부터 무슬림이 해야 할 예배의 의무에 대해 명을 받는다. 메카로 돌아온 그는 자신이 겪은 바를 지인들에게 말했고, 이는 무함마드가 신의 특별한 예언자라는 점을 그의 추종자들에게 알리는 증표가 되었다.

무함마드가 승천한 곳을 기념하기 위해 훗날 세워진 예루살렘 성전산의 황금 돔 사원은 원래 솔로몬 성전이 있던 곳이자 예수가 부활 승천한 곳으로 세 종교 모두의 성지다. 이슬람교에서는 메카와 메디나와 더불어 무함마드가 승천한 곳이라 해 3대 성소의 하나로 삼는다.

이곳은 원래 아브라함이 이삭을 번제물로 드리려 했던 곳으로 기원전 950년경 솔로몬이 이곳에 예루살렘 성전을 지었다. 그 뒤 성전은 유대인들의 종교적, 정신적 중심지가 되었다. 또한 예수가 활동하고 부활해 승천한 곳이기도 해 기독교도들의 성지이기도 하다. 638년 이슬람 세력이 이곳을 점령해 칼리프 우마르가 이곳에 모스크를 건설했다. 그래서 우마르 사원이라고도 불린다.

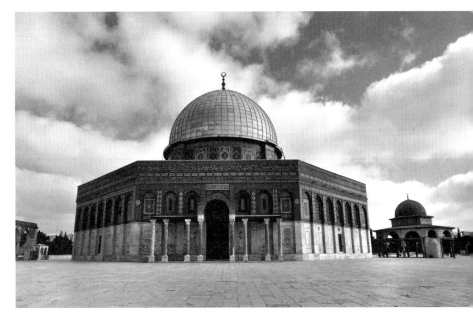

무함마드가 승천한 곳에 세워진 예루살렘 황금 돔 사원.

헤지라

메카에서의 초기 포교는 온갖 탄압과 비방, 중상 속에서 많은 우여곡절을 겪는다. 특히 메카의 집권자인 코레이시 족의 박해가 날로 심해갔다. 그가 사람들을 불러 모아 유일한 하느님께 순종하라고 외치면 외칠수록, 부족장들의 격노는 더해갔다. 무함마드를 따르는 신도수가 증가하자 씨족들은 위협을 느껴 그를 추방하는 결정을 내렸다.

이에 따라 목숨의 위협을 받고 있던 차에 무함마드는 야스립에서 온 대표들과 만나 이야기했다. 무함마드는 그들이 야스립에서 무함마드와 그 추종자들을 보호해주는 대신 도시 내의 분쟁을 조정해 달라는 요청을 받아들이기로 하고 그곳으로 이주하기로 했다.

그리하여 무함마드는 사우르 산 동굴에 3일 동안 숨어 지내다 비밀리에 70여 명의 신자와 함께 622년 9월 24일 메카에서 북쪽으로 400킬로미터 떨어진 야스립 곧 메디나로 활동무대를 옮겼다. 서력으로는 622년 7월 15일이다. 무함마드의 나이 쉰세 살 때였다. 이 역사적인 이동을 이슬람교에서는 '헤지라Hegira' 곧 성천이라 한다. 그들은 이날을 기려 이슬람력의 기원으로 삼았다. 곧 성천 일이 이슬람력 원년 1월 1일이다.

무함마드의 야스립 입성으로 이 도시 이름도 '예언자의 도시'라는 뜻을 가진 '메디나툿 나비'로 바뀌었다. 이를 약칭해 메디나로 불렀다. 메디나에 도착한 무함마드는 자신의 말이 멈춘 수하일의 과수원 땅을 사서 최초의 사원과 자신의 집을 지었다. 그리고 예루살렘을 향해 하루에 다섯 번씩 알라는 위대하다고 암송하며 절했다.

무함마드의 포교

무함마드는 메디나에서 선지자의 권위를 확보했다. 그리고 그는 아라비아 부족의 통일을 꿈꾸기 위해 종교적인 일과 세속적인 일을 구별하지 않는 형태의 이슬람교 조직 체계가 필요하다고 판단했다. 곧 그는 제정일치의 사회를 추구한 것이다.

사막에 새로운 종교가 퍼져 나가기 시작했다. 무함마드는 우선 아랍인들 사이에 널리 퍼져 있던 우상숭배를 금지시켰다. 그리고 제물을 바치지 못하게 하고 기도를 '제도화'했다. 이는 당시 유대교 예배의 특징이었다. 그리고 그는 유대인과 기독교인들의 윤리도덕관을 아랍 실정에 맞게 체계화해 이를 전파했다. 그는 아랍인은 아담과 하와의 후손이라 하며 '형제애'와 '평등사상'을 강조하며 부족 간의 분쟁과 분열을 화해시켜 부족들은 통일했다. 이것은 사실 유대교 율법의 기본정신인 '정의와 평등' 사상의 이슬람교화였다. 그리고 이들 두 종교처럼 신앙인에게는 사후 기쁨이 보상된다고 주장했다.

그를 따르는 신도들은 다음과 같은 여섯 가지 서원을 했다.

1. 우리는 한 분 알라 외에 다른 신을 경배하지 않는다.
2. 우리는 도적질하지 않는다.
3. 우리는 간음하지 않는다.
4. 우리는 영아 살해를 하지 않는다.
5. 우리는 나쁜 말을 하지 않는다.
6. 우리는 정당한 일에 있어 예언자에게 불순종하지 않는다.

이슬람교 공동체 '움마' 건설과
메디나 헌장 반포

메디나로 이주한 무함마드는 포교를 통해 세력을 키웠다. 그는 메디나에서 부족 간 유혈복수전을 종식시키고 교세를 확장해 신정국가 체제인 '움마Ummah'를 건설했다. 그는 알라를 최상의 주권자로 하고, 자신을 알라의 대리자로 삼아 이슬람교에 바탕을 둔 새로운 집단인 '움마'를 건설한다는 요지를 담은 메디나 헌장을 반포했다. 그리고 유대인을 포함한 모든 메디나 주민들과 서약을 맺었다.

그 구성원으로는 메디나 일원의 모든 무슬림과 함께 그들과 제휴를 감수하는 유대인과 이교도들이 망라되었다. 헌장은 구성원 간의 상잔相殘을 금지하고 모든 분쟁은 알라가 파견한 사자인 무함마드가 중재한다고 규정했다. 이것은 이슬람교 공동체라는 새로운 권력체에 무함마드가 행사하는 행정·사법권이 인정되었음을 뜻한다. 또한 헌장은 무함마드의 지휘에 따라 단합해 외적에 대한 투쟁을 전개할 것을 호소함으로써 군사동맹체 성격을 명시했다. 이제 무함마드가 군주로 등극했다.

뿐만 아니라 책무나 속전贖錢의 상환, 자유거래 보장 등 공동체 내의 경제 질서와 생활규범도 제정했다. 그리하여 메디나 헌장은 신정일체의 이슬람교 공동체를 건설하는 초석이 되었다. 무함마드는 이러한 공동체의 최고 권력자로 '왕관 없는 왕'의 권능을 행사하게 되었다. 무함마드는 다른 종교 창시자와는 달리 종교의 최고 지도자였을 뿐 아니라 이슬람 국가의 창건자이자 최고 통치자였다. 그는 이슬람교에 기초한 새로운 신정체제의 국가 건설을 추구했다. 그는 유능한 위정자로서의 자질을 유감없이 발휘했다.

이슬람교 공동체가 직면한 급선무는 교세 확장과 더불어 생존수단의 확보였다. 이를 위해 무슬림들은 '지하드'(성전)란 이름으로 메카의 부유한 대상과 주변 부족이나 유목민을 상대로 약탈전을 자행했다. 이러한 약탈전과 원정은 종교적으로나 정치군사적으로 아라비아 반도의 지배권을 장악하기 위한 것이었다. 당시만 해도 부족 간의 약탈전은 생존을 위한 불가피한 방편으로 생각되었다. 그리하여 성천 이듬해에 메디나의 무슬림들은 메카의 대상을 공격해 물품을 약탈하고 메카 원정을 준비했다.[¹]

이슬람, 정교일치의 강력한 국가로

이슬람 사회는 근원적으로 정교일치의 신정체제 사회다. 종교가 곧 사회와 국가의 모든 것을 지배했다. 무슬림들은 이슬람을 '인간이 신의 뜻대로 현세를 살면서 내세를 준비하게 하는 신의 가르침으로, 모든 분야가 합일된 한 생활방식'이라고 정의한다. 이른바 이슬람교는 단순한 신앙체계만이 아니다. 정치, 경제, 사회, 문화 등 인간생활 전반을 포함해 조화를 이루고 있는 전체인 것이다. 따라서 그들은 '이슬람은 종교와 세속을 모두 포괄하는 신앙과 실천의 체계'라고 말한다.

《코란》은 신에 대한 복종과 현세의 통치자에 대한 복종을 동시에 가르친다. "오, 믿는 자들아, 알라께 복종하라. 그리고 신의 사자와 너희 가운데 권위를 가진 자들에게 복종하라." 그러므로 '이슬람교'보다는 '이슬람'이라는 표현이 더 정확하다. 그들은 이슬람교도라는 말보다 무슬림이라 불리기를 바란다.[²]

[¹] 정수일, '천의 얼굴을 가진 무함마드', 《신동아》, 2001년 9월호.

[²] 손주영, '이슬람의 역사', 이슬람부산성원 홈페이지(http://www.busanislam.or.kr/islam1.php?PHPSESSID=cbece4707941d76d4b92a57c4480eae9).

무함마드, 메카를 정복하다

메디나의 무슬림들이 메카를 공격해 메디나와 메카 사이에 전투가 벌어졌다. 624년부터 627년 사이에 세 차례의 큰 전투를 치렀다. 무함마드는 능란한 정치적 수완을 발휘해 628년 봄 메카인들로 하여금 자진해서 10년간 정전하고 무슬림의 메카 순례를 허용한다는 내용의 후다이비야 협약을 체결하게 했다. 협약에 따라 이듬해 그는 1천여 명의 무슬림을 이끌고 메카 순례를 단행했다.

이렇게 되자 정전에 불만을 품은 일부 세력의 준동으로 메카 측은 돌연히 협약을 무시하고 순례를 막았다. 무함마드는 오히려 이를 호기로 여기고 신속히 대군을 지휘해 630년 금식월(9월) 10일 메카에 진입했다. 불의에 일격을 당한 메카의 적장들은 기가 꺾여 항복하고, 이슬람에 귀의하겠다고 약속했다. 이로써 무함마드는 메카에 무혈입성했다. 이슬람교 역사에서 이 해를 '정복의 해'라 부른다.

메카에 입성한 무함마드는 "알라후 아크바르(알라는 가장 위대하시다)"를 외치자 무슬림들이 따라 외쳤다. 이는 이슬람 교단이 확립되는 계기가 되었다. 사라센제국은 이 자그마한 이슬람 교단이 발전한 것이다. 그는 카바 신전의 우상들 360개를 다 때려 부수어버렸다. 이때 아브라함이나 천사의 그림도 모두 떼어냈다. 이슬람 교단이 보기에 이런 그림들도 모두 우상에 속했다. 그리고 유일신 알라 외에 다른 신은 존재하지 않는다고 공포했다.

사라센제국의 출발

무함마드는 모든 아랍인들에게 이전에는 혈연공동체에 충성했지만 이제부터는 신앙공동체인 '움마'에 충성하도록 했다. 4개월간의 유예기간을 주고 이를 거부하면 공격하겠다고 했다. 하지만 '책의 백성'인 유대인과 기독교인은 특별세금만 내면 신앙을 그대로 유지하도록 허락했다.

이듬해에 메카의 여러 부족들은 메디나에 사절단을 보내 이슬람교로 개종할 것을 서약했다. 마침내 그는 메카의 지배 계층도 굴복시켰다. 대세가 무함마드에게 기울자 아랍 부족들은 631년 줄줄이 대표단을 보내, 무함마드에게 충성경약(바이아)을 하고 이슬람교로 개종할 것을 약속했다. 이슬람교 역사에서는 631년을 '대표단의 해'라고 부르며 아라비아 반도를 이슬람교화한 결정적 계기로 평가한다. 무함마드는 종교적으로만 아니라 군사적으로도 크게 성공했다. 그리고 자기의 종교를 인정하지 않는 부족들을 차례로 정복했다.

이로써 사라센제국의 초석이 놓였다. 사라센이라는 국호를 가진 왕조가 존재한 것은 아니며, 이슬람제국의 별명으로 사용되었다. 사라센이란 말은 그리스인과 로마인이 사용한 아라비아인에 대한 호칭인 사라세니Saraceni에서 유래했다. 처음에는 한 부족만을 가리켰으나 뒤에는 아랍 족과 무슬림까지도 뜻하게 되었다.

무함마드, 예루살렘을 향해 예배하다

사라센제국을 건설한 아랍인들은 유대민족에는

비교적 관대했다. 유대인들은 오랜 세월에 걸쳐 그들과 평화롭게 지낼 수 있었다. 가나안 땅에서 추방된 유대인들 가운데 상당수가 로마의 폭정을 피해 당시 이집트의 수도였던 알렉산드리아에 살고 있었다. 그 가운데 많은 유대인들은 점차 북아프리카를 거쳐 이베리아 반도로 이주했다. 지중해 교역이 융성해지자 상업이 발달하고 살기에 기후도 좋았기 때문이다.

무함마드가 작은아버지를 따라 대상의 일원으로 여러 곳을 방문하면서 다닐 때 그곳의 유대인과 기독교인을 접하며 그들의 종교에 관심이 많았다. 그래서 그는 처음에 자기가 받은 계시가 유대교 예언자들과 예수의 계시와 동일하다고 믿었다. 따라서 그는 《모세오경》과 다윗의 시편 그리고 예수의 복음서를 모두 선지자의 계시로 인정했다.

따라서 무함마드는 유대교와 기독교가 자신을 참된 예언자로 인정해줄 것으로 기대했다. 그가 새로운 종교를 전파하고 있는 메디나의 유대인과 기독교도들이 그를 지지하고 모세, 예수 다음의 예언자로 받아들일 것으로 믿었다. 그가 유대인들과 기독교들에게 관대했던 이유다.

무함마드는 유대교와 이슬람교 공동체인 움마의 공존을 인정하고, 유대교의 제도를 채택해 무슬림들도 예루살렘을 향해 예배하도록 했다. 또 유대교가 실시했던 1월 10일 속죄일의 단식행사를 받아들였다. 그리고 예배드리는 날도 유대교의 안식일인 토요일로 정했다.

무함마드, 유대교에 대해
적대적으로 돌변하다

그러나 유대인들과 기독교도들은 무함마드를 거부했다. 그들의 신앙과 맞지 않았기 때문이다. 뿐만 아니라 그들은 《성경》에 관한 무함마드의 무지를 비웃었다. 유대교에 근거를 둔 무함마드의 종교를 바로 그 유대인들이 무시한 것이다.

무함마드는 유대인들의 냉대에 격분했다. 그리하여 그는 유대교에 대한 종교적 반격을 시작했다. 우선 예루살렘이 아닌 메카를 향해 예배를 드리게 했다. 그리고 624년 바드르 전투 후에는 1월 10일에 하던 단식을 라마단(9월) 금식으로 바꾸었다.

그는 유대교의 종교적 역사도 부정하기 시작했다. 아브라함의 아들 이삭이 적자가 아니라 하갈이 낳은 이스마엘이 적자이며, 아브라함이 이스마엘과 함께 카바 신전을 건설하고, 이를 알라께 헌납했다고 주장했다. 또 아브라함이 이스마엘의 자손 곧 아랍인 가운데서 사도가 나오길 기도했으며, 이 기도의 응답으로 나타난 사도가 바로 무함마드 자신이라고 말했다. 아브라함은 유대교나 기독교인이 아닌 순수한 유일신을 믿는 성도였으며, 아브라함이 믿었던 신앙이 바로 이슬람이었다고 주장했다.

무함마드의 가르침은 아브라함이 믿었던 유일신교를 다시 회복한 것이라며 《코란》은 모세나 예수의 가르침과 동일하며, 그는 유대교와 기독교가 《성경》을 잘못 해석하고, 그 일부를 조작하거나 감추었다고 비난했다. 그래서 유대교와 기독교의 전통적인 《성경》 해석을 거부하고, 자신이 원래의 순수한 아브라함의 종교를 복원했다고 주장했다.

무함마드는 이러한 주장을 통해 이슬람교를 아랍의 민족감정과 전통 위에 정착시키는 데 성공했다.

그리고 무함마드는 유대인에 대한 보복을 결심한다. 그는 메디나를 중심으로 인근지에 퍼져 있는 유대인 공동체를 하나씩 점령해 나갔다. 무함마드는 북방 멀리 시리아 변방지대에 있는 유대 부족들까지도 강온양면정책을 구사해 제압했다. 무함마드는 유대인들을 쳐부수면서 하느님이 그의 편에 서 있음을 느꼈다. 유대인과의 싸움에서 연전연승하면서 무함마드는 탈취한 재물을 이용해 더 많은 추종자를 모을 수 있었다.

아브라함의 종교를 원상회복시키다

아브라함의 아내 사라는 자기 자식인 이삭의 유산 상속문제를 염두에 두고 장자이자 합법적 상속자인 이스마엘에게 질투를 느껴 하갈과 이스마엘을 집에서 쫓아내라고 아브라함에게 강요했다. 수일간의 여행 끝에 타는 듯한 사막 한가운데에 버려진 하갈과 이스마엘에게는 한 방울의 물도 남지 않게 되었다. 이스마엘을 살리기 위해 하갈은 물을 찾아 싸파와 마르와라는 두 언덕 사이를 일곱 바퀴나 돌았으나 허사였다. 하지만 이때 하느님은 또 다른 기적의 은총을 내려주었다. 이스마엘의 발밑에서 잠잠이라는 샘이 솟아났던 것이다.

이슬람교 전승은 하갈과 이스마엘이 버려졌던 광야가 메카 근처의 사막지대였다고 말하고 있다. 아브라함이 그 뒤 하갈과 아들의 생사가 궁금해 찾아와 보니 모자는 하느님의 보호를 받으며 메카에서 잘 살고 있었다. 아브라함은 사막에 떨어진 운석을 운반해 와 제단을 쌓고 이스마엘과 함께 예배소를 세워 감사의 예배를 드렸는데 이것이 오늘날 카바 신전이다. 검은 천으로 둘러싸인 육면체 모양의 카바는 무슬림 세계에서 가장 신성한 곳이고 이슬람교의 가장 친근한 상징의 하나다.《코란》에서는 이때의 광경을 이렇게 묘사하고 있다.

"아브라함과 이스마엘이 그 집의 기석을 들어 올리면서, 주여, 저희가 드리는 예배를 받아주소서. 실로 당신은 모든 것을 들으시고 모든 것을 아시는 분이십니다."

이스마엘은 이집트 여인과 결혼해 열두 명의 아들을 낳았으며 137세까지 살았다고 전해진다. 유대인들과 무슬림의 전통은《토라》와《코란》또는 고대 전승에 근거해 이와 같은 여러 이야기들이 일치함을 보여주고 있다. 이슬람교 전통에서는 먼저 하느님과 아브라함의 약속을 매우 중시한다. 이 약속은 이삭이 태어나기 전에 맺어진 것이므로 이스마엘이 '약속의 아들'이고 아브라함의 합법적 상속자임을 내세운다. 그리고 "이스마엘의 자손이 큰 민족을 이루게 하리라"고 말한 대로 아랍 민족이 예언자 무함마드를 배출한 위대한 민족이 되었다고 말한다.

또한 신이 아브라함의 신앙을 시험하기 위해 그의 아들을 희생물로 바치라고 명령했을 때 주저 없이 오직 신에게 복종했던 아브라함의 신앙을 다른 어떤 것보다 중요시한다. 무슬림은 하나님으로부터 번제의 희생물로 지목된 아들이 이스마엘이라고 믿는다. 그는 장자였고, 할례를 했으며, 약속의 합법적 아들이었기 때문이다. 이에 대한 《코란》의 성구는 다음과 같다.

"아들이 그와 함께 일할 나이에 이르렀을 때 그(아브라함)가 말하기를, 오, 내 아들아, 실로 내가 너를 제물로 바치는 꿈을 꾸었는데 너의 생각은 어떠하냐. 그가 말하기를, 오, 아버지, 명령하신 대로 하시옵소서. 하느님의 뜻이라면 당신께서는 제가 인내하는 자들 중의 하나임을 아시게 될 것입니다."

한편 《구약성경》에서는 제물로 바쳐질 뻔했던 주인공이 이삭으로 등장한다. 〈창세기〉 22장 2절에는 "하느님께서 말씀하시기를 네 아들, 너의 사랑하는 유일한 아들을 데리고 모리아 땅으로 가서 내가 너에게 가리켜주는 산의 한 곳에서 그를 번제로 바쳐라"라는 내용이 있다. 번제의 대상이 독자임은 같은 장 12절에서도, "네가 네 아들 네 독자라도 내게 아끼지 아니했으니 내가 이제 네가 정녕 하느님을 경외하는 줄 아노라"라고 언급된다. 이삭이 태어난 후에도 형 이스마엘은 계속 살아 있었기 때문에 이삭을 독자라고 할 수는 없다. 또 무슬림 학자들은 모리아 땅이, 이스마엘이 어린 시절을 보낸 메카에 있는 마르와 동산이라고 말하고 있다.

무슬림들은 이런 부분이 유대교에서 왜곡되어 있다고 보는 것이다. 《코란》 계시의 목적이 앞선 경전 내용이 왜곡되고 생략된 부분을 순화하고 원형의 것으로 완전하게 하는 데 있다고 믿는 것이 그들의 신앙인 것이다. 무슬림들은 이슬람교에서 최고의 예언자 중 한 명으로 존경을 받고 있는 이삭의 지위가 이러한 해석으로 인해 손상된다고 생각하지는 않는다.

이와 같이 이슬람교에서는 아브라함과 관련된 신앙관이 매우 중요한 자리를 차지한다. 메카의 성립에서부터 순례의식을 행하는 모습에 이르기까지 이슬람교는 아브라함과 이스마엘의 종교적 행적과 많은 연관을 맺고 있다. 세계의 무슬림들은 이들이 재건한 카바를 향해 하루 다섯 차례 예배를 드리고 있다. 그리고 이슬람교 전통에서 가장 큰 축제인 희생제는 바로 아브라함이 이스마엘을 제물로 바치려다가 대천사 가브리엘의 중재로 양을 대신 바친 사건에서 유래한다. 무슬림들은 '하느님의 이름으로'라고 외치며 양을 잡아 이웃끼리 서로 나누어 먹으며 닷새 정도의 연휴를 보낸다.

메카로 성지순례를 간 무슬림들은 카바를 일곱 바퀴 돌고, 가능한 그 안에 놓여 있는 아브라함의 운석인 '흑석'에 입을 맞추거나 만져보려 한다. 그 뒤 카바 동쪽의 '아브라함의 발자국'이 있는 곳에서 두 번 절하고 남쪽에 위치한 성천 잠잠 샘의 물을 마신다. 이 샘물은 아직도 수량이 풍부하고 맑은 수질을 유지하고 있어 많은 순례 객들이 이 물을 고향으로 가져가 다른 무슬림들이 마시게 한다. 또한 하갈이 물을 찾아 헤매던 싸파와 마르와 두 언덕 사이를 일곱 번 왕복한다. 이를 '싸이'라고 한다.

이러한 순례의식보다 훨씬 중요한 게 아브라함의 순종하는 신앙관이다. 이슬람교는 '신의 의지에 복종하는 종교'이므로 아브라함의 복종은 그만큼 돋보이는 것이다. 아브라함은 예수, 모세 이전의 신의 사자로서 한 점 흐트러짐이 없던 순정 일신교도였다.

《코란》에는 다음과 같이 쓰여 있다. "아브라함은 유대교인도 기독교인도 아니었다. 그는 하니프 무슬림이었다." 이슬람교 논리는 아브라함, 모세, 예수의 진정한 추종자들 모두가 무슬림이라는 것이다. 앞에 언급된 하니프 곧 '성실한 일신교도'라는 단어가 중요하다. 진정한 무슬림의 궁극적인 목표는 바로 아브라함과 같은 하니프의 길을 걷는 것이다. 그 길이 곧 하느님이 말씀하신 올바른 길이고 결국 '이슬람교의 길'인 것이다.[※]

무함마드의 영면

무함마드는 631년 노구를 이끌고 메카를 순례했다. 그리고 부근의 아라파트 산에서 마지막 고별 연설을 하면서 이슬람의 승리를 세상에 공식 선포했다. 이 자리에서 그는 "모든 무슬림은 형제지간이니 서로 도우라"고 당부했다. 이는 유대인의 결속력에 자극을 받은 듯하다. 이 여정을 '하즈'라 부른다.

이후 무슬림 가운데 성지 메카를 순례한 사람들 이름 앞에 '알 하즈'라는 칭호가 붙게 되었다. 이것은 메카를 다녀왔다는 명예로운 호칭이자 새로 태어난 사람처럼 죄가 깨끗해진 상태를 의미한다. 무슬림은 무함마드를 본받아 죽기 전에 메카를 한번은 순례해야 하는 종

[※] 손주영, '이슬람의 역사', 이슬람부산성원 홈페이지(http://www.busanislam.or.kr/islam1.php?PHPSESSID=cbece4707941d76d4b92a57c4480eae9).

교적 의무가 있다.

무함마드는 이듬해인 632년 6월 8일 향년 62세로 영면했다. 이후 정통 칼리프 시대를 거치면서 이슬람교는 급속히 확대되었다. 신정 일치 공동체의 강력한 힘 때문이었다.

이슬람교 경전

이슬람교 경전들

이슬람의 경전《코란》은 무함마드가 알라로부터 직접적으로 영감을 받은 것으로 인정되는 공식적인 이야기들을 모은 기록이다. 그래서 이슬람교는 이를 두고 가브리엘 천사가 전한 신의 참된 말씀이라고 말한다.

이슬람교의 경전은《토라Torah》,《자부르Zabur》,《인질Injil》,《코란Koran》이다.《토라》는 모세가 기록한《구약성경》도입부의《모세오경》을 말한다.《자부르》는 다윗의 시편이며《인질》은 예수의 복음서다. 하지만 이 경전들은 유대교나 기독교의《성경》과는 많이 다르다.

이슬람교는 모세가 기록한《토라》를 신이 계시한 성스러운 경전으로 믿는다. 이슬람교에서 모세의 율법서는 유대교나 기독교의《모세오경》과는 다르다. 현재 유대교와 기독교에서 쓰는 모세의 율법서는 원래 모세가 기록했던 책이 아니라 유대교인들이 자기 목적에 맞게 고쳐 쓴 가짜라는 것이 이슬람교의 견해다. 그들은 모세가 기록한 율법서는 현존하지 않다고 생각한다.

《자부르》는 다윗의 시편이다. 유대교와 기독교《성경》에 기록된 〈시편〉에는 다윗의 시뿐 아니라 다른 시들이 함께 들어 있다. 모세의 시와 솔로몬의 시도 있다. 뿐만 아니라 저작자가 알려지지 않은 시들도 여러 편 있다. 그러나 이슬람교에서 생각하는 《자부르》는 다윗의 시만을 의미한다. 오늘날 유대교와 기독교《성경》의 〈시편〉은 원래 다윗의 시들만 있던 것을 자기들 마음대로 보태서 변질시켰다는 게 이슬람의 입장이다.

《인질》은 예수의 복음서다. 이슬람교에서는 초창기에 이미 유대교에서 배척한 예수의 복음서를 경전으로 믿는다고 주장함으로써 유대교와의 차별화를 시도했다. 복음서란 마태, 마가, 누가, 요한 등이 예수에 관해 쓴 책들을 말한다. 예수는 많은 기적을 행하기도 하고 여러 가지를 가르치기도 했다. 직접적인 교훈을 말하기도 하고 비유를 통해 설명하며 가르치기도 했다. 그래서 그를 유대인 사회에서 '랍비' 즉 교사로 인정했던 것이다. 하지만 그는 어떤 저술 활동도 하지 않았다. 그는 《성경》을 직접 기록하지 않았던 것이다. 대신 제자들이 신적 권위로 복음서들을 기록했다.

그러나 이슬람교에서 말하는 복음서는 예수가 직접 쓴 복음서를 말한다. 예수가 복음서를 직접 저술했다는 것이다. 〈마태복음〉, 〈마가복음〉, 〈누가복음〉, 〈요한복음〉 등 현재 기독교 복음서들이란 이슬람교 입장에서는 예수가 쓴 복음서가 아니고 제자들이 기록한 변형된 복음서들이다. 그러므로 무슬림들은 기독교 복음서를 신적 계시를 가진 복음서로 받아들이지 않는다.

《코란》

《코란》은 아랍어 동사 '읽다qara'a'에서 파생된 단어로 '읽는 것' 곧 독경이라는 뜻이다. 《코란》은 무함마드에 의해 외워져 추종자들에게 전달되었다. 《코란》에 의하면 무함마드는 문맹자다. 그는 글을 쓰거나 읽지를 못했다. 그런데도 무함마드는 알라의 계시에 의해 이를 외웠으며 그 추종자들이 《코란》을 기록했다.

무함마드가 살아 있을 때는 추종자들이 그가 한 말을 종려나무나 돌 등에 기록해 두었다. 그의 사후 2대 지도자 아부 바크르가 그의 말을 모으고 3대 지도자 칼리프 오스만은 기록화하는 작업을 감독했다. 《코란》은 무함마드 사후 20년 후에 완성되었다. 《신약성경》의 약 80퍼센트 분량이다. 기독교 《성경》이 여러 사람, 여러 시대에 나누어 기록된 데 반해 이슬람교 경전 《코란》은 무함마드 한 사람이 외워서 쓴 책이다.

이슬람교에서는 《코란》의 권위는 절대적이다. 그 기록들에는 알라의 인자함과 위대함에 대한 찬탄과 영광, 명령사항, 금지사항, 그리고 모든 불복종자는 지옥Gehenna에 떨어질 것이라는 경고를 담고 있다. 《코란》은 비교적 다듬어지지 않은 거친 문장들을 수정하지 않은 채 거의 그대로 수용하고 있다. 이는 무함마드가 죽고 나서 그것을 편집할 때 편집자가 신성한 글들에 함부로 손대지 않으려 했기 때문이다. 무슬림들은 바로 그 점이 《코란》의 신적인 권위의 증거라고 여겨 매우 중요시한다.

《코란》은 총 114장 6,239절로 구성되어 있다. 각 장의 길이도 편차가 심하다. 긴 것은 30여 쪽이 되기도 하고 짧은 것은 3~4행으로 이루어져 있다.《코란》의 순서에는 짜임새가 없는 게 특징이다. 또한 연대순으로 기록되어 있지도 않다. 전체적으로 볼 때 1장을 제외하곤 긴 것에서 짧은 순으로 편집되어 있다.

《코란》의 각 장을 수라SURAH, 절은 아야AYAH라 한다. 첫 수라는 "알라 외에는 다른 하느님이 없고, 나는 무함마드가 그의 선지자임을 믿는다"이다. 이것은 매우 중요하다. 따라서 무슬림들은 매 기도 때마다 이 구절을 암송함으로 기도를 시작한다.

《코란》의 내용은 크게 '신조, 윤리, 규범'의 세 가지로 나뉜다. 첫째 신조에는 신에 대한 관념, 천지창조, 아담과 하와의 낙원 추방, 인간의 불복종과 벌, 종말, 부활과 심판, 천국과 지옥 등에 관한 계시가 있다.

둘째 윤리는 신에게 복종하는 구체적 형식을 규범과 함께 밝힌 것이다. 예를 들면 고아, 가난한 이, 여행자를 도와주고, 부모를 공경하고, 선행에 힘쓰고, 부정을 바로잡는 일 등이다. 예의범절도 포함된다.

셋째 규범은 두 가지로 나뉜다. 하나는 인간이 신에게 바치는 의무를 뜻하는 규범으로 예를 들면 목욕재계·예배·희사·단식·순례 등이다. 또 하나는 사람 간에 서로 지켜야 할 법적 규범으로, 혼인·이혼·부양·상속·매매·형벌 등이 포함된다. 이들 규범을 기준으로 예언자의 전승이 보충·확대되어 무슬림의 생활을 규제하는 이슬람교법이 성립되었다.

《코란》은 아랍어로 기록되어 있다. 그래서 아랍어는 이슬람교에서 신적 언어로 인정되고 있다. 무슬림들은 천국의 언어는 아랍어라고 믿는다. 아랍어를 모국어로 사용하지 않는 투르크 족이나 말레이와 페르시아 계통의 무슬림들도 그에 대한 생각은 동일하다. 그래서 아랍어를 모르는 무슬림들도 아랍어로 된 《코란》 문구들을 약간이라도 기억해 암기하는 것이다.

아랍어 《코란》을 원칙적으로 다른 언어로 번역할 수 없다. 번역은 곧 변질을 동반하기 때문이다. 그들은 기독교의 다양하고 많은 번역이 원래 경전의 의미를 손상한 것으로 본다. 그래서 그들은 《코란》의 번역을 경계한다. 이는 신중히 번역해야 한다는 뜻이 아니라 아예 번역이 불가능하다는 뜻이다. 따라서 아랍어로 된 《코란》을 외국어로 번역한 《코란》은 더 이상 《코란》이 될 수 없다. 그래서 번역된 《코란》은 《코란》이라 하지 않고 《코란》의 해설이란 뜻으로 《타프시르Tafsir》라 한다.

이슬람교에서는 《코란》 이외에 《하디스Hadith》가 있다. 《하디스》는 이슬람교를 유지하는 특별한 규정이 《코란》에 없는 경우 《코란》의 보조 역할을 한다. 《하디스》에는 무함마드의 말, 행위, 암묵적인 승인사항들이 들어 있지만, 《하디스》 자체가 이슬람교 경전으로 인정되는 것은 아니다. 그러나 《코란》에 구체적으로 기록되지 않은 부분과 내용에 대해 보조하는 기능을 담당하는 책으로서 《하디스》는 매우 중요한 역할을 한다.

이슬람교는 하느님의 말씀이 《토라》와 다윗 시편, 예수의 복음서, 《코란》으로 인류에게 계시되었음을 믿는다. 《코란》에서는 다음과 같이 말하고 있다. "하느님은 마리아의 아들 예수로 하여금 《토라》에서 계시된 것을 확증하고 예언자들의 발자취를 따르도록 했으며 또한 《토라》에서 계시된 것을 확증하는 인도와 광명이 담겨 있는 복음서를 그에게 내려주셨나니, 이는 신을 경외하는 자들을 위한 훈계요 인도서이니라."

이 성구를 통해 예수의 사명이 무엇인지 분명히 밝혔다. 그것은 모세에게 내려졌던 《토라》의 내용을 확증하고, 새로운 복음서를 이 땅에 가져와 인류에게 신의 뜻이 무엇인지를 전달하는 일이었다.

기독교인들이 《신약성경》이 《구약성경》을 확증하고 채워주는 것으로 보듯, 무슬림은 앞서 내려진 경전들을 확증하고, 인위적으로 첨삭, 왜곡한 것들을 고쳐 완벽한 것으로 바로잡기 위해 《코란》이 내려왔다고 믿는다. 따라서 그들은 예언자 무함마드가 천사 가브리엘을 통해 신으로부터 받은 계시서인 《코란》이 《구약》과 《신약성경》의 종합판이라고 생각한다. 따라서 무슬림은 이슬람교가 새로운 계시, 새로운 경전을 가진 새로운 종교라고는 생각하지 않으며, 태초부터 존재해 온 유일신 종교의 마지막 완성된 체계라고 생각한다. 그러므로 아담의 하느님, 노아의 하느님, 아브라함과 모세, 예수의 하느님, 무함마드의 하느님에 전혀 구별이 없다. 똑같은 하느님을 신앙의 대상으로 믿고 있는 것이다.

이와 같이 무슬림의 관점에서 유대교인과 기독교인은 '《성경》의

※ 이광호, 《코란》과 이슬람 경전들, (http://www.godswill.com.br/xe/index.php?mid=Kwangho37&document_srl=4603&sort_index=readed_count&order_type=desc).

백성들'로, 하느님으로부터 같은 계시를 받은 형제들이다. 즉 신앙인의 한 공동체 사람들로 보고 있는 것이다. "유대교인, 기독교인과 관련하여 무슬림이 누구인가?"는 다음의 성구로 더욱 분명해진다.

"너희는 말하라. 우리는 하느님을 믿사오며, 우리에게 내려주신 것과 아브라함과 이스마엘과 이삭과 야곱과 그 자손들에게 내려주신 것과, 모세와 예수가 계시 받은 것과 예언자들이 그들의 주님으로부터 계시를 받은 것을 믿사오며, 우리는 그들 중의 누구도 차별하지 아니하며, 오직 그분에게만 복종하는 자들입니다."✿

이슬람교의 6신 5행

이슬람 교리에는 신앙의 근간인 6신信 곧 여섯 조항으로 된 절대적인 믿음과 5행行 곧 다섯 개의 기둥이라 불리는 실천 의무가 있다.

이슬람교 교리는 다른 종교에 비해 단순하리만치 분명하고 확실하다. 교리는 명문화된 여섯 가지 종교적 신앙인 '이맘'과 다섯 가지 종교적 의무인 '이바다'로 구성되어 있다. 이것이 이른바 이슬람교의 '6신 5행'이다. 6신은 '알라와 천사, 성전(경전), 예언자, 최후심판, 정명定命에 대한 믿음'이며 5행은 '신앙고백과 예배, 종교 기부금(자카

✿ 손주영, '이슬람의 역사', 이슬람부산성원 홈페이지(http://www.busanislam.or.kr/islam1.php?PHPSESSID=cbece4707941d76d4b92a57c4480eae9).

트), 금식, 순례'를 기본으로 하고 있다. 이에 대해 좀 더 자세히 살펴보자.

알라에 대한 신앙

이들의 가장 기본적인 신조는 '알라 외에는 없다'는 유일신 신앙이다. 그들은 알라가 유대인들이 섬기는 하느님과 같은 분이라 믿는다.

천사에 대한 신앙

그들은 천사, 진, 사탄 등 영적 존재를 믿고 있다. 무슬림들은 대천사 가브리엘을 가장 중시하고 있다. 영적인 세계에는 진Jinn이라고 하는 영적인 존재가 있어서, 이 진은 아무 데라도 와서 거할 수 있으며, 선한 진은 내가 하는 모든 일을 할 수 있게 해주며, 나쁜 진은 해를 준다고 믿는다.

천사Al malaika란 하느님께서 창조하신 피조물로서 인간의 능력이나 지식 또는 육감으로는 그 존재에 대해 증명할 수 없지만, 그렇다고 해서 그 존재를 부정하는 것 또한 큰 죄임을 《코란》은 밝히고 있다. 하지만 여기서 우리가 주지해야 할 것은 천사는 피조물로서 경배의 대상이나 구원의 주체는 될 수 없다는 사실이다.

예언자들에 대한 신앙

이슬람교는 직접 알라의 영감을 받은 자를 선지자라고 하는데 《코란》에 따르면 알라의 축복을 받은 개개의 민족에게는 대부분 축복을 알려주는 예언자가 배출되고, 그 수는 무려 12만 4천 명이라 한다. 《코란》에는 스물여덟 명의 선지자가 나오며, 그 가운데 아담, 노아, 아브라함, 모세, 예수, 무함마드 여섯 명을 가장 중요한 선지자로 여긴다. 그 중에서도 무함마드는 마지막 선지자요, 가장 큰 자요, 완성자라고 믿고 있다. 그러나 그를 신성시하지는 않는다. 유대교에서 모세가 철저히 인간이듯이 《코란》에서도 무함마드는 철저히 인간임을 강조한다. 심지어 《코란》 47장 등에는 무함마드는 죄인이라고 언급되어 있다. 그들은 기적 중의 기적은 문맹인 무함마드가 창조주로부터 직접적인 계시를 받았다는 점이라고 말하고 있다. 그들의 무함마드에 대한 존경심은 이루 말할 수 없을 정도다.

거룩한 경전에 대한 신앙

이슬람교에서는 알라가 계시한 104권의 책이 있다. 아담에게 열 권, 셋에게 오십 권, 에녹에게 삼십 권, 아브라함에게 열 권, 모세에게 다섯 권 《토라》, 다윗에게 시편, 예수에게 복음서, 무함마드에게 《코란》을 계시했다고 한다. 이 중에서 《토라》와 다윗의 시편, 예수의 복음과 《코란》의 네 개만 남아 있는데 그중 《코란》을 제외한 세 개는 전달과정에서 변질 왜곡되었다고 주장한다. 무슬림은 결국 《코란》만을 월등하고 완전한 것으로 보고 있다. 그러므로 그들은 다른 《성경》을 인정하는 듯하지만, 현재의 《성경》을 원본과는 다른 왜곡된 것으로 간주하기 때문에 《코란》만을 읽고 행하도록 가르치는 것이다.

부활과 심판에 관한 신앙

무함마드는 초자연계나 인간의 개인행동에 대한 책임에 대해 강조했다. 그는 우상숭배의 부인, 그리고 심판의 날과 사후의 세계에 대한 주장을 메카에서의 주요 메시지로 전했다. 이슬람교는 이렇게 최후의 심판을 강조함으로써 인간의 현세에서의 개개의 행위에 대해 책임을 강조한다. 모든 자들이 죽게 되면 기다림의 장소에 가서 있다가 부활의 날을 맞이하게 된다. 모두가 하느님의 심판 자리에 있는 큰 저울에 선행과 악행을 올려놓았을 때 어디로 기울어지는가에 따라 지옥과 낙원이 결정된다는 것이다.

정명定命에 대한 신앙(예정론)

무슬림들은 언제나 알라의 주권을 강조한다. 기독교에서처럼 하느님의 주권과 인간의 자유의지와의 조화가 아니다. 무슨 일이든지 알라의 뜻으로 돌린다. 그들은 인간의 모든 운명이 영원 전부터 이미 정해져 있다는 신앙을 가진다. 초기 이슬람교 신자들 간에는 인간의 자유의지와 예정론을 주장하는 두 파로 나뉘어 상당한 혼란을 벌였으나, 자유의지를 지지한 학자들이 패한 후에는 철저한 예정사상이 지배하게 되었다.

이렇듯 '6신'은 알라를 비롯한 우주만물에 대한 종교적인 믿음이기 때문에 내재적이고 정태적이다. 이에 비해 '5행'은 그러한 믿음을 행동으로 실천하는 것이기 때문에 외형적이고 동태적이다. 그래서 이 다섯 가지 종교적 의무를 '5행'이라고 한다. 이 '6신'과 '5행'을 이슬람교라는 '장엄한 수레'를 움직이는 '쌍축雙軸'에 비유하기도 한다. 그렇지만 기실 이 '5행'이 '6신'뿐만 아니라, 이슬람교의 모든 것을 말로서가 아닌 행동으로 떠받치는 기둥의 역할을 한다고 해서 '다섯 가지 기둥', 즉 5주柱 또는 '실천 5주'라고도 한다.

'5행'은 종교적 의무를 수행하기 위한 실천행동이기 때문에 이슬람교의 표징이라고 말할 수 있다. 무슬림들의 일상과 평생에서 일어나는 모든 일들은 이 '5행'의 구체적 표현이고, '5행'의 실천 여부에 따라 현세에서 무슬림들의 신앙심이 평가된다. 나아가 최후심판에서 낙원과 지옥으로 갈 길이 결정된다고 한다. 이것이 이슬람교의 '5주'관觀이다. 이만큼 중요하기 때문에 무슬림들은 이 '5주'를 문자 그대로 '마음의 기둥'으로 간직하고 그 실천에 자기의 운명을 걸고 있다.

물론 이런 종교적 의무가 다른 종교들에 없는 것은 아니고, 또 그 유래에서 보면 유대교나 기독교와 상관되는 것도 있다. 그러나 이슬람교는 자기 발전의 역사적 및 사회적 환경과 여건에 부합되게 그 내용과 방도를 선택하고 있다. 그뿐만 아니라 실천에서도 이슬람교 특유의 융통성과 관용성을 여실히 보여준다.※

그들의 실천사항 5행 곧 다섯 가지 기둥을 보자. 이슬람교의 다섯 기둥은 수니파Sunni의 가장 기본적인 다섯 의례(실천)를 가리키는 말이며, 시아파Shia에서는 사용되지 않는 말이다. 수니에서 다섯 기둥은 샤리아(이슬람교법)에 근거하며 무슬림들에게 있어 가장 중요한 의무다. 시아파에는 '종교의 뿌리'로 알려진 다섯 가지 믿음과 '종교의 가지'로 알려진 열 가지 의례가 있다. 이 열 가지는 수니파의 '이슬람교

※ '깐수' 정수일박사의 이슬람 문명산책 6: 총단결 · 화해의 축제 라마단', 《신동아》, 2004년 11월호.

의 기둥'과 유사하다.

신앙고백(샤하다)

알라 이외에 다른 신은 없으며 무함마드는 알라의 예언자라는 선언이다. "라 일라하 일라 알라와 무함마드 라술 알라"(알라 외에는 다른 신이 없다. 그리고 무함마드는 예언자다)라는 구절만 반복해서 외우면 누구든지 무슬림이 될 수 있다. 이 신조는 아주 간단히 외울 수 있기 때문에 이것을 되풀이해서 외우는 동안에 그들이 생각하는 낙원에 가기를 소망하게 되며, 쉽게 광대한 이슬람교 가족의 한 사람이 될 수 있는 것이다. 이것을 될 수 있는 대로 많이 외울수록 좋으나 여섯 가지 원칙이 있는데 소리 내서 외울 것, 뜻을 완전히 이해할 것, 진심으로 믿을 것, 죽을 때까지 고백할 것, 틀리지 않게 외울 것, 항상 주저함이 없이 외우고 고백할 것 등이다.

기도(살라트)

하루 다섯 번 메카를 향해 기도하며 금요일에는 특별 기도를 하라. 무슬림들은 처음에는 예루살렘을 향해 기도했다. 그러나 메디나에서 메카를 정복하기 위해 기도의 방향을 메카로 향했다.

자선(자카트)

믿음에 따라 이웃에게 베풀어라. 무슬림들은 자산의 2.5퍼센트, 교역품의 2.5퍼센트, 농업 생산의 5~10퍼센트 정도를 가난한 사람들에게 기부하도록 되어 있다. 그들에게 자카트는 거의 강제성을 띤 종교적인 의무이고 구원의 수단이다. 이는 무함마드가 유대인의 자선 제도를 본 따 만든 듯하다. 더 나아가 이 자카트는 인간 최후의 목적인 내세와 천국을 위한 투자 기능이라는 의미도 있다.

금식(사움)

9월 라마단 시기에 단식하라. 이것은 배고픔을 겪게 함으로써 가난한 것을 이해하고, 도우라는 뜻이다. 금식은 형제애를 갖게 한다. 한 달 동안 일출부터 일몰까지 음식 및 음료의 섭취와 어떠한 성행위도 허용되지 않는다. 무함마드는 "누가 알라를 위해 금식을 하루 하면 알라는 그의 몸을 불지옥으로부터 칠십 년 멀리하게 할 것이다" 하면서 금식은 알라로부터 '열 배의 보상을 받는 선행'이라고 강조했다.

이슬람교에서의 금식은 유대교에서 영향을 받은 것으로 알려지고 있다. 원래 무함마드는 이스라엘 백성들이 바로 왕의 속박에서 벗어난 것을 기념해 모세의 명에 따라 금식을 하는 것을 보고 이슬람력 1월 10일(아슈라) 하루를 금식일로 정한 바 있다. 그러다가 메디나로 성천한 다음해(623년)에 이슬람력 9월 한 달 동안을 금식월로 선포하고 종교적 실천 의무의 하나로 굳혔다. 비록 유대교의 영향을 받아 설정한 것이기는 하지만, 그 내용이 똑같지는 않다. 무슬림들은 금식을 알라의 은총으로 생각하며, 금식은 마음을 훈련시키고 발전시키며 나쁜 유혹을 이겨내기 위한 훈련이라고 생각한다.

메카 순례(하즈)

메카를 순례하라. 이슬람력 12월(둘 힛자)에 이루어지며, 경제적 신

메카 카바 신전 순례 인파.

체적으로 능력이 있는 무슬림이라면 모두가 일생에 한번은 행한다. 이것은 631년에 무함마드가 메카를 순례한 것에서 유래했다. 이는 만 민 평등사상과 형제애를 나누는 중요한 행사다. 그들은 순례를 하면 죄가 깨끗이 사해진다고 믿고 있다. 무함마드가 순례를 종교적 의무 로 규정한 목적은 한마디로 이슬람교의 일체성과 유대를 유지·강화 하기 위해서였다. 역설적으로 오늘날까지도 그 어려운 순례가 종교 적 의무로 꿋꿋이 지켜져 오는 것은 바로 이러한 일체성과 유대 때문 이다. 우리는 이러한 사실에서 이슬람교란 세계적 거대 종교가 갖는 의미를 다시 생각해보게 된다.

지하드

　여섯 번째 실천사항으로 지하드를 이야기하기도 한다. 지하드를 무자비한 성전으로만 이해하는 것은 문제가 있다. 지하드란 아랍어로 투쟁 또는 전투라는 말이다. 그리고 지하드에는 큰 지하드와 작은 지하드 두 개의 개념이 있다. 큰 지하드란 자신 내면의 성찰을 통한 욕망과 욕구와의 투쟁을 말한다. 곧《코란》을 거울삼아 자신의 내면을 돌아보고 참회하는 것이다. 대개의 지하드란 이슬람교에서 이런 의미로 쓰인다. 작은 지하드는 자신의 민족과 종교에 대한 탄압과 억압에 대한 저항을 말한다.

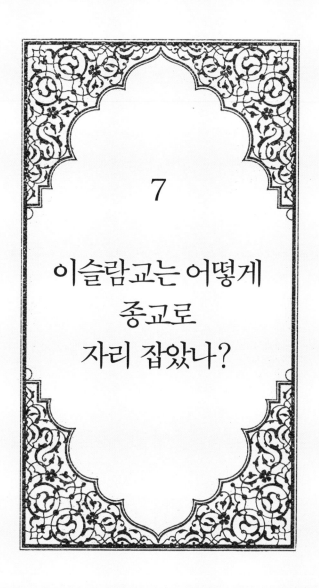

7

이슬람교는 어떻게
종교로
자리 잡았나?

✤   무함마드 사후, 이슬람교는 원로 중에서 무함마드 후계자인 칼리프를 선출했다. 그 뒤 정복전쟁을 통해 아라비아 반도 밖으로 진출하기 시작해 633~664년 시리아 · 이라크 · 북부 메소포타미아 · 아르메니아 · 이란 · 이집트 등을 정복했다.

그 후에도 정복전쟁은 계속되어 우마이야 왕조 시대에는 서쪽은 북아프리카의 대서양 연안까지 정복하고 711년에는 이베리아 반도에 상륙했다. 그리고 동쪽은 중앙아시아와 인도 북서부까지 그 지배력이 미쳤다. 피레네 산맥을 넘어 프랑스의 중부까지 진출한 군은 732년 푸아티에Poitiers 북방의 싸움에서 패퇴했으나, 동방에서는 751년 여름 탈라스 강의 싸움에서 고구려 출신의 고선지가 이끈 당군唐軍을 대파하고 중앙아시아의 지배권을 확보했다.

아바스 왕조(750~1258) 초기 1백 년간은 칼리프 정권의 전성기였다. 이때 이슬람은 국력은 물론 문화와 과학 모든 면에서 유럽을 압도했다. 그 뒤 이베리아는 우마이야 가문 일파에 의해 독립하고, 이어서 모로코 · 튀니지 · 중앙아시아 · 이란 동부 · 이집트 등에도 독립정권이 출현해 칼리프의 직할지는 점차 축소되었다.

이슬람교의 팽창

무함마드 사후의 갈등

무함마드가 아들을 남기지 못한 채 세상을 떠나자 이슬람교는 장로 중에서 칼리프(후계자)를 선출했다. 초대 칼리프는 무함마드의 부인 다음으로 첫 제자가 된 무함마드의 친구 아부 바크르였다. 그는 메카에서 부유한 상인 출신으로 아내를 잃었던 무함마드에게 자신의 딸인 아이샤를 내준 인물이다. 그는 강대했던 동로마 제국과 사산조 페르시아와의 전쟁에서 큰 승리를 거두면서 후에 거대한 이슬람제국 건설의 기반을 닦았지만 아쉽게도 칼리프 자리에 오른 지 2년만인 634년 세상을 떠나고 말았다. 바크르는 죽으면서 우마르를 다음 칼리프로 지명했다.

그 뒤 이 신앙공동체는 무서운 힘으로 아라비아 반도 밖으로 진출하기 시작했다. 이슬람 군단은 파죽지세로 635년 다마스쿠스, 638년 팔레스타인, 640년 시리아, 641년 이집트를 점령했다. 637년부터 이

오스만 3대 칼리프 때의 이슬람제국 영토. 650년대.

슬람의 공격을 받은 이라크는 641년에 바빌로니아 성이 함락되면서 무너졌다. 이어 키프로스와 로도스 섬을 점령한 이슬람교 전사들은 이탈리아 남부와 시칠리아를 공격하기 시작했다. 점령지마다 "알라는 신이고, 무함마드는 그의 예언자다"라고 외치며 한 쪽 손에는《코란》을 다른 손에는 칼을 들고 이슬람교를 포교했다.

이 말은 얼핏 들으면 무슬림 정복자들이 피정복민에게 개종을 강요하며 이를 거부하면 무력으로 탄압했다고 오해하기 쉬우나 실상 무슬림들은 정복지의 이교도들에 대해 관용적이었다. 그들이 정복 전쟁을 성전이라 믿고 용감히 싸운 것은 사실이지만 우마르 칼리프가 점령하는 도시에 금지시킨 것이 있었다. 바로 점령하는 곳의 유대교나 기독교 성당을 파괴하지 못하게 한 것이다. 그는 이슬람교의 알라와 기독교의 하느님, 유대교의 야훼를 하나로 보았기 때문이다. 그리고 정복민에 대해서는 개종을 하든가 납세 의무 곧 공물을 바치든가 하는 양자택일을 하게 했다. 억지로 개종을 강요하지는 않았다. 오히려 정복당한 주민들이 자발적으로 개종해서 이슬람교 지배체제에 협력하는 경향이 나타났다.

종파 간 분쟁이 전쟁으로 치닫다

642년 우마르는 사산조 페르시아를 격파하며 이슬람 국가로 만들었다. 한편 동로마제국이 차지하고 있던 알렉산드리아를 점령하며 이슬람교 도시로 만들며 지중해 패권을 장악했다. 하지만 644년 우마르는 예배 도중 기독교도에 의해 암살을 당하고 만다. 대부분 다음 칼리프의 자리는 당연히 무함마드 사위 알리에게 돌아가리라 예상했으나 이슬람교 원로들이 오스만을 칼리프로 선출했다.

오스만은 부유한 상인 출신으로 부드러운 성격과 도덕성이 뛰어나 많은 이들이 존경하며 따랐다. 그는 특유의 날카로운 통찰력으로 국정을 총괄했으며, 군대를 이끌었다. 그의 통치기간 동안 이슬람교 세력은 동쪽으로는 인도의 인더스 강까지, 서쪽으로는 이집트를 점령하는 광대한 이슬람제국이 되었다. 하지만 오스만 역시 656년, 예배 도중 그에게 불만을 품은 다른 민족의 폭도에게 암살당했다. 그 다음 칼리프로 알리가 추대되면서 이슬람 세력이 분열되었다.

알리는 무함마드의 사촌동생이자 사위였다. 원래 알리는 청빈한 성격에 높은 도덕성을 가진 사람이었지만, 20년간 칼리프 자리에 오르지 못해 불만이 많았던 사실이 알려져 그가 오스만 암살 세력의 배후일 것이라는 의심을 받게 되었다. 급기야 오스만의 옴미아드 가문은 복수를 주장하며 무아위야를 중심으로 뭉쳤다.

하지만 반대로 알리의 지지파는 알리가 진작 칼리프가 되어야 했음을 주장하면서 혈통과 전통성을 내세웠다. 그러나 알리 반대파들은 정통성과 혈통보다는 인품과 능력이 중요하다고 주장했다. 이렇게 이슬람교는 알리의 칼리프 인정 문제를 두고 크게 두 파로 나뉘었다. 이때 무함마드의 부인 아이샤는 알리를 비난하며 공격했다. 결국 두 세력 간의 알력은 전쟁으로 비화됐다. 알리를 지지하며 혈통을 내세운 시아파와 인품과 능력을 중시한 수니파가 격돌한 것이다. 무아위야와 알리가 협상을 통해 화해를 했지만, 이 협상에 불만을 품은 알리의 강성 추종자는 661년 알리를 살해한다. 이로써 무함마드에게 직접적인 가르침을 받은 지도자가 칼리프에 오르던 정통 칼리프 시대가 막을 내렸다. 그 뒤에는 무아위야가 왕위에 오르며 옴미아드 왕조가 시작되었다. 이러한 내분에도 이슬람교가 빠르게 퍼져 나가 순식간에 유라시아와 아프리카 여러 곳에 확산됐다.

이슬람 세력, 지중해 해상권 장악과 지중해 교역 주도

당시 이슬람교 세계는 유럽 기독교 세계보다 군사력은 물론 여러 면에서 월등했다. 성전의 의무에 불탄 이슬람교 군대는 노도와 같은 기세로 아라비아 반도 밖으로 뻗어 나갔다. 697년에 동로마제국의 최후 거점 카르타고를 함락시키고 700년경에는 북아프리카의 대서양 연안까지 세력을 뻗쳤다. 기독교의 텃밭이었던 이집트와 북아프리카 전역이 무슬림 수중에 떨어졌다. 이리하여 동로마제국은 동방세계와 지중해에 대한 통제권을 거의 상실하게 된다.

이 과정에서 많은 유대인들이 무슬림의 정복전쟁과 무슬림 사회의 선진화에 협력했다. 그 대가로 유대인들은 무슬림 지도자들의 환심을 얻어내어 상업과 교역에 종사할 수 있었다. 이슬람교 세력이 지중해 해상권을 완전히 장악하고 중동과 유럽, 북아프리카를 아우르는 지중해 교역을 주도했다. 이슬람 시대 동부 지중해의 번성은 크게 두 가지 이유였다. 하나는 매년 많은 무슬림들이 동부 지중해 해로를 통해 메카 순례를 갔다. 또 다른 기능은 이집트에서 출발한 곡물이 이 길을 따라 이스탄불로 운반되었다.

이슬람제국의 이베리아 반도 통치

이슬람제국은 역사상 가장 큰 나라를 만들었는데 지금의 스페인 땅인 이베리아 반도에서 인도의 인더스 강에 이르는 광활한 영토를 차지했다. 이후 이슬람제국은 무려 8백 년 동안이나 이베리아 반도를 통치했다.

무슬림들이 이베리아 반도로 들어오자 이들을 가장 환영한 사람들이 유대인들이었다. 왜냐하면 종교적인 측면에서 무슬림들은 유대인들을 같은 아브라함의 자손으로 인정하며 비교적 우호적으로 대했기 때문이다. 이슬람교는 예수를 무함마드 이전의 선지자로 간주한다. 때문에 예수를 죽였다고 유대인을 박해하는 가톨릭과는 달리 유대인에 대한 악감정이 없었다. 유목민족인 아랍인들은 예전부터 유대인들을 늘 '책 읽는 민족'으로 알았고 우수한 지식인으로 여겨왔다. 더

구나 정복자로서 여러 생소한 지역의 행정을 하다 보니 유대인들의
해박한 지식과 더불어 외국어 구사 능력과 외국 문물에 대한 이해력
이 꼭 필요했을 것이다.

또 다른 이유는 유대인들이 그간 이베리아 반도에서 많은 박해를
받았기 때문이다. 412년 서고트 족이 스페인을 장악하면서부터 약
1세기 반 동안은 비교적 종교의 자유를 누릴 수 있었다. 유대인들은
상인으로서, 또는 대지주로서 존경도 받고 영향력을 행사하기도 했
다. 그러나 서고트 족 왕들은 시시때때로 귀족들의 반발과 반역에 부
딪쳐야 했다. 589년 레카레드Reccared가 왕위에 오르자, 그는 로마 가
톨릭으로 전향하고 교회 교부들과 힘을 합해 타종교를 박해하기 시
작했다. 유대인들은 가톨릭으로 개종하든지 아니면 나라를 떠나든지
둘 중 하나를 택해야 했다.

이슬람제국의 영토 확장.

유대인들 가운데 일부는 북아프리카나 프랑스 남부 프로방스 지방 등지로 떠났다. 어떤 이들은 외면상 기독교로 개종하고는 비밀리에 유대교 의식을 준수하는 쪽을 택하는가 하면, 일부는 강력한 귀족에 기대어 보호를 받고자 했다.

7세기 이베리아 반도의 유대인들은 생존을 위한 투쟁을 펼치고 있었다. 700년경에는 유대교 의식을 행하는 것이 발견되면 노예로 팔리고 그 자녀들은 기독교 사제들에게 맡겨서 양육하도록 하는 명령이 내려졌다. 그러니 이슬람교 세력을 유대인들이 반기지 않을 수 없었다.

이베리아 반도를 쉽게 점령한 이슬람교 세력은 720년경 피레네 산맥을 넘어 프랑크 왕국 내로 세력을 뻗쳐갔다. 마침내 732년에 보르도 지방을 폐허로 만들고 투르까지 침입해 들어갔다. 이때 프랑크 왕국의 재상 칼 마르텔이 투르 근처에서 이들을 격퇴해 프랑크 왕국을 위기에서 구했다. 카롤루스 대제 때의 일이다. 역사에 만약은 없다지만 이때 막지 못했다면 유럽의 역사는 이슬람교가 주도했을지도 모른다.

대부분의 유대인 디아스포라, 이슬람교 통치권 안에 들어오다

이슬람교가 등장한 지 백 년도 지나지 않아 이슬람제국은 서양 문명을 압도했다. 초기에는 이슬람교 세력이 크지 않아 기독교도의 도움을 받아 행정을 펼쳤다. 그러나 이슬람교 세력이 점점 커지고 개종자가 증가하면서 기독교를 탄압하기 시작했다. 나중에는 기독교 예배에 참석하는 자를 사형에 처하기도 했다. 이슬람교는 기독교를 배척했으나 다행히 유대인에게는 관용을 베풀었다. 이는 아마도 무함마드 자신이 유대교 경전《구약성경》으로부터 큰 영향을 받았기 때문인 것으로 보인다. 이슬람교가 유대교의 영향으로 탄생되었다는 이야기도 같은 맥락에서 이해될 수 있다. 또한 이슬람교 경전《코란》은 유대교의 여러 전통과 관습을 보존하고 있다. 712년 이슬람제국이 동쪽 인도 국경부터 이베리아 반도를 통치하게 되면서 흩어진 대부분의 디아스포라 유대인들은 이슬람교 통치권 안에 들어오게 된다.

이슬람교의 중심, 바그다드

8세기 중엽, 무함마드의 일족인 아바스 가문이 시아파, 이란인 이슬람교도들과 협력해 우마이야 왕조를 타도하고 아

원형 신도시 바그다드.

바스 왕조를 열었다. 아바스 왕조는 우마이야 잔당들을 철저히 학살했으나 한 사람이 살아남아 탈출해 이베리아 반도에서 우마이야 왕조를 재건했다. 그 뒤 아바스 왕조는 우마이야 왕조를 타도할 때 적극 협력했던 시아파를 탄압하고, 메소포타미아 한복판에 원형의 신도시 바그다드를 수도로 정하고 중앙집권제를 확립했다.

계획도시로 건설된 바그다드는 실크로드의 한 축으로 세계적 규모의 경제교류의 핵으로 성장했다. 그 무렵 이슬람 세계에서 유대인들은 대체로 무역업에 종사했다. 8세기 초부터 이슬람 세계는 동서양을 잇는 국제적 경제체제를 확립했다. 이 속에서 유대인들의 디아스포라 간 연락망은 중요한 정보를 나르는 역할을 담당했다. 당시 이슬람권 기록과 유대인의 답장responsa을 보면 유대인들이 인도와 중국을 상대로 무역을 하고 있었음을 확인할 수 있다. 10세기부터 바그다드의 유대인들은 은행가로 이슬람 왕실에 협력했다. 그들은 유대인 무역업자들에게 돈을 맡아 일부를 칼리프에게 대출해주는 개념으로 은행이라는 개념을 만들었다. 유대인 여행가 투델라의 베냐민에 따르면 1170년에 바그다드에 4만 명의 유대인들이 28개의 회당과 10개의 예시바를 갖고 있을 만큼 번영을 누리고 있었다.[*]

바그다드는 해륙의 통상로로 아프리카·아시아·북유럽 등지의 물자 집산지가 되어 막대한 부가 축적되었다. 또 이슬람교 문화의 중심지가 되어 학문과 예술의 꽃이 피었다. 바그다드는 8세기 말에

---

[*] 폴 존슨, 김한성 옮김, 《유대인의 역사》, 살림, 2005.

당나라의 장안長安, 동로마의 콘스탄티노플에 버금가는 세계 최대급의 도시로 인구가 1백만 명에 달했던 것으로 추정된다. 아바스 왕조(750~1258) 초기 백 년 동안은 칼리프 전성기였다.

유대인들 이베리아 반도로 몰려오다

그 뒤 이베리아 반도의 우마이야 가에 이어 모로코·튀니지·중앙아시아·이란 동부·이집트 등에도 독립정권이 출현해 칼리프의 직할지는 점차 축소되었다.

우마이야 왕조는 이베리아 반도에 '알 안달루스'라는 독립국가를 세우고 주변 도시들과 도로망이 잘 발달한 코르도바를 수도로 삼았다. 이미 기원전 2세기에 로마인들이 이베리아 반도를 로마제국에 편입하면서 코르도바 주변의 도로와 수로를 잘 닦아 놓았다. 코르도바는 로마시대 때부터 구아달키비르 강을 통해 바다와 연결되어 올리브, 포도주, 밀 등을 로마로 실어 나르던 항구도시였다.

무슬림들의 스페인 정복과 더불어 일부 유대인들도 정복자를 따라 스페인으로 이주해 들어와서 기존의 유대인 공동체와 합류했다. 무슬림들은 그들이 점령한 지역 내에 사는 유대인들과 기

알 안달루스의 수도 코르도바.

독교도들이 반드시 따라야만 하는 법전을 제정했는데, 그것은 보통 '우마르의 협약'이라고 알려져 있다.

이 협약의 목적은 이슬람교 이외의 다른 종교 신도들은 이슬람교보다 열등하다는 점을 확실히 하는 데 있었다. 이는 사실상 기독교도들을 겨냥한 것이었다. 그들은 구성원 중 하나가 이슬람교에 가입하는 것을 막을 수 없었고, 무거운 세금에 시달려야 했다. 그리고 교회 수리는 허용했으나 새 교회 또는 회당을 지을 수 없었고, 교회나 회당의 탑이 근처 이슬람교 사원보다 높아서는 안됐다.

이슬람교 이외의 다른 종교의 신도들은 말을 타지 못했고, 노새는 허용되었다. 무슬림이 아니면 칼을 차고 다닐 수 없었으며, 무슬림과 쉽게 구분되는 복장을 착용해야 했다. 비록 이러한 우마르의 협약이 무슬림들이 통치하던 이베리아 반도에서도 유효하긴 했지만, 엄정하게 실시되지는 않았다. 따라서 무슬림들의 통치와 더불어 유대인들은 한숨을 돌릴 수 있게 되었다. 위장 개종했던 자들이 다시 유대교로 돌아왔으며, 북아프리카나 프로방스 지방 등지로 도망했던 유대인들도 귀환했다. 이베리아 반도의 무슬림들은 피지배 민족의 이슬람교 개종은 시도했으나 박해하지는 않았다. 그들은 개종보다는 인두세 받는 일을 더 크게 여겼다. 따라서 이교도에 대한 규제 사항들도 점차 유명무실하게 되었다.

이슬람 세력은 로마시대 수로와 관개시설을 복구했으며, 농업기술을 보급해 농업을 발달시켰다. 그리하여 남부 스페인이 유럽에서 가장 발달한 지역이 되었다. 이러한 부를 바탕으로 이베리아 반도 이슬람 문화는 서서히 경제, 철학, 과학 등 여러 분야에서 꽃을 피우기 시작했다.

이슬람교 세력의 중심축 역시 바그다드에서 이베리아 반도로 옮겨왔다. 무슬림 통치하의 스페인 남부에는 도서관들과 연구기관들이 번창했던 것에 비해 유럽의 다른 곳들은 대부분 문맹 지역이었다. 그렇다고 당시 이베리아 반도 사회가 종교적, 문화적 관용 사회의 이상형은 아니었다. 이슬람교로 개종이 장려되는 가운데 때로는 강요됐으며 아랍 문화가 생활의 거의 모든 부분을 압도했다. 저항하는 사람들과 지식인들은 종종 처형되기도 했다.

이슬람, 세 명의 칼리프 체제로 쪼개지다

10세기 초 북부 아프리카에 파티마 왕조가 일어나 칼리프 칭호를 사용하며 아바스 왕조의 권위를 부정하자, 이베리아 반도의 우마이야 왕조도 칼리프라 칭해 이슬람 세계는 3인의 칼리프 체제가 되었다.

이베리아 반도에 기독교인들과 서고트 족의 인구 비율이 큰 점을 감안해 우마이야 왕조는 관용정책을 취했다. 이러한 관용정책 덕분에 우마이야 왕조의 통치기에 이베리아 반도는 바야흐로 문화적 번영기를 맞이했다.

이슬람제국이 지배하는 동안 농업은 물론 산업이 발전했다. 농업에서는 관개시설이 건설되고 공동체수리법共同體水利法이 제정되어 말그대로 물을 공동으로 사용했다. 그리고 무슬림들이 가져온 목화 · 복숭아 · 사탕수수 등의 새로운 작물이 재배되었다. 당시 이베리아 반도 남부의 사탕수수 경작은 서구 최초의 사탕수수 농장이었다. 수공업은 톨레도 · 그라나다 · 알메리아 · 코르도바에서 발달했고 코르도바와 세비야는 상업의 번성과 더불어 수출항으로서도 번창했다.

이집트의 알렉산드리아에 살던 많은 유대인들이 같은 사라센제국인 이베리아 반도로 이주한 것은 자연스러운 현상이었다. 다른 유럽 도처에 흩어져 있던 유대인들도 비교적 종교적 관용성을 보이는 우마이야 왕조로 몰려들었다. 그 뒤로는 한동안 이베리아 반도가 유대인 공동체의 중심이 되었다. 이렇듯 이베리아 반도 곧 지금의 스페인, 포르투갈에 거주했던 유대인들이 중세에는 세계 유대인의 절반을 점했다. 이후 이베리아 반도는 모든 면에서 서유럽에서 가장 발달한 나라가 되었다.

서유럽 최대 도시로 성장한 코르도바

라만 3세는 코르도바에 호화로운 궁궐을 짓고 사치스런 생활을 한 것으로 유명하다. 14년에 걸쳐 지은 궁궐에는 6천 명 이상의 궁녀들이 있었고 노예와 환관들도 4천여 명에 달했다. 그 무렵 유럽에는 인구 3만 명 이상의 도시가 흔치 않았는데 코르도바는 이미 10세기에 인구 50만 명의 초대형 도시로 성장했다. 동쪽의 콘스탄티노플과 더불어 유럽 최대 도시가 되어 유럽에서 가장 문명화된 도시로 발전했다.

이슬람의 문화 · 기술 수준이 서유럽을 능가했다. 이미 10세기에 코르도바 도서관이 60만 권의 서적을 소장하고 그리스 철학을 연구했다. 당시 코르도바는 사라센제국의 바그다드를 뛰어넘어 이슬람

코르도바의 메스키타 사원. '메스키타'는 스페인어로 '모스크'를 의미하며 스페인에 현존하는 가장 큰 이슬람교 사원이다.

세계의 중심지가 되었다. 당시 이베리아 반도의 이슬람은 대수학을 발명했으며, 아라비아 숫자는 로마 숫자를 대체했다. 동시에 이슬람 문명은 중세 암흑기에 사라져 버렸던 고대 그리스 철학이나 로마법을 다시 살려 배우고 수용했다. 코르도바와 바그다드 사이의 교류도 활발했다.

그리고 고대 자연철학, 기하학과 수학을 발전시켜 체계화했으며 멀리 비잔틴, 페르시아의 예술을 흡수했을 뿐 아니라 유대교나 기독교의 신학, 교리들도 공부하고 토론했다. 포용력 있는 열린사회였다.

코르도바를 통해 아랍의 문화는 유럽으로 전해졌다. 또 이베리아 반도를 통해 유럽은 그리스 고전이나 아랍의 선진 과학을 새로이 접하게 되었다. 이슬람 문화가 고대와 중세의 다리 역할을 톡톡히 했다.

이슬람교, 종교 관용성 보여

당시 코르도바에는 이슬람교 사원이 3백 개 정도 있었다. 그러나 이슬람교 정복 세력의 '수평적' 성격을 이베리아 반도에서도 찾아볼 수 있는데, 공납·부역·인두세를 거두었을 뿐 피

정복 민족 고유의 사회 · 정치 · 종교 체계에 대한 강제적 파괴와 재편은 행해지지 않았다.

이들은 종교의 자유도 인정했다. 기독교도의 공조貢租 곧 공물로 바치는 조세부담을 조건으로 종전까지의 토지지배권, 교회의 유지, 서고트 관습법으로 운영되는 특별자치구의 형성을 승인했다. 이슬람교로 개종하는 사람은 기독교도로부터 배교자背敎者라 불렸으나 자유민의 신분을 얻고 조세도 경감되었기 때문에 서고트 시대의 노예들이 많이 개종했다.

그 무렵 이베리아 반도는 유럽 내에서 무슬림과 기독교, 유대교 신자들이 평화롭게 함께 살면서 공통의 관습과 문화를 오랫동안 형성했던 유일한 지역이었다. 3대 종교와 문명이 이곳에서 용광로처럼 융합하면서 암흑기였던 중세 유럽에 한 줄기의 빛을 비추었다. 아랍 학자와 유대인 학자들이 코르도바에서 연구한 그리스 철학, 천문학, 의학, 수학이 기독교 세계로 퍼져 나갔다.

다양한 문화들이 혼합 공존할 수 있었던 것은 이 지역을 정복한 우마이야 왕조가 온건한 형태의 이슬람교를 실천했던 결과였다. 그로부터 2세기 동안 문화와 정치발전, 번영과 세력이 절정을 이루었다. 당시 수도인 코르도바의 주택 수는 약 20만 채에 달했고 9백 개의 공중목욕탕, 50개의 병원들이 있었으며 포장된 거리에는 밤이면 불이 밝혀졌다.

이슬람교, 상인에게 높은 가치 부여

당시 이베리아 반도는 상업의 발달로 경제적 발전이 눈부셨다. 상업 활동에 큰 가치를 두지 않은 기독교 사회와 달리 이슬람교 사회는 처음부터 상인에게 높은 도덕적 가치를 부여했다. 그것은 그 창시자인 무함마드가 상인 출신인 것에서도 알 수 있다. 유대인들에게는 고기가 물 만난 격이었다. 그들의 상업적 재능을 맘껏 펼칠 수 있었다.

유대인들의 상업과 교역 활동은 곧 바로 소비산업의 발전으로 이어졌다. 비단, 가죽, 도자기 산업과 금, 은, 유리 세공 산업의 발전은 외부로부터 유능한 기술자와 과학자들과 더불어 상인들을 불러들였다. 이로 인해 당시 이베리아 반도는 상업뿐만 아니라 문화와 과학에 있어서도 유럽의 어느 곳보다도 월등했다. 그 뒤 이베리아 반도의 이슬람 왕국은 문화적 번창뿐 아니라 지중해 교역을 장악해 막대한 부를 축적했다. 아프리카의 금, 아시아의 향신료, 유럽의 밀 등 전 세계의 부가 이곳으로 몰렸다.

지중해 교역의 주역, 유대인

서부 지중해상의 섬들은 모두 이슬람 세력의 수중에 들어가게 되어 이탈리아 반도 서쪽의 세계는 동방세계로부터 차단되었다. 지중해는 이슬람교의 바다가 되었다. 지중해는 8세기 이후 이슬람교의 지배에 들어가 유럽인은 이 해역으로부터 완전히 거세되었다.

이슬람 세력에 의한 해상 봉쇄체제는 서유럽 세계에 심각한 영향을 주었다. 이집트의 파피루스를 비롯해 향료, 비단 등의 동방산물의 수입이 막힌 것이다. 동방과의 교역에 종사하던 상인들이 자취를 감추었으며 따라서 도시경제도 쇠퇴해갔다. 서유럽은 지중해와 더 나아가 동방세계와의 접촉의 길이 막혀 내륙으로 갇혀버린 꼴이었다. 다만 유럽 내륙에서 알프스를 넘어 이탈리아, 동로마로 연결되는 예루살렘 순례길이 있어서 유대 상인들을 중심으로 어느 정도 교역이 이루어지고 있었다.

당시 이베리아 반도의 이슬람 왕국은 지중해 교역을 담당하는 범선만도 2백 척 이상으로 대외교역이 활발했다. 당시 이슬람교와 기독교국가 간에는 전쟁 중이었기 때문에 상인일지라도 서로 상대방 진영을 오가는 왕래는 위험했다. 하지만 유대인은 양 종교 간의 전쟁에는 관계가 없었기 때문에 비교적 안전하게 양쪽을 왕래했다. 자연히 무역업은 그들의 독무대가 되었다. 이렇게 유대인들이 주도하는 지중해 무역이 날로 번성했다.

게다가 이슬람교 지역에서 항상 그렇듯이 이교도와 접촉해야 하는 외교업무도 무슬림이 아닌 유대인이 도맡았다고 한다. 또한 유대인들의 또 다른 이점은 지중해 주변과 서구 내륙 곳곳에 살고 있는 유대인 커뮤니티인 디아스포라를 활용해 거대한 무역망을 형성할 수 있었다.

이슬람교 사회의 분열과
스페인 왕국의 대두

이베리아 반도의 이슬람교 사회는 3백 년이 지나면서 세비야, 그라나다, 말라가, 코르도바 등 도시를 중심으로 세 개의 작은 나라들로 분열된다. 이베리아 반도의 이슬람 왕국은 북쪽의 스페인 왕국에 밀려 1010년부터 세비야로 수도를 옮겼다. 우마이야 왕조는 스페인에서 약 250년을 통치한 후 11세기 초엽부터 기울기 시작했다. 이 무렵 오랜 내전이 발발했는데, 우마이야 왕조의 마지막 칼리프가 궁중의 유혈 혁명에 의해 폐위되고 말았다.

내전을 틈타 베르베르 족은 1013년 코르도바를 점령했다. 이슬람교 국가들은 지리멸렬해 군주들이 서로 싸웠는데, 심지어는 기독교 제후의 힘을 빌려서라도 서로 파괴하고자 했다. 이런 상황 가운데 무슬림 세력의 중심은 자연히 북아프리카로 옮겨가게 되었다.

투르크의 이슬람교화

10세기에 들어서자 921년 이후 볼가 강 중류의 불가르 족族이, 이어서 960년 이후 톈산 산맥 남북로의 투르크 족이 다 같이 대량으로 이슬람을 받아들였다. 그때까지 아랍 족에 이어 이란인이 중심이었던 이슬람 세계는 이 무렵부터 투르크의 패권 아래로 들어갔다. 10세기 말부터는 투르크계 가즈나 왕조의 마호무드왕은 인도에 침입해 인도 이슬람교화가 확고한 기반에 놓였다.

한편 동아프리카에는 740년 무렵부터 이슬람교가 퍼지기 시작해

1010년경에는 사하라 사막을 넘어 수단 지방에 있는 왕국들에까지 이슬람 세력이 미쳤다. 1071년 아르메니아의 만지케르트 싸움에서 셀주크투르크 군은 비잔틴 군을 격파했다. 이때부터 서아시아의 이슬람화·투르크화가 시작되었다.[주]

셀주크투르크, 실크로드 장악하다

1037년 북동쪽에 있던 셀주크투르크 족이 침공해 중동의 이슬람제국은 망하고 셀주크제국을 만들게 된다. 1071년의 한 사건은 세계사를 뒤바꾼 의미를 갖고 있다. 셀주크 왕 알프 아르슬란이 비잔틴의 영역이었던 아나톨리아의 말라즈기르트 전투에서 비잔틴 황제를 생포하는 대승을 거두고 동부 지중해로 향하는 교두보를 마련한 것이다. 이로써 셀주크는 중국과 인도의 육로와 동부 지중해를 잇는 실크로드와 향료길 무역을 보호하면서 중개와 교역을 통한 막대한 국가수입을 올렸다. 셀주크의 강성과 부의 원천이 바로 육해상 실크로드를 잇는 중개무역이었다. 이러한 상황에서 셀주크 통치자들의 정책 기본은 육상과 동부 지중해의 교역로를 방어하고 교역망을 확충해 나가는 것이었다.

육·해상 교역로를 활성화하기 위해 카라반의 보호뿐만 아니라, 그들의 여행편의를 위해 20~30킬로미터마다 대상들을 위한 편의시설

[주] 알브레히트 메츠거, 주정립 옮김, 《이슬람주의》, 푸른나무, 2008, 11쪽.

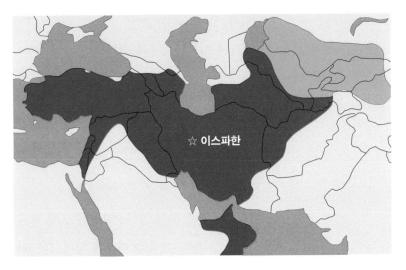

11세기 동서무역로를 장악한 셀주크투르크제국.

인 휴식처를 건설했다. 이곳에서는 3일간의 무료숙식이 제공되었고, 순찰대의 감시를 받는 견고한 교역품 창고의 이용이 가능했으며, 각종 교역정보와 자료의 교환이 가능했다. 더욱이 해적이나 도적들로부터 그들의 교역품이 강탈당한 경우에 국고에서 이를 보조해주는 일종의 보험제도와 신용대출과 같은 금융편의도 제공되었다. 셀주크의 수표사용과 보험과 같은 금융제도는 곧 바로 동부 지중해 교역을 통해 중부 유럽에까지 소개되었다. 셀주크투르크의 중국–인도–동부 지중해를 연결하는 국제무역의 번성은 동시에 농산물 생산 증대, 제조업과 광산개발의 활성화와 같은 국내 산업 전반에 긍정적인 파급효과를 주었다.

이베리아 반도에서의 유대인 이동

셀주크에 대한 반동으로 12세기 초 북아프리카 산악지대에서 무슬림 근본주의자들이 발흥했다. 그들의 목표는 이슬람교 진흥이었다. 이로써 1천 년 동안 북서 아프리카에 존재했던 기독교 공동체가 전멸했다. 1146년에는 이러한 무슬림 근본주의자들인 알모하드 왕조가 이베리아 반도에 상륙했다. 이 왕조는 유대인에 대한 광적인 탄압에 나선다. 유대인은 개종과 죽음 중 하나를 받아들여야 했다. 유대인들은 이제 아주 제한된 경우를 제외하고는 무역 활동도 금지당했다.

1198년 예멘에서는 유대인들이 통치자의 알현 장소에 강제 소집되어 일괄 개종을 강요당했다. 개종하지 않은 이들은 모두 참수됐다. 이베리아 반도에서도 유대교 회당과 예시바를 폐쇄시키고 유대인들에게 개종과 죽음 가운데 하나를 선택하도록 했다. 결국 유대인들은 강제로 개종을 했고 그들은 쉬클라라 부르는 푸른색의 기이한 옷과 모자를 쓰고 다녀야 했다. 차별의 상징인 쉬클라를 걸치지 않을 경우에는 노란색의 옷만 입어야 했다. 유대인들은 더 이상 견딜 수 없었다. 그래서 이때 유대인 대부분은 이베리아 반도 북부에 있는 가톨릭 국가인 스페인 왕국으로 피신했다.

유대인들이 떠나자 이슬람 왕국

유대인 차별의 상징, 쉬클라.

의 상업적 기반이 무너졌다. 상업적 기반뿐 아니라 문화적, 사회적 기반도 같이 쇠퇴해갔다. 반면 스페인 왕국으로서는 유능한 유대인들이 대거 몰려오면서 경제가 부흥했다. 스페인 왕국은 밀려오는 유대인들을 차별하지 않았다. 상업과 수공업은 물론 모든 직업이 유대인에게 개방되었다. 가옥과 토지 소유도 허용되었다. 이러한 경제력 및 사회동력의 이동은 훗날 스페인 왕국이 이슬람 세력을 이베리아 반도에서 몰아내는 역사의 원동력으로 작용했다.

카스티야 왕국의 알폰소 10세 유대인을 보호하다

13세기 스페인 카스티야 왕국의 알폰소 10세는 알모하드의 박해를 피해 도망 온 유대인들을 받아들이고 그들에게 호의적인 태도를 취했다. 특히 알폰소 왕은 학문을 남달리 사랑했다. 심지어 그 자신이 중세 이베리아어로 속어 문학을 쓰기도 했다. 알폰소 왕은 로망스어 번역원을 설립해, 이베리아 반도의 역사, 법률부터 일반적인 과학, 시학, 음악 등 다방면의 지식을 쉬운 구어체 중세 스페인어를 비롯한 대중이 이해할 수 있는 당대 이베리아어로 정리하도록 했다. 이로 인해 지식의 대중화가 가속되고 이베리아 속어 문학이 중흥기를 맞았다.

한편 고전어 방면 또한 소홀히 하지 않아, 아랍어, 라틴어, 히브리어로 기록된 문헌을 연구할 수 있는 학자의 양성에도 힘을 쏟았다. 그무렵 이베리아 반도의 무슬림들은 북쪽으로부터의 기독교도들의 공격으로 서서히 내몰리는 형편이었다.

알람브라 궁전의 영묘한 매력

알 안달루시아 왕국은 1085년 톨레도를 기독교 도들에게 빼앗긴 후 세비야에 중심지를 잡은 동족 무슬림들에게 구원을 요청했다가 도리어 그들의 지배를 당하게 된다. 그리고 1212년에 있었던 기독교 왕국들과의 전쟁으로 이베리아 반도 남부의 그라나다 왕국만 무슬림들의 통치 지역으로 남게 되었다. 나머지 지역에는 아라곤, 카스티야, 레온, 포르투갈, 나바라와 같은 기독교 왕국들이 들어서서 점차 강성해졌다.

이슬람교 왕조는 1248년 남부로 밀려 그라나다에 알람브라 궁전을 짓고 250년 동안 유지되었다. 지금도 그라나다에는 이슬람 문화 역사상 최고의 궁전으로 평가되는 알람브라 궁전이 그 옛날 이슬람 제국의 영화榮華를 말해 주고 있다.

알람브라 궁전의 사자 중정.

이슬람교
종파들

종파 분열의 역사

서기 632년 무함마드의 죽음으로 이슬람 세계는 위기에 직면한다. 뒤를 이을 아들이 없는데다 후계자 선정도 하지 않은 채 무함마드가 세상을 떠났기 때문이다. 따라서 정통성이라는 화두가 이후 이슬람교 역사를 지배하게 된다. 무함마드 사후 후계구도는 피로 얼룩졌고, 그에 따른 갈등은 지금까지 계속되고 있다. 수니파와 시아파 간의 갈등도 여기서 출발한다.

수니파는 무함마드 이후 아부 바크르, 우마르, 오트만, 알리 이븐 아비의 4대 칼리프와 이후 칼리프들의 정통성을 모두 인정했다. 그러나 시아파의 경우 그들 가운데 무함마드의 사위인 알리 이븐 아비만을 정당한 후계자로 인정한다. 칼리프의 자격 요건에서도 서로 견해 차이가 있다. 수니파는 무함마드의 혈통이 아니어도 그의 부족인 쿠라이시 족 출신이라면 칼리프가 될 수 있는 자격을 갖추었다고 보는 반면, 시아파는 칼리프의 정통성은 무함마드의 혈통에 의해서만 이루어질 수 있다고 보았다.

종파 간 견해 차이 속에서 알리 이븐 아비가 4대 칼리프로 집권할 무렵 아랍 세계는 잦은 분쟁과 반란으로 신음하고 있었다. 657년 시리아를 다스리던 옴미아드 가문의 수장 무아위야가 알리의 지도력을 의심하며 반란을 일으켜 전투가 벌어진다. 전세가 불리해지자 무아위야는 중재인을 내세워 협상을 해 알리와 무아위야는 동서로 영역을 양분하는 협정을 맺는다. 알리의 협정이 나약한 결정이었다고 실망을 느낀 추종자들은 그를 떠났는데, 그 가운데 하와리지파는 후일 알리를 암살한다.

알리가 암살당하자 무아위야는 대군을 이끌고 쳐들어와 알리의 장남 하산을 격파하고 우마이야 왕조를 세운다. 이때 무아위야는 본래 선출 임명직이었던 칼리프 지위를 세습화로 고정시켰다. 무아위야가 세상을 떠나고 아들 야지드가 칼리프가 되었는데 알리의 차남인 후세인 알리가 야지드의 승계를 부정하며 자신의 추종자들을 모아 쿠파로 돌아가 봉기 계획을 세운다. 이에 680년 쿠파의 총독이었던 우베이둘라는 그들의 봉기를 인정하지 않고 후세인 알리를 공격해 그 일가를 괴멸시켰다. 이때 무함마드의 외가 혈통이 무참히 살해당한 것에 분노한 시아파는 정식으로 수니파로부터 분파했다. 이것이 시아파와 수니파의 본격적인 분열의 시작이다.

수니파
이슬람교에는 교리가 상반되는 2백여 개 종파가

있다. 그중 주류는 수니파Sunni다. 전 세계 무슬림의 83퍼센트 이상이 수니파에 속한다. 그 외에는 16퍼센트의 시아파 등 여러 종파들이 존재한다. 수니파는 전승주의자란 뜻이다. 이슬람교 최대 종파다. 수니파는 무슬림 공동체 즉 움마의 '순나sunnah'(관행)를 추종하는 사람들이라는 의미다. 순나는 《코란》·《하디스》· 예언자와 정통 칼리프의 선례에 바탕을 두고 있다.

시아파

시아파Shia는 분리파란 뜻이다. 전체 이슬람교 신자의 10~20퍼센트가 속해 있다. 무함마드에게는 아들이 없었기 때문에 그가 죽은 후 후계를 둘러싸고 대립이 시작되면서 시아파가 생겨났다. 시아파는 빼앗긴 칼리프 자리를 살해당한 알리 가문에 되돌려주려는 운동으로 시작되었다. '시아'는 '시아 알리Shia Ali' 즉 '알리를 따르는 사람들'에서 나온 명칭이다. 초기 칼리프들의 뒤를 이은 우마이야 왕조(661~750)와 아바스 왕조(750~1258)는 시아파를 억압하는 정책을 펼쳤다.

시아파는 무함마드의 사위와 딸인 알리와 파티마의 차남 후세인 이븐 알리Husayn ibn Ali가 680년 지금의 이라크 카르발라에서 반란을 일으켜 참혹하게 살해되자 그를 기려 주류파에서 독립해 생겨났다. 카르발라와 인접한 나자프에는 이맘 알리, 이맘 후세인 사원이 지금도 남아 있어 시아파의 최대 순례지가 되고 있다.

후세인의 제삿날인 이슬람력 정월Muharram 10일, '모하라 아슈람'은 시아파의 최대 명절이기도 하다. 신자들은 이날 길거리에 나와 행렬을 지어 후세인의 고통을 체험한다.

시아파와 수니파의 큰 차이 중 하나는 '지도자 · 인도자'를 뜻하는 '이맘'에 대한 견해다. 수니파에서 이맘은 《코란》을 읽고 예배를 인도하는 정도의 사람을 가리킨다. 전통적으로 이슬람교는 유대교를 본따 사제가 없고, 모든 신자가 직접 신과 소통할 수 있다고 믿는다. 그러나 시아파에서 이맘은 알리와 후세인의 후계자로 《코란》의 신비를 밝혀 신도들을 빛과 은총으로 이끄는 사람으로 격상됐다. 이란의 호메이니와 그 뒤를 이은 최고 종교 지도자 하메네이 같은 이들이 가장 최고위급의 이맘들이다.

희생과 순교를 중시하는 시아파는 이 지점에서 구세주 신앙과 만난다. 특히 알리 이후 열두 이맘의 시기가 지나고 마지막 12대 이맘이 873년에 사라졌다고 믿는 '열두 이맘파'에서는 메시아사상의 전형이 나타난다. 이들은 사라진 12대 이맘이 오랜 은둔에서 벗어나 언젠가 지상에 구세주(마흐디)로서 나타날 것이라 믿고 있다. 훗날 많은 이들이 '마흐디'를 자처하면서 등장하기도 했다.

수피

그 밖에 완전한 종파라고 볼 수는 없지만 신비주의적 분파인 수피Sufi에 대해 알아볼 필요는 있다. 수피즘의 초기 수도승들은 금욕과 청빈을 상징하는 하얀 양모로 짠 옷을 입었기 때문에 수피라 불렸다.

수피즘은 진리가 말이나 이론에 있는 게 아니라 알라에게 몰입되는 체험에서만 찾을 수 있다고 주장한다. 따라서 이들은 알라와의 전통적인 교리 학습이나 율법이 아니라 신과 합일되는 것을 최상의 가치로 여긴다. 그들은 신과 하나가 되기 위해 춤과 노래로 구성된 독자적인 의식을 갖고 있다.

수피즘은 이슬람교의 전통적인 율법은 존중하되, 일체의 형식은 배격한다. 신도의 내면적 각성과《코란》의 신비주의적 해석을 강조하며, 금욕, 청빈, 명상 등을 중요하게 여긴다. 또한, 정신적인 깨달음을 얻기 위해서는 지성보다 체험이 중요하다고 여긴다. 수피즘은 신과의 합일을 위해 진정한 자아를 찾는 것을 수행의 목표로 한다. 수피들은 예수를 특히 존중했는데, 수피즘은 예수를 사랑의 복음을 설교한 이상적인 수피로 보았다.

수니파 근본주의의 발흥

현재 아랍 지역에는 알카에다를 능가하는 새로운 근본주의 과격단체가 등장해 이라크, 시리아, 이란, 미국 모두에게 비상을 걸고 있다. 이른바 ISIS(이라크-시리아 이슬람 국가)는 이라크와 시리아 일대에서 이슬람교 원리주의 국가 건설을 목표로 하고 있는 수니파 무장단체다. 실제 그들은 2014년 6월 29일 "칼리프 제도의 신정일치 이슬람 국가를 건국했다"고 공식적으로 선포했다. 현재 ISIS 최고지도자 '아부 바크르 알 바그다디'를 '칼리프'로 추대했다고 전했다. 미국이 이라크를 침공한 2003년 이후 세운 친미 시아파 정권에 반대하며 결성된 무장단체들에 뿌리를 두고 있다. 이들이 2014년 6월 10일, 이라크의 두 번째 도시 모술을 점령했다. 바그다드에서 북쪽으로 396킬로미터 떨어진 모술은 시리아와 국경을 맞대고 있는 대

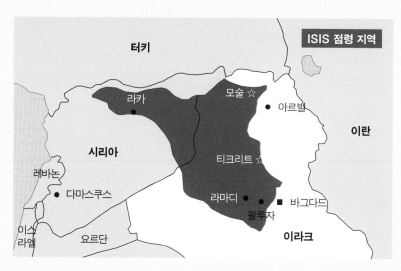

ISIS 점령 지역(2014년 7월 기준).

표적인 산유지다. 인구는 290만 명 정도다.

　모술에서 이미 40만 명 이상의 피난민이 벗어났다. ISIS는 공항, 주 정부 청사와 방송사 두 개에 대한 통제권을 넘겨받았다. 또 세 개의 감옥을 습격해 약 3천 명의 수감자를 석방시켰다. 외신에 따르면 3천 명 이상의 ISIS 전투 병력이 모술 지방에서 활동 중이다. ISIS는 또 인 근 키르쿠크와 살라헤딘 일부도 장악했다. 이 지역은 이라크에서 가 장 풍부한 산유지다. 이외에도 이들은 이라크 서부 알안바르 지역을 통제해 왔다.

　ISIS는 아랍 세계를 이슬람주의 신성제국으로 만들고자 하는 수 니파 근본주의 세력에 속한다. 이들은 시리아에서도 알아사드 정권 에 맞서 활동 중이다. 때문에 시리아 내전도 격화될 수 있다는 우려 가 크다.

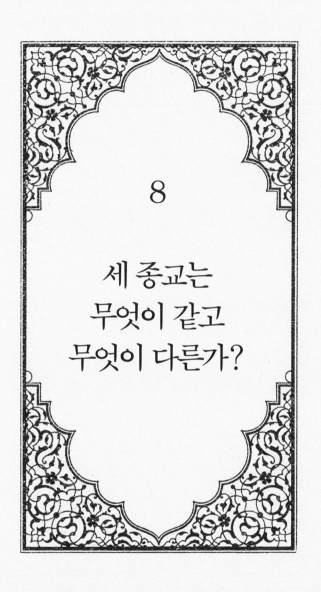

8

세 종교는
무엇이 같고
무엇이 다른가?

유대교, 기독교, 이슬람교는 모두 유일신을 섬기며, 아브라함으로부터 유래한 한 뿌리의 종교들이다. 우리가 통상 《구약성경》으로 알고 있는 유대교의 히브리 《성경》이 세 종교의 근본이다. 세 종교가 믿는 신도 같다. 모두 아브라함의 신 '야훼YHWH'를 창조주 유일신으로 믿고 있다. 기독교에서는 이를 여호와라 부른다. 이슬람교의 '알라' 역시 '신'이라는 뜻이다. Allah는 al이라는 관사와 Illah 신神의 합성어다. 곧 '그 신' 즉 유일신 '야훼'를 말한다.

하지만 이들의 가장 큰 차이는 바로 예수에 대한 관점의 차이다. 유대교와 이슬람교는 예수를 신의 아들로 보지 않고 선지자 중의 한 사람으로 본다. 유대교에서 보는 모세, 이슬람교에서 보는 무함마드 역시 선지자의 한 사람일 뿐이다. 반면 기독교는 예수를 하느님의 아들로 보며 삼위일체의 유일신을 믿는다. 곧 성부, 성자, 성령은 삼위이긴 하나 일체一體 곧 하나의 신이라고 보는 것이다.

같은 점

유일신

    세 종교의 공통점은 유일신을 믿는 일신교라는 점이다. 원래 이 세 종교는 하나다. 인류 최초로 유일신을 믿은 아브라함으로부터 세 종교가 출발했기 때문이다. 세 종교 모두 아브라함을 자기들 종교의 최고 조상으로 섬긴다.

    다만 유일신을 부르는 명칭이 다르다. 유대교에서는 신을 여러 이름으로 부른다. 처음 하느님이 직접 모세에게 가르쳐준 이름은 '나는 나다I am what I am'라는 의미의 '에헤으 아세르 에헤으'였다. 하지만 유대인들은 감히 신의 거룩한 이름을 불러서는 안 된다고 믿었다. 히브리《성경》에는 신의 이름이 'YHWH'라는 네 개의 자음으로 기록되어 있다. 하지만 유대인들은《성경》을 읽다가 신의 이름 'YHWH'가 나오면 이를 발음하지 않고 대신 '아도나이'라 읽었다. 이는 '나의 주님'이라는 뜻이다.

기독교에서는 'YHWH'를 '야훼' 혹은 '여호와'라 부르나 유대인들은 지금도 신의 이름을 발음하려 하지 않는다. 한국 기독교에서 가톨릭은 '하느님' 그리고 개신교는 '하나님'이라 칭한다. 이슬람교는 '알라'라 부른다. 모두 같은 분이지만 다른 이름이다.

《코란》에서는 알라가 유대교인들과 기독교인들이 말하는 신과 동일한 하느님임을 분명히 밝히고 있다. 무슬림들은 신에 대해 말할 때 그 신이 아브라함의 하느님, 모세의 하느님, 예수의 하느님, 무함마드의 하느님이라고 한다. 이에 관한 《코란》 성구는 다음과 같다. "우리는 우리에게 계시된 것과 너희에게 계시된 것을 믿는다. 우리의 하느님과 너희의 하느님은 한 분이시며 우리는 그분께 복종하는 자들이다." 여기서 말하는 '너희'는 《성경》을 가진 백성들로 유대인과 기독교인을 지칭한다. 그리고 이 성구 끝의 '복종하는 자'가 원어대로 발음할 때 무슬림muslim인데, 이 단어가 바로 이슬람교도를 가리키는 아랍어다.

《구약성경》은 세 종교 모두의 경전이다. 이슬람교는 《구약성경》 중 《코란》과 상충되지 않는 《모세오경》과 다윗의 시편을 경전으로 믿는다. 따라서 세 종교 모두 예루살렘을 성지로 여기며 유일신에 의한 창조, 종말, 최후의 심판, 영원한 내세라는 종교관도 일치한다.

세 종교의 모태는 유대교다. 유대교는 기원전 2000년경의 아브라함에서부터 시작해 기원전 13세기 이집트 탈출 때 모세가 시나이 산에서 하느님에게 십계명과 율법을 받아 뼈대가 정립되었다. 그리고 기독교는 기원후 예수의 제자들에 의해 유대교에서 분리되었으며, 이슬람교는 기독교보다 약 6백 년 뒤에 무함마드에 의해 생겨났다.

세 종교의 뿌리,《구약성경》

오늘날《구약》을 경전으로 삼고 있는 종교는 유대교, 기독교, 이슬람교다. 유대교는 그들의 조상 아브라함이 직접 신과 계약을 맺은 것을 믿는 유대민족의 종교다. 반면 기독교는 하느님의 외아들인 예수 그리스도를 구세주로 믿는 종교로 이를 받아들이면 누구나 기독교인이 될 수 있다. 이보다 늦게 생긴 이슬람교는 예수를 구세주가 아닌 예언자로 인정하고 무함마드를 최후의 가장 위대한 예언자로 보는 종교다. 뿌리가 같기 때문에 당연히 이들 종교 모두《구약성경》을《성경》으로 믿는다.

세 종교의 경전을 보면, 유대교는《구약성경》과《탈무드》이며, 기독교는《구약성경》과《신약성경》, 이슬람교는《토라》와 다윗의 시편, 예수 복음서 그리고《코란》이다. 그런데 이슬람교에서는《코란》을 제외한 세 개는 후대에 일부 내용이 변절되었다고 본다.

부활과 최후의 심판

세 종교는 공히 죽은 다음의 부활을 강조한다. 각 종교들은 부활과 최후의 심판 개념을 발전시켰다. 초기 유대교는 '야훼의 날'을 강조했다. 이를 '마지막 날'이라고도 한다. 유대교에서 '마지막 날'이라는 용어는 메시아가 도래할 것이라는 유대인들의 믿음을 상징한다. 다른 종교들도 부활과 구원에 관한 종말론적인 믿음을 가지고 있다. 하느님이 이스라엘과 모든 민족을 심판하는 날 비로소 하느님의 나라가 시작된다는 것이다. 다만 유대교 일파인 개혁파에서는 죽은 후 육체의 부활을 인정하지 않으려는 경향이 있다.

기원전 6세기경 이란의 예언자 자라투스트라에 의해 창시된 조로아스터교는 죽은 뒤 삼 일 밤을 무덤에서 기다린 후 나흘째 되는 날 보응의 다리로 가서 행위에 대한 심판을 받는다고 가르친다. 만일 선행이 악행보다 많으면, 영혼은 다리를 건너 하늘로 올라갈 수 있다. 악행이 선행보다 많으면 영혼이 건널 수 없도록 다리가 좁아져 결국 춥고 어두운 지옥의 나락으로 떨어진다는 것이다. 그러나 그것으로 모든 게 끝나는 것은 아니다. 왜냐하면 모든 인간을 소생시키고 최후의 심판을 주재하며 세상의 선을 회복시키는 지혜의 주 '아후라 마즈다'가 악마들의 우두머리인 '아흐리만'을 결국 굴복시키기 때문이다.

기독교는 최후의 심판 개념을 더욱 발전시켜 그리스도의 재림 때 최후의 심판이 있으며, 모든 인간이 하느님 앞에 서게 된다고 가르친다. 기독교에서 심판은 죽은 자와 산 자 모두에게 행해지며, 다른 종교들에서는 사람이 죽은 직후 그 행위에 따라 하느님이 보상이나 벌을 내리는 심판이 있다고 본다.

이슬람교에서도 최후의 심판 개념이 많이 확대되었다. 이슬람교에서는 부활의 날, 심판의 날이 세상의 마지막 이전에 선행된다. 심판의 날은 이슬람교의 5대 신앙 중 하나다. 사람이 죽으면 '문카르'와 '나키르' 등 두 천사에게 신앙에 관한 질문을 받는다. 만일 종교전쟁(성전, Jihad)에서 죽은 순교자의 삶을 살았다면 영혼은 곧 바로 낙원에 가지만, 다른 사람들은 연옥에 머물러 있어야 한다.

운명의 날에 세상이 처음 생겼을 때부터 살았던 모든 인간이 생명을 되찾고 다시 살아나 알라 앞으로 나간다. 이것을 부활이라 부른다. 이때 인간들의 모든 행위를 기록한 책이 천사들에 의해 하느님 앞에 제출되고 선한 행위와 악한 행위를 수록한 두 권의 책에 실린 기록에 따라 심판을 받는데 사람은 목에 매단 책의 비중에 따라 낙원이나 지옥으로 간다.

다른 점

예수에 대한 관점

세 종교의 가장 큰 차이는 '예수에 대한 관점'에 있다. 기독교는 예수를 삼위일체설에 입각해 하느님의 아들이자 신이라고 믿는 반면 유대교와 이슬람교는 예수를 단지 하느님이 보낸 선지자(예언자) 가운데 한 명으로 간주한다. 유대교는 예수를 유대교의 일파를 이끌다 순교한 선지자로 보고 있다. 예수에 대해 유대교는 《탈무드》〈산헤드린〉에서 "예수는 마술을 써서 이스라엘을 미혹시켜 배교하게 했으므로 유월절 전날에 처형되었다"고 기록하고 있다. 이렇게 유대교에서는 예수를 신의 아들, 삼위일체 하느님의 한 지체로 보지 않는다.

예수를 '이샤'라고 부르는 이슬람교도 유대교와 마찬가지로 예수를 신의 아들로 보지 않는다. 그러나 처녀의 몸에서 태어난 사실과 기적을 행한 사실은 믿는다. 무슬림들은 예수를 이스라엘 민족을 인도하기 위해 신이 보낸 중요한 예언자들 가운데 한 사람으로 존경한다. 실제로 예수는 이슬람교에서 중요한 위치를 차지하고 있다. 예수는 하느님의 허락으로 여러 기적을 보여주었다고 믿는다. 이슬람교는 "예수는 태어난 지 얼마 되지 않아 요람에서 말을 했고, 죽은 자를 살렸으며, 흙으로 새를 빚어 숨결을 불어넣는 기적을 행했다. 예수는 '하느님 이외에는 숭배를 받을 존재가 없다'는 유일신 사상을 사람들에게 설파했다"고 가르친다.

하지만 《코란》에 보면 예수는 십자가에 죽은 사실이 없다고 되어 있다. "그들이 예수를 죽이지도, 십자가에 못 박지도 않았으나 그들에게는 그렇게 보였을 뿐이다"(《수라》 4:147~158). 이렇게 《코란》은 단적으로 예수의 십자가 죽음을 부인하고 있다. 대부분의 무슬림들은 예수가 십자가에 못 박히기 직전 하느님께서 천국으로 데리고 가셨으며 가룟 유다가 대신 십자가에 못 박혔다고 보고 있다. 그리고 심판의 날이 가까워오면 예수는 다시 지구로 재림한다는 것이 예수에 관한 이슬람교의 믿음이다.

이슬람교의 말세는 알라만이 알 수 있는 영역이다. 말세는 대말세와 소말세가 있는데 대말세의 징조는 연기가 온 세상을 덮을 것이며 짐승들과 사기꾼들이 출현하고 예수가 재림하며 태양이 서쪽에서 떠서 동쪽으로 지는 등 징조가 있다. 소말세는 사회의 부정부패, 고리대금, 간음, 대로에서의 범죄 같은 것으로 그 징조가 나타난다고 한다. 이 모든 것은 알라가 《코란》과 예언자 언행록인 《하디스》를 통해 그들에게 알려준 사실들이다.

이슬람교는 이렇게 예수를 위대한 선지자로 인정하면서도 참 선지자는 바로 무함마드라고 믿고 있다. 이슬람은 사라가 낳은 아들 이삭이 아니라, 하갈이 낳은 맏아들 이스마엘이 적자라고 주장한다. 따라서 이슬람교는 자신들이야말로 아브라함 종교를 계승했으며 이스마엘의 자손인 무함마드가 참 선지자라 믿는다.

구원에 대한 견해

다음으로 '구원에 대한 견해' 차이다. 기독교는 우리 대신 십자가의 피로 속죄하신 예수를 믿음으로써 구원될 수 있다고 가르친다. 반면 유대교는 하느님이 준 율법을 지키고 선행을 하면 구원된다고 생각한다. 이슬람교도 마찬가지로 이 세상에서 선하고 바른 행동을 하면 구원을 받아 천국에 갈 수 있다고 생각한다. 그래서 그들은 '실천적 다섯 기둥'이라 불리는 종교적 의무 5행을 철저히 지킨다. 곧 "알라 이외에 다른 신은 없으며, 무함마드는 그의 선지자다"라는 신조를 암송하고, 매일 메카를 향해 하루 다섯 번 정해진 시간에 기도하며, 가난한 자를 위한 자선, 라마단 기간 중의 금식, 평생 동안 최소한 한번 이상의 성지순례를 하고 있는 것이다. 또 그들은 이교도들과의 싸움에서 죽으면 곧바로 천국으로 간다고 믿는다. 유대인들과 무슬림들이 율법적으로 철저하게 종교적 의식과 의무를 이행하려고 하는 것은 이처럼 그들의 행위에 의해서 구원을 얻을 수 있다고 믿기 때문이다.

정리하면, 유대교는 '율법에 의한 구원'을, 기독교는 '믿음에 의한 구원'을, 이슬람교는 '행위에 의한 구원'을 강조한다. 이렇게 된 근저에는 당시의 시대상이 반영되어 있다. 유대교가 창시되던 아브라함으로부터 시작해 모세 시대에 이르기까지의 시대는 지극히 현세적인 다신교의 우상숭배 사회로 삶의 방향이나 지침이 없는 무질서한 사회였다. 그래서 하느님은 유대인을 선택해 그들에게 올바른 삶을 위한 크고 작은 것들을 자세히 가르쳐주었다. 그것이 곧 613개의 성문 율법과 구전 율법이었다.

그러던 것이 유대교가 정착되는 과정에서 엄격한 안식일 준수 등 너무 율법에 얽매이는 생활을 하다 보니 유대인들은 본질적인 율법 정신보다는 그 형식을 좇게 되었다. 이를 바로 잡은 분이 예수라는 것이 기독교의 주장이다. 그리고 예수는 유대인에 국한되어 있던 하느님의 구원 계획을 이방인에게도 넓혀 보편적인 종교로 바꾸었다. 이 과정에서 율법을 믿음으로 교체했다. 율법을 지킴으로써 구원을 받는 것이 아니라 새로운 복음인 '하느님의 아들 예수를 믿음으로써 구원을 받는다'고 가르쳤다.

반면 기독교보다 6백 년 뒤에 탄생한 이슬람교는 유대교와 기독교가 《성경》을 자기들 입맛대로 왜곡하고 타락시켜 마지막 선지자 무함마드에게 하늘에 있는 《성경》 원본을 다시 내려주었다고 믿는다. 그래서 다시는 종교가 왜곡되거나 타락하지 않도록 이슬람 교리는 단순하게 여겨질 만큼 명료하게 정립되어 있다. 이슬람 교리는 6신 5행, 즉 이맘(여섯 가지 종교적 신앙)과 이바다(다섯 가지 종교적 의무)를 기본으로 한다. 이슬람교는 종교적 의무를 이행하는 이 다섯 가지 실천 사항을 행동으로 보이는 것이 가장 중요하다고 가르친다. 이것이 이슬람교가 '행위에 대한 구원'을 강조하는 이유다.

메시아에 대한 견해

세 종교는 메시아에 대한 견해도 다르다. 정통파 유대교에서는 여전히 메시아를 기다리고 있다.《성경》에서 약속된 메시아는 아직 오지 않았다는 것이다. 유대인들은 2천5백여 년 전부터 두 가지를 희망하고 있다. 첫 번째가 메시아가 나타나는 것이고, 두 번째가 그 메시아가 가져올 '올람 하바' 세상이다. '올람 하바'란 '메시아의 시대' 혹은 '다가올 세계'를 뜻한다. '지금 시대'는 히브리어로 '올람 하제Olam Ha-Zeh: this world'이며 '장차 다가올 세상'은 '올람 하바 Olam Ha-Ba: the world to come'다.

그런데 이 '올람'이라는 말은 시공을 초월한 개념이다. 유대인들은 과거와 현재와 미래가 한 선상에 같이 있는 것으로 보고 있다. 그들이 과거의 역사를 중히 여기는 이유다. 유대인들은 모세가 시나이 산에서 하느님으로부터 율법을 받고 있을 때 그들의 영혼이 모두 모세와 같이 있었다고 믿는다.

마찬가지로 '올람'은 어떤 일이 내일로 계속 이어질 경우 '지금'을 말하면서 또한 수백, 수천 년 앞의 미래 곧 영원을 말하기도 한다. 즉 이 세상에서의 삶이 끝이 아니라 이 세상은 메시아가 올 그날과 연결되어 있다는 것이다. 그러므로 유대인은 과거가 살아 숨쉬는 '올람 하제'를 살면서 동시에 '올람 하바'의 시간을 같이 살고 있는 것이다. 정통파 유대인들은 이집트 탈출 사건을 통해 이스라엘 구원이 이뤄졌고, 메시아가 오심으로 그 구원이 완성된다고 본다.

반면 개혁파 유대교에서는 '티쿤 올람' 사상에 따라 '집단 메시아 사상'을 믿고 있다. 이는 유대인 하나하나가, 곧 유대민족 전체가 하느님의 일을 거들어 이 세상을 바람직한 모습으로 바꾸어 나가야 한다는 사상이다. 유대민족 전체가 메시아적 역할을 해야 한다고 생각하는 것이다.

루벤스, 〈십자가 위의 예수〉(1627).

기독교에서는 예수를 메시아로 인정하고 있다. 그리고 언젠가 때가 되면 재림 구주로 이 땅에 다시 오신다고 한다. 말하자면 기독교에서는 재림 메시아를 고대하고 있는 것이다. 더 나아가 기독교에서는 유대교를 믿는 이스라엘이 예수를 메시아로 받아들이는 날이 오면 그때가 바로 예수가 재림하는 날이라 한다. 그날 세상의 종말과 천국의 도래가 동시에 일어난다고 한다.

기독교와 이슬람교의 가장 큰 차이는 '메시아사상'에 있다. 기독교는 구세주로 인해 우리가 구원을 받았으므로 구세주를 믿음으로써 천국에 갈 수 있다고 가르친다. 그러나 이슬람에는 '구세주'란 중재자가 없다. 누구나 알라를 믿고 선행을 쌓으며 진실로 자신의 죄를 회개하면 천국에 갈 수 있다고 가르친다.

원죄 사상

기독교에서는 아담과 하와가 하느님이 금한 금단의 과일 선악과를 따 먹은 것을 '원죄'라 한다. 이 죄가 자손 대대로 전해 내려온다는 사상이 '원죄 사상'이다. 선악과란 '선악을 분별하게 하는 지혜'를 주는 과일이다. 이에 하느님은 "이제 사람들이 우리들처럼 선과 악을 알게 되었으니 손을 내밀어 생명나무까지 따 먹고 끝없이 살게 해서는 안 되겠다"고 생각하고 에덴동산에서 내쫓았다.

중요한 점은 아담과 하와가 이 금단의 열매 선악과를 먹게 되면서, 인간에게 '원죄'가 발생했다는 사실이다. 다만 예수를 믿으면 예수가 우리의 죄를 대신해 십자가 보혈의 피로 대속했기 때문에 원죄에서 벗어난다고 가르친다.

미켈란젤로, 〈원죄와 낙원에서의 추방〉(1512).

그러나 이슬람교에는 이러한 원죄 사상 자체가 없다. 우선 기독교와 이슬람교의 가장 커다란 차이점 중 하나가 '대속' 개념이다. 이슬람교에서는 대속이라는 생각이 존재하지 않는다. 아담의 사건을 통해 대속에 관한 이슬람교의 관점을 살펴볼 수 있다. 아담은 하느님이 금지한 나무 열매를 먹어 하느님이 그를 꾸짖었다. 이에 아담은 용서를 빌었고 하느님이 아담을 용서했다. 이처럼 아담의 죄를 용서함에 있어 제삼자가 필요치 않았다. 하느님이 직접 그를 용서해주었기 때문이다. 또한 용서를 받은 아담의 자손에게 원죄란 있을 수 없다.

반면 유대교에는 아담과 하와의 불순종 죄는 인정한다. 그러나 이 죄가 후손 대대로 이어져 내려온다는 원죄 사상은 없다. 그들은 과거에 얽매이지 않는다. 유대인들에게 죄란 과거에 있지 않고 현재에 있다. 유대교에선 현재에 충실하지 않는 삶이 죄다. 하느님의 뜻을 거스르는 삶이 죄다. 아담과 하와가 하느님에게 불순종한 것이 죄가 아니라 오늘을 사는 내가 하느님에게 불순종하는 것이 죄인 것이다.

하느님이 준 가능성에 최선을 다하지 않는 '게으름'과 '무능력'이 죄다. 자신의 미래에 대한 가능성을 믿지 않고 하느님이 준 재능을 찾아내 이를 갈고 닦는 자기 계발을 게을리하는 사람은 하느님에게 죄를 짓는 것이다. 따라서 유대인에게 신앙이란 자기 자신 속에 내재된 하느님의 형상을 찾아 자신을 발전시켜 나가는 노력이다.

반면 이슬람교는 원죄 자체를 인정하지 않는다. 하느님이 아담과 하와를 용서했기 때문에 원죄는 성립될 수 없다는 입장이다. 따라서 인류의 원죄를 씻어내는 예수의 대속이라는 개념 또한 없다.

이슬람교 인간관 특징은 인간은 그의 주인인 알라의 종이라는 것이다. 알라신이 세상의 모든 것의 운명을 정하고 인간은 신의 뜻에 순종하는 것 외에 다른 방도가 없다는 것이다. 인간은 이미 신이 정한 길이 있기 때문에 자기 삶의 목적을 스스로 정할 선택권을 가지지 못했다고 한다.

천사와 악마의 존재

유대교, 기독교, 이슬람교뿐 아니라 불교와 조로아스터교에서도 천사는 실제로 존재한다고 믿고 있다. 유대교에서 천사는 여호와가 불로 창조했다는 영적인 존재들이다. 천사는 신과 인간의 중개자로 천사라는 말 자체가 히브리어로 '심부름꾼'을 뜻한다. 그들은 신의 뜻을 인간에게 전하고, 인간의 기원祈願을 신에게 전하는 존재다.《구약성경》에서 천사는 천상의 군대로, '하느님의 아들들', '거룩한 종들'로 불린다. 〈창세기〉에서 천사는 여러 번에 걸쳐 신의 명령을 전달한다. 신을 대신해 신의 이름으로 말하고 행동한다. 아브라함과 야곱을 지켜주기도 하며, 〈출애굽기〉에서는 홍해를 건너는 유대인을 보호하기도 한다.

악마도 있다. 히브리어 단어 '사단'은《구약》에서 27회 쓰였다. 히브리어에서 그리스어로 번역된 70인 역《성경》에서는 그리스어 단어 '디아볼로스'와 '사탄'의 두 가지 번역이 있다. 디아볼로스는 신에 대해 쓰이고, '사탄'은 인간에 대해 쓰인다.《신약》에서는 이 구별이 사라졌다.

천사에 해당하는 그리스어는 '안겔로스'다. 이 말은 신에게서 파

라파엘로, 〈식스투스의 성모〉(1513) 중 아기 천사들 부분.

견된 사제·예언자라는 뜻이다. 그러나 기독교 용어에서는 인간보다 지혜롭고 능력이 뛰어난 영靈으로 정의되어 있다. 최초의 천사는 모두 거룩하고 행복한 상태에 있었는데, 어떤 천사들은 감히 자신을 만든 창조주처럼 위대하고 강해질 수 있다고 생각했다. 급기야 그들은 하느님께 반란을 일으켜 루시퍼를 비롯한 많은 천사가 신을 배반해 선한 천사와 악한 천사로 나뉘게 되었다. 악한 천사가 바로 악마(사탄)다.

천사는 항상 신에게 봉사하며 인간을 수호한다. 인간에게는 사람마다 수호천사가 있다. 천사는 그 사람이 인생의 최고 목표인 천국에 갈 수 있도록, 선행을 권하고 악을 피하게 해준다. 이슬람교의 천사는 인간을 섬기도록 만들어졌다. 알라가 인간을 창조하고 천사들에게 말하기를 "머리를 조아리고 인간을 경배하라. 내가 인간에게 나의 생기를 불어넣었음이라"고 했다. 곧 인간에게는 신성이 있다는 뜻이다.

세 종교의 안식일 차이

세 종교의 안식일도 차이가 있다. 즉 금요일은 이슬람, 토요일은 유대교 그리고 일요일은 기독교의 안식일이다. 유대인들이 안식일이란 개념을 만들고 난 이후 원래 안식일은 금요일 일몰부터 토요일 일몰까지를 의미했다. 유대인은 하루의 시작을 일몰로부터 계산한다. 〈창세기〉에 "하느님께서 "빛이 생겨라!" 하시자 빛이 생겨났다. 이렇게 첫날의 밤, 낮 하루가 지났다"라고 쓰인 걸 보고 하루를 일몰로부터 시작하는 것이다. 원래 세 종교의 안식일은 유대교의 안식일과 같았다.

기독교에서 안식일이 일요일로 바뀐 이유가 있다. 예수 이후 유대인들과 기독교도들은 함께 안식일을 준수하며 공존했다. 그러다 서기 132년 유대인들의 반란으로 로마제국이 안식일 금지 칙령을 선포한다. 이는 유대인뿐 아니라 기독교도들에게도 해당되는 사항이었다. 로마제국은 안식일을 지키는 기독교인들도 유대인과 마찬가지로 무자비한 박해를 가했다.

그러다 321년 콘스탄티누스 황제가 안식일 개념을 처음으로 도입한다. 콘스탄티누스 황제는 태양신 아폴로를 숭배하는 교인들과 기독교인들을 묶어 단일 종교화하려는 종교정책을 시도했다. 그는 유대력에 기초한 기독교의 주 7일 제도와 로마의 신들 이름을 혼합해 요일 이름을 정했다. 그중 일요일을 'Sunday'라는 '태양신의 날'로 이름 짓고, 휴일로 선포한다. 그는 이 정책의 성공을 위해 자신도 기독교로 개종한다. 이로써 태양신 숭배자들의 휴일인 일요일이 기독교의 주 1회 안식일이 될 수 있는 여지를 마련한 셈이다. 유대인들과 달리 박해를 피하고자 한 기독교도들에게도 좋은 합의점이 제시된 것이다.

그 뒤 325년 니케아 공의회에서 일요일을 부활절로 성수하도록 결의했다. 태양신을 믿은 로마인들의 반발을 피하기 위해 콘스탄티누스 황제는 교회도 일요일에 예배를 보도록 명했다. 365년 라오디게아 공의회에서 기독교 예배일을 정식으로 유대교 안식일이 아닌 일요일로 바꾸게 되면서 기독교의 안식일은 일요일로 정착된다. 이를 통해 기독교는 로마제국의 국교로 단단히 자리 잡아 중세 이후 그 세력을 넓혀 현재까지 그 위상을 누릴 수 있게 된다.

6세기경에 만들어진 이슬람교도 처음에는 유대교를 존중하며 그들과 합치하려고 노력했다. 그래서 예루살렘을 향해 기도하며 안식일을 지켰다. 그러나 유대인들이 무함마드가 주창하는 이슬람교를 받아들이지 않았다. 그러자 무함마드도 유대교를 배척하기 시작했다. 그간의 예루살렘을 향한 기도도 메카로 바꾸고 예배일도 금요일로 옮겼다. 무함마드가 예배일로 금요일을 선정한 이유는 아마도 이슬람교 이전 아랍 사회에서 금요일이 장날로서, 흩어져 살던 부족들이 중심 지역에 모일 수 있는 자연스러운 기회라는 데 있었을 것이다. 오늘날도 일요일을 쉬는 파키스탄, 터키 등의 일부 국가들을 제외하고 대부분의 이슬람교 국가들이 금요일을 법정 휴일로 지정하고 있다.

사제의 유무

또 다른 차이는 사제의 존재 유무다. 유대교와 이슬람교는 사제가 없다. 하느님과 평신도가 직접 소통하는 것이다. 유대교에 '랍비'가 있고 이슬람교에 '이맘'이 있으나 이들은 사제 곧 성직자가 아니라 평신도다. 다만 유대교 랍비의 경우, 공부를 많이 한 공동체의 지도자이기 때문에 예배의 모범을 보일 뿐이다.

이슬람교 역시 사제가 없다. 이슬람교는 신과 인간 사이에 영적인 어떠한 중간매체도 두지 않으며, 인간과 신의 직선적 관계를 중시한다. 때문에 무슬림들은 예배, 선교, 교육 등 종교생활의 운영방식에서 타 종교와 다른 면을 보인다. 종교교육자나 선교사를 따로 두지 않고 스스로가 선교사이고, 스스로가 훌륭한 교육자임을 자처한다.

예를 들어 이맘은 예배를 인도하는 사람이다. 그런데 이맘이 될 자격은 사막의 베두인이나 여행자이거나 젊은이, 무식자, 걸인 등 누구에게나 부여되어 있다. 이맘의 지위를 취득하기 위해 특별교육 과정이나 안수식 같은 어떤 절차나 의식을 거치치 않아도 된다. 다시 말해 이맘은 누구나 될 수 있다. 이슬람교에는 기독교의 성직자 계급같이 평신도와 구별되는 특별한 사람들 또는 사제집단이 존재하지 않는다. 이슬람교를 믿는 사람은 모두 신 앞에 평등하다. 신 앞에 절대 복종해야 하는 동등한 지위인 것이다. 이같이 이슬람교는 평등주의를 내세운다. 신 앞에서 종교적 의무를 수행하는 무슬림은 누구나 똑같다.

유대교에 원래 사제가 없었던 것은 아니다. 모세의 형 아론에서 시작된 제사장 혈통이 있었는데 중간에 없어졌다. 예수가 십자가에 처형되고 40년 뒤 로마인들이 예루살렘 성전을 파괴하는 과정에서 사두개파를 멸족시켜 사제직 혈통이 없어져 버렸다. 그 뒤 지금까지 2천 년 동안 평신도들이 유대교를 지켜왔다. 이슬람교도 이러한 유대교를 본 따 만들어 사제가 없는 것이다.

반면 기독교는 하느님과 평신도 사이에 사제가 있다. 사제는 '신과 인간의 중개인'을 의미한다. 《신약성경》은 사제는 천상의 예수 하나뿐이라고 말한다. 하지만 예수는 베드로에게 "네가 무엇이든지 땅에서 매면 하늘에서도 매일 것이요 땅에서 풀면 하늘에서도 풀릴 것이라"(《마태복음》 16:19)고 말했다. 그런 연유로 베드로가 기독교의 초석이자 가톨릭에서 초대 교황으로 추앙받는 이유다. 현재 가톨릭에서 고해성사를 통해 '죄사함'을 받는 것도 같은 이유다. 가톨릭에서는 신부를 사제라 부른다.

마틴 루터에 의한 종교개혁으로 가톨릭에서 개신교가 갈라져 나왔다. 그 과정에서 많은 것들이 바뀌었다. 루터가 주장한 '만인제사장설'은 신자는 누구나 하느님께 직접 예배하고 교통할 수 있다는 개신교의 교리다. 만인사제설이라고도 한다. 따라서 개신교에서는 성직자라는 특정한 호칭이나 역할이 존재하지 않는다고 주장한다. 이 설은 신자들을 가르치는 교회와 듣는 교회로 나누는 로마 가톨릭교회의 교리와 차별된다.

하지만 대부분의 개신교 교회들은 설교는 신학교육을 받은 전문인인 목사가 해야 한다는 이유로 평신도들에게 설교를 허락하지 않는다. 뿐만 아니라 목사가 세례를 주며 예배를 인도한다. 이런 면에서 목사한테 제사장적 기능 곧 사제로서의 기능이 살아 있고, 목사가 신과 인간의 중개인이라는 의미에서의 성직자 역할을 하면 이를 사제로 분류해야 옳지 않을까?

종교마다 약간씩 다른 십계명

모세가 시나이 산에서 받은 십계명은 하나다. 모세 율법의 핵심이다. 그러나 유대교, 가톨릭, 개신교는 십계명을 약간씩 다르게 이해하고 있다. 왜냐하면 십계명이 기록되어 있는 〈출애굽기〉 20장이나 〈신명기〉 5장에 나오는 십계명은 분류하기에 따

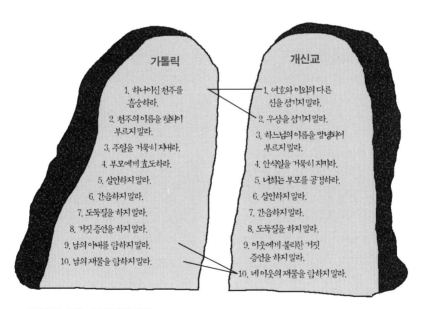

가톨릭과 개신교의 십계명 차이.

라 열 개도 되고, 열한 개도 되며, 심지어는 열두 개도 될 수 있기 때문이다.

유대교의 십계명은 개신교 십계명과 1번이 다르다. 유대교의 십계명은 "나는 너의 하느님 여호와다"로 시작한다. 신이 그들과 직접 계약을 맺으면서 그들에게 말한 첫 대목을 강조한 것이다. 그들의 하느님이자 그들의 유일신임을 강조한 것으로 보인다. 반면 개신교 십계명 1계명은 "너는 나 이외의 다른 신들을 네게 두지 마라"로 시작된다. 나머지 다른 계명들은 양쪽이 같다. 가톨릭과 개신교의 십계명도 약간 다르다. 가톨릭의 1계명이 개신교에서는 1계명과 2계명으로 나뉘어 있다. 반면에 가톨릭의 9계명과 10계명이 개신교에서는 10계명에 합쳐져 있다.

종교에 따라
《구약성경》의 권수가 다른 이유

《구약성경》은 《토라》를 비롯해 역사서, 시서와 지혜서, 예언서로 구성되어 있다. 이처럼 《구약성경》은 한 권의 책이 아니라 여러 권의 책들을 모은 것이다. 자기 백성에게 개입한 하느님의 구원 업적이 때로는 역사서의 형태로, 때로는 예언자의 입을 통해서, 또는 교훈적 가르침을 통해서 기록되어 있다. 역사가들은 《구약성경》이 기원전 1200년경에 시작되어 8백 년 이상에 걸쳐 기록되었을 것으로 보고 있다.

유대인들은 자기들의 경전을 '구약성경Old Testament'이라 부르는 걸 좋아하지 않는다. 왜냐하면 자신들의 경전이 오래된old 것이라 여기지 않기 때문이다. 그들은 이를 《타나크TANAKH》라 부른다.

《타나크》는 율법서Torah, 예언서Neviim, 성문서Ketubim 로 구성되어 총 24권이다. '타나크'는 이 세 분류명의 첫 글자를 떼어 합성한 이름이다. 서기 90년에 유대인들은 야브네에서 종교회의를 열고 《성경》목록을 정해 신앙의 규범, 즉 정경正經으로 삼았다. 이 회의에서는 히브리어로 쓰인 24권의 《성경》만을 정경으로 확정했다. 이렇듯 유대교는 히브리 원문이 남아 있지 않으면 경전으로 인정하지 않았다. 때문에 기독교의 《구약성경》(가톨릭 46권, 개신교 39권)보다 권수가 적다.

《구약성경》의 권수가 이렇게 서로 다른 이유는 기원전 3세기경 이집트 알렉산드리아에서 이스라엘 열두 지파를 대표하는 72인이 모여 히브리어 《성경》을 당시 공용어였던 그리스어로 번역하는 작업을 할 때 히브리어 《성경》 24권이 39권으로 나뉘어 그리스어 《성경》으로 번역됐다. 권수가 늘어난 것은 〈열왕기〉, 〈역대기〉, 〈사무엘기〉 등 일부 《성경》을 각각 상·하 권으로 나눴기 때문이다. 이후 기독교가 출범하면서 신자들은 히브리어 《성경》보다는 그리스어 《구약성경》을 사용했다.

그 뒤 가톨릭교회는 382년에 열린 로마 주교회의에서 제2경전 7권을 더 포함해 총 46권의 《구약성경》과 27권의 《신약성경》 목록을 확정했다. 이 7권은 '〈토빗기〉, 〈유딧기〉, 〈지혜서〉, 〈집회서〉, 〈바룩서〉, 〈마카베오기 상권〉, 〈마카베오기 하권〉'인데 모두가 그리스어로만 된 것들이다. 그러나 16세기 종교개혁이 일어나면서 개신교는 제2경전을 외경外經으로 여기며 정경으로 인정하지 않고 기존의 39권만을 《구약성경》으로 인정했다.

세 종교의 선교활동

유대교에는 선교활동이 없다. 그들은 어머니가 유대인이거나 유대교를 믿으면 유대인으로 간주한다. 하지만 유대교를 믿게 하려고 이방인에게 선교활동은 하지 않는다. 폐쇄적인 민족종교인 것이다. 반면 기독교나 이슬람교는 자기 종교를 널리 퍼뜨리기 위해 적극적인 선교활동을 한다.

이슬람교는 두 가지 신앙 증언만 하면 입교가 허락된다. 무슬림들의 종교적 의무인 '실천 5주'에서 첫째는 신앙증언이다. 그 내용은 "알라 외에는 신이 없고, 무함마드는 알라의 사자임을 증언한다"라는 증언사를 소리 내어 말하는 것이다. 이 증언사는 사실상 이슬람교 근본교리를 함축하고 있다. 증언의 두 번째 내용은 무함마드만이 알라가 인간 앞으로 보낸 사람(라슬라) 곧 성사聖使라는 것을 고백하고 증언함으로써 예언자로서의 그를 통해 인간에게 내린 알라의 계시를 그대로 믿고 따라야 한다는 것이다. 이방인이 이맘 앞에서 이 증언사만 외면 다른 절차 없이 곧바로 이슬람교 입교자가 된다.

지난 50여 년간 기독교가 47퍼센트, 불교가 63퍼센트, 힌두교가 117퍼센트의 성장을 보였는데 이슬람교는 500퍼센트의 성장을 했다. 2013년 현재 이슬람교를 믿는 인구는 세계 인구의 23퍼센트인 16억 4천만 명을 차지하고 있다. 이 같은 추세가 계속된다면 2025년에는 전 세계 인구의 삼분의 일을 차지하게 될 것이다.

이슬람교는 한국인에 대한 선교도 열심이다. 한국에 이슬람교가 들어온 것은 1955년으로 2014년 현재 외국인 노동자를 포함한 국내 무슬림은 약 15만 명이다. 그 가운데 한국인 무슬림은 약 4만 명 정도다. 모스크의 수는 아홉 개로 앞으로 3~4년 후 스무 개는 돌파할 것이라 한다.

하지만 여전히 이슬람교는 우리나라에서 낯설게 느껴지는 종교다. 서양 사람들은 무슬림들이 '한 손에는《코란》, 한 손에는 칼'을 들고 이슬람교를 전파했다고 선전해 왔다. 오랫동안 이슬람교를 호전적인 종교인양 묘사하면서 이슬람교의 폭력성을 부각시킨 것이다. 1천 4백 년의 이슬람교 역사에서 이슬람교 공동체는 대부분 평화로운 공존을 추구해 왔다. 십자군 원정에서처럼 서방과의 충돌에서 침략자

서울 한남동 이슬람교 중앙성원.

는 거의 서양이었다.

1187년 예루살렘을 다시 탈환한 살라딘의 예에서 보듯, 이슬람교는 관용의 종교이자 생명의 존엄성을 교리에 담고 있는 평화의 종교다. 1차 십자군이 예루살렘을 점령했을 때 무슬림과 유대인에게 저질렀던 대량학살과 포악스러운 약탈 행위와는 반대로, 살라딘은 투항하는 사람에게 자비를 베풀고 용서와 화합의 선정을 베풀었다.

이슬람교의 의미 자체가 평화를 뜻하는 순종이다. 무슬림들의 일상의 인사말 "앗 쌀람 알라이쿰(평화가 당신에게 있기를)"도 평화를 나타낸다. 평화는 이슬람교의 본질이요, 목적이다.

무슬림들이 인간의 생명뿐 아니라 초목까지도 얼마나 귀하게 다루는지는 무함마드의 후계자인 아부 바크르의 말에서도 알 수 있다. 그는 632년 제1대 칼리프로 등극하자 무함마드가 계획했던 시리아 원정을 시행했다. 이때 그는 젊은 사령관에게 지휘권을 맡기면서 "어린이, 노약자, 부녀자를 살상하지 말 것, 수목을 해하거나 불사르지 말 것, 과실을 자르지 말 것, 소나 낙타 등 짐승을 도살하지 말 것, 인명과 재산을 보호할 것, 신앙에 충실할 것" 등 전장에서 지켜야 할 규율을 시달했다.

2대 칼리프 우마르 역시 같은 선례를 남겼다. 634년 이슬람 군이 예루살렘에 들어갔을 때 우마르는 모든 종교 공동체에 종교의 자유를 보장했다. 그들의 생명과 재산은 안전하게 보호되고 예배장소도 그들로부터 결코 빼앗지 않는다고 선언했으며 그대로 실행했다. 이슬람교 영역에 있는 모든 시민들의 생명과 재산은 그 사람이 무슬림이든 아니든 고귀한 것으로 보호받는 것이 이슬람교 정신이요, 관행이었다. 이슬람교는 전시에서의 전투상황, 정당방어 행위와 같은 합법적인 경우를 제외하고는 어떠한 경우라도 인간생명에 대한 위해 행위는 금지하고 있다.[†]

반면 유대교는 태생이 민족 종교라 선교활동을 하지 않는 편이다. 일본 막부시대에 선교사를 앞세워 기독교 선교에 열을 올렸던 나라들은 모두 교역이 중단되고 쫓겨났지만 유대인들이 주축이 되어 유일하게 선교활동을 하지 않은 네덜란드 동인도회사와는 교역이 허용된 역사도 있다.

하지만 유대교에도 선교 개념은 있다. 1980년대 미국 개혁파 유대교는 유다이즘에 선교를 위한 흥미로운 프로그램들을 준비했다. 그 첫 번째가 유대인이 비유대인들과 결혼하는 것이다. 그러나 미국의 개혁파 유대인들과는 달리 이스라엘 정통파 유대교는 선교 개념을 뚜렷하게 가지고 있지 않다. 누구든지 유대인들의 신앙을 보고 스스로 개종하는 것이지 유대인들이 이방인들에게 선교하지 않는다는 것이다. 적극적으로 이방인들과 대화하려는 개혁파와 정통파 사이에는 많은 차이가 있음에도 그들은 공통적으로 하느님의 궁극적인 관심은 모든 인류를 구원하는 것이라고 말하고 있다.[††]

[†] 손주영, '이슬람의 역사', 이슬람부산성원 홈페이지(http://www.busanislam.or.kr/islam1.php?PHPSESSID=cbece4707941d76d4b92a57c4480eae9).

[††] 조형호, '유대교 연구 (1)'(http://jckc.tripod.com./jud/juds1.htm).

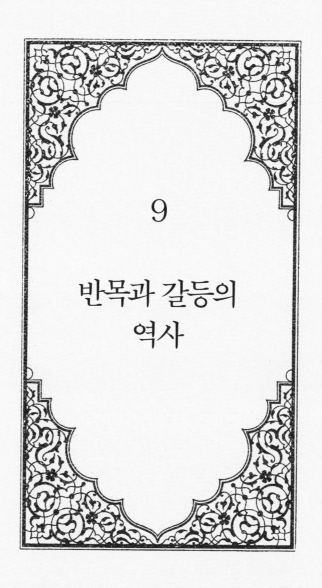

9

반목과 갈등의
역사

지금까지 살펴본 바와 같이 한 뿌리에서 출발한 유대교와 기독교, 이슬람교는 이후 발전 과정을 거쳐 현재까지 오랜 시간 반목과 갈등을 지속하고 있다.

유대민족의 기나긴 방랑의 역사는 모세의 영도로 이집트를 탈출한 이후 계속되었다. 가장 큰 이유는 무엇보다 선민사상이 강한 배타적인 유대교의 특성에 의한 것이었다. 이것이 다른 주변 민족들의 반유대주의를 강화했다.

이후 로마제국이 기독교를 국교화하면서 유대교에 덮어씌운 죄, 즉 예수를 인정하지 않고 십자가에 못 박혀 죽게 했다는 죄는 로마제국에 이어 십자군 원정으로 이어지며 중세와 근대의 유럽 지역에서 유대인에게 행해진 모진 박해를 초래한 가장 큰 원인이었다. 박해를 피해 이곳저곳을 떠도는 유대인들에게 공동체 내의 활발한 정보교환은 필수였고 유대인들은 이를 상업에 활용, 부의 축적을 이루어낸다.

하지만 이는 이후 산업화와 맞물려 초기 자본주의 당시 극심한 빈부격차로 인한 일반인들의 불만이 다시 반유대주의로 향하게 하는 악순환을 만든다. 이를 국내 정치에 잘 활용한 것이 인류 역사상 가장 끔찍했던 나치의 홀로코스트다.

결국 수천 년에 걸친 고난과 박해 속에서도 굴하지 않고 종교의 힘과 자본력을 바탕으로 유대인들은 이스라엘 건국이라는 결과를 만들었다. 하지만 그 뒤에는 하루아침에 고향에서 쫓겨나게 된 팔레스타인인들의 또 다른 희생과 비극이 있었다. '창살 없는 감옥'이라는 가자지구로 대변되는 아랍과 이스라엘 간의 분쟁의 역사는 3천 년이라는 오랜 역사만큼이나 끊이지 않고 숱한 민간인 사상자들을 내며 여전히 현재진행중이다. 이것이 어쩌면 전 세계적 반유대주의를 재생산하는 결과가 될 수 있는데도 이스라엘과 하마스를 비롯한 강경 이슬람 원리주의자들 사이의 멈추지 않는 분쟁을 지켜보는 것은 매우 안타까운 일이다.

로마제국의 유대인 박해

노예와 토지 소유 금지

1세기를 전후해 로마제국 인구의 10퍼센트가 넘는 8백 만 명의 유대인들이 로마제국 내에 흩어져 살고 있었다. 당시 이집트의 알렉산드리아는 해상무역 중심지로 로마와 세계 최대 도시를 다투었다. 인구 백만 가운데 40만 명이 유대인이었다. 한때는 전체 인구의 절반을 넘은 적도 있었다. 한마디로 유대인의 도시였다. 당시 상권을 다투었던 유대인과 그리스인 사이에 팽배하던 긴장이 서기 37년에 반유대인 폭동으로 분출되었다. 많은 유대인들이 학살되자 이를 피해 일부는 북부 아프리카를 거쳐 이베리아 반도로 이주했으며 또 일부는 동유럽 쪽으로 뿔뿔이 흩어졌다.

로마제국 내에서 우려했던 유대인에 대한 박해가 시작되었다. 기독교 세력이 걷잡을 수 없이 늘어나자 로마제국은 그동안 왜 기독교를 박해했는지에 대한 해명의 필요성을 느꼈다. 그래서 찾은 희생양이 유대인이었다. 로마 당국은 "유대인은 하느님의 독생자 예수를 죽게 만든 하늘의 죄인이자 기독교의 적이다. 하늘에 대역죄를 지은 유대인들은 앞으로 거룩한 땅 예루살렘의 하늘을 바로 쳐다보아서는 안 되며 그 신성한 하늘과 마주하는 땅 위에 어떠한 씨앗도 뿌려서는 안 된다. 또한 하늘에 죄를 지은 유대인들은 검과 창을 쓰는 무사가 되어서도 안 된다"고 못을 박았다.

이로써 유대인들은 농사를 지을 수 없게 됐다. 고대 농업사회에서 이는 기본적인 생존권의 위협을 뜻했다. 전쟁에 군인으로 참가할 수도 없게 되었다. 전쟁에 참가할 수 없다는 것은 시민 자격이 없음을 의미했다.

이어 유대교 개종자와 기독교도의 결혼이 금지되었다. 이를 어기면 사형에 처해졌다. 유대인은 기독교인 노예를 3개월 이상 소유하는 것이 금지되었다. 당시 노예경제 사회에서 경제적인 제약이 가해진 것이다. 이 조치로 노예 노동을 확보할 수 없는 유대인은 노동집약적 농사는 물론 제조업을 포기하고 자영업을 찾아야 했다. 425년 유대인은 정부 관직에서 일할 수 있는 권리가 박탈되었다.

하느님의 선택, 유대인에서 기독교로

유대인에 대한 기독교의 기본적인 태도는 로마 제국에서 사실상 구체화되었다. 곧 하느님의 유대인 선택이 기독교로 옮겨 왔다는 신학적 이해가 확대되었다.

590년에 최초로 '교황'이라 불린 그레고리우스 1세는 유대인을 교회와 대적해 싸우는 사람들로 보았다. 그는 새로운 유대인 회당을 짓는 것을 금지시켰다. 더 나아가 히브리어《성경》을 읽는 것조차 금했다. 교부들 역시 반유대 설교를 했다. 법률은 유대인의 기독교로의 개종을 용이하게 했다. 개종한 유대인을 괴롭히는 유대인은 산 채로 불태워졌다. 기독교 폭도들의 유대교 회당 공격이 빈번해졌다. 나폴리, 로마, 밀라노, 제노바 등 도시에서 5세기 후반부터 6세기 중엽까지 유대인 학살이 자행되었다.

그 무렵 이베리아 반도 서고트 왕국에서는 유대인들이 농사일을 시킬 때 한시적으로 노예를 소유할 수 있었으나 589년 제3회 톨레도 공의회는 어떠한 경우에도 유대인의 노예 소유를 전면적으로 금지시켰다. 또 7세기 중반에는 유대인의 토지 소유마저 금지되었다. 이러한 과정을 겪으면서 유대인들은 어쩔 수 없이 농업에서 쫓겨나 떠돌아다니는 상인이 되었다.

그러자 로마제국 내의 유대인 숫자는 10세기에 100~150만 명으로 대폭 줄어들었다. 중세로 넘어오면서 경제가 피폐해져 로마제국 인구 자체가 줄어든 이유도 있었지만 더 큰 이유는 유대인들이 박해가 심해지는 로마제국을 떠나 이집트의 알렉산드리아 등 외지로 떠났기 때문이다.

유대인들은 모진 박해 속에서 살아남기 위해서는《토라》와《탈무드》를 통해 지식과 지혜를 배우며 자녀들에게는 반드시 생업을 꾸려갈 수 있는 한 가지 기술을 전수하는 것을 철저히 지켰다. 때문에 각국에 흩어져 살면서도 지식인으로 혹은 상인으로서 생존을 꾀할 수 있었다.

이슬람교의 유대인 박해

팔레스타인의 새 주인

동로마제국 곧 비잔틴시대에 유대인들은 614년 페르시아 영토가 팔레스타인 변방까지 이르자 과거 바빌론에서 페르시아로부터 얻은 해방을 기대하며 이들을 적극 도왔다. 유대인들은 페르시아와 연합해 기독교인들과 맞서 싸워 예루살렘 성을 정복했다. 이때 유대인들의 협조로 수천 명의 기독교 수도사들이 학살되고 화형에 처해졌다. 기독교인들은 추방되고 수많은 교회와 수도원이 불태워졌다. 양 종교 간 학살이 시작된 것이다.

그러나 페르시아의 친유대정책은 3년이 못가 반유대정책으로 돌변했다. 유대인 지도자들이 처형되고 유대인의 지위는 예전으로 돌아갔다. 622년 비잔틴제국이 다시 팔레스타인을 탈환했다. 비잔틴제국과 페르시아 간의 전쟁이 계속되어 양국이 힘을 소진하자 아라비아 반도에서 일어난 젊은 세력인 이슬람교가 640년 팔레스타인의 새

주인이 되었다.

유대인의 시련, 그라나다 대학살

비교적 이베리아 반도의 이슬람 세계에서 부와 자유를 누리던 유대인들에게도 시련이 닥쳐왔다. 야만적인 베르베르 무슬림 곧 무어인들이 코르도바를 점령해 그간 유대인과 관계가 좋았던 우마이야 왕조를 붕괴시켰다. 이슬람 세계에서 유대인들이 거둔 사회적 신분상승 및 문화적 우수성에 대한 질시는 종교적 탄압 양상으로 첨예화되었다. 결국 유대인들은 바람 앞의 등불 처지가 된다.

코르도바에서 수많은 유대인 학자들이 형장의 이슬로 사라졌다. 1066년 그라나다에서 불거진 유대인 민중봉기는 혹독한 박해로 이어져 유대인 5천 명이 학살당했다. 이때 많은 유대인들이 반도 북부에 있는 스페인 왕국으로 이주했다.

이로써 그라나다의 황금시절도 끝났다. 또한 이베리아 반도에서 적지 않은 기간 이슬람 문명과 같이 공존하면서 유대 문화의 꽃을 피웠던 '세파르딤 문화'의 전성기도 한풀 꺾였다.

이베리아 반도 내 여러 작은 무슬림 국가들의 내분이 끊이지 않자, 이 틈을 이용해 기독교도들은 유럽 전역에서 몰려든 기독교 열성분자들의 도움을 얻어 마침내 1085년 서고트 족의 오랜 수도인 톨레도에서 무슬림들을 쫓아냈다. 그러나 톨레도에서 기독교인들의 통치는 잠깐뿐이었다. 궁지에 몰린 무슬림들은 모로코에서 베르베르 족에 속한 알모라비드 사람들을 1086년에 불러들여 탈환했다. 알모라비드 왕국은 남부 스페인의 맹주가 되어 잠시 버티다 창시자의 죽음과 더불어 바로 와해되었다.

11세기 들어 유럽 대륙에서 유대인과 이교도에 대한 기독교도들의 증오심은 점점 깊어 갔다. 교회와 국가 지도자들도 기독교인들의 파괴행위를 방관하거나 심지어는 도와주었다.

그런데도 그 무렵 스페인 중부 카스티야의 기독교도 왕 알폰소 6세는 이슬람 왕국에서 탈출해 오는 유대인들을 보호해 유대교는 카스티야에서 번영을 누리게 되었다.[*]

유대인, 몸에 노란 표시를 해야

뒤이어 1090년에는 남쪽 이슬람 왕국이 본격적으로 유대인에게도 이슬람교 신앙을 강요하기 시작했다. 그리고 무슬림들은 유대인들에게 늘 몸에 노란색 표시를 하도록 했다. 중세시대 노랑은 거짓과 비겁, 불충과 치욕의 색이었다. 유대인들은 터번을 두를 때 흰색 혹은 검정색이 아닌 노란색을 사용해야 했다. 터번을 두르지 않을 때는 노란색 허리띠를 반드시 매야 했다. 중세 유럽에서 노란색이 혐오의 대상인 이유는 예수를 배반한 가롯 유다가 입고 있던 옷이 노란색이었기 때문이다. 유대인들은 또 회당을 만들 수 없었고, 돈이 많아도 무슬림 노예를 부릴 수 없었다. 심지어 말을 타

---

[*] 김경래,《그리스도 이후 유대인 방랑사》, 전주대학교출판부, 1998.

고 다닐 수도 없었다. 유대인들이 종교생활을 드러내 놓고 한다는 것은 자살 행위였다.

이때부터 수난기를 맞이한 이베리아 반도의 유대인 디아스포라는 신학적 탐구보다는 당장 하느님으로부터 초자연적인 도움을 받고 싶은 마음에서 종교적 신비체험을 추구했다. 다시 말해 연구와 토론, 사고思考 등 지적 활동을 중시하는 랍비 유대교보다는 하느님과의 직접적 만남을 강조하는 신비주의 유대교가 인기를 끌었다.

개종 아니면 죽음

12세기 초 북아프리카 산악지대에서 이슬람 근본주의자들이 발흥해 1천 년 동안 북서 아프리카에 존재했던 기독교 공동체가 전멸했다. 1146년에는 이슬람 근본주의 알모하드 왕조가 이베리아 반도에 상륙해 유대인에 대한 광적인 탄압에 나선다. 유대인들은 이제 아주 제한된 경우를 제외하고는 무역 활동도 금지되었다. 유대인은 개종과 죽음 가운데 하나를 받아들여야 했다.

1198년 예멘에서는 개종하지 않은 유대인들은 모두 참수했다. 이베리아 반도에서도 유대교 회당과 예시바는 폐쇄되고 유대인들에게 개종과 죽음 가운데 하나를 선택하도록 했다. 결국 유대인들은 강제로 개종을 당했고 차별의 상징인 쉬클라를 걸쳐야만 했다. 쉬클라를 걸치지 않으면 노란색 옷만 입어야 했다.

가톨릭의 이슬람교와 유대인 박해

그레고리우스 7세 교황, 유대인 공직배제

중세에 유대인이 대부업과 상업을 석권하자 유럽 내 반유대 정서가 퍼져 나갔다. 그즈음 4백여 년 이상 갈라지고 찢긴 암흑의 중세에도 새로운 세력이 일어났다. 서기 800년 크리스마스에 카롤루스 대제는 교황권과 프랑크 왕국을 결합한 새로운 교황국가를 세움으로써 서로마제국을 재건했다. 11세기 중엽 그레고리우스 7세가 교황의 자리에 오르자, 거의 전 유럽이 그의 명령을 따르게 되었다. 그는 유대인들에 대한 엄중한 규제 법안들을 제정했다. 1078년 유럽의 모든 기독교 국가 안에서 유대인을 공직에 고용하는 것을 금하는 법령을 선포했다.

십자군전쟁

1077년 예루살렘이 중앙아시아에서 쳐들어온 이슬람 셀주크투르크의 손에 떨어졌다. 가톨릭교도들의 예루살렘 성지순례가 방해를 받기 시작했다. 이에 당황한 비잔틴제국은 서로마제국의 우르바노 2세 교황에게 원군을 요청했다. 1095년 교황은 이 문제로 프랑스 클레르몽에서 회의를 소집했다. 이렇게 해서 이루어진 것이 1차 십자군 원정이다.

사실 십자군 원정은 성지 탈환이라는 명목으로 출발했으나 그보다는 서로마 교황으로서 동로마를 다시 병합할 기회라는 정치적 야망으로 시작되었다. 게다가 이를 통해 유럽에서 교황의 우월적 지위를 차지할 절호의 기회로 삼았다. 우르바노 2세는 클레르몽 종교회의에서 기독교 세계 전체를 향해 예루살렘 성지 회복을 위한 그의 원대한 계획을 발표했다.

교황은 누구나 십자군에 참가하면 모든 죄가 사해진다고 선포했다. 중세 기독교 사회에서 죄의 사함을 받는다는 것은 천국행의 보장을 받는다는 의미였다. 또한 무슬림들에게서 성지를 회복하고 이를 기독교 기사들이 지배하라는 교시도 내렸다. 기사들의 입장에서는 땅과 전리품을 차

우르바노 2세가 개최한 클레르몽 회의.

지하고 부와 영예가 보장된 것이다. 교황은 기독교를 보호하기 위해 이단자들을 죽이는 것은 십계명에 위배되지 않는다고 선포했다. 이는 무슬림뿐 아니라 유대교를 포함한 비기독교인들이 무참히 학살되어도 종교적으로 문제가 되지 않는 계기가 되었다.

십자군전쟁이 시작되자 예수의 피에 대해 복수할 것이라는 십자군의 위협이 알려졌다. 유대인들은 돈을 주고서야 간신히 목숨을 부지할 수 있었다. 하지만 그 뒤에도 계속 다른 패거리들이 몰려왔다. 이 무리들은 예수를 십자가에 못 박히게 한 유대인에게 복수한다는 명분하에 광적인 기독교 신앙을 추종하는 농부, 도시민 뿐 아니라 강도와 폭도들도 있었다. 이것이 그때부터 자행된 반유대주의의 종교적 원인이었다.

십자군들이 모이자 집단의식에 휩쓸려 기독교 근본주의자들이 되었다. 기독교 이외의 이단은 다 쳐부수어야 할 대상이 된 것이다. 유대인 학살은 1096년 프랑스 루앙에서 시작해 십자군을 따라 라인란트의 도시들로 퍼져나갔다. 특히 다른 도시에서 온 십자군들이 유대인을 공격하기 시작했다. 주교들이 처음에는 폭동을 중지시켰으나 십자군의 폭동이 격해지자 나중에는 방관하거나 피신해 버렸다. 이로써 십자군이 출발하기도 전에 유럽 전역에서 수천 명의 유대인들이 약탈당하고 학살되었다. 특히 대부업에 종사하던 유대인들이 채무자들에 의해 집단으로 학살당했다.

1096년 가을 1차로 구성된 십자군을 필두로 약 2백 년 동안에 걸쳐 여덟 차례나 십자군 원정이 감행되었다. 원정길 도중에 있는 유대인 마을은 곳곳에서 십자군에 의해 유린되었다. 1차 십자군으로 말미

얌아 죽임을 당한 유대인의 수는 라인 강 주변에 살던 독일계 유대인들을 중심으로 대략 1만 2천 명에 달했다.

피로 물든 예루살렘

십자군은 1차 원정길 곳곳에서 치열한 전투를 벌이며 출발한 지 3년여 만에 예루살렘에 도착했다. 당시 셀주크투르크가 동쪽의 티무르와의 전쟁에 집중한 시기였다. 1099년 십자군은 이슬람교도들에게는 결코 잊을 수 없는 포학한 학살을 자행하고 예루살렘을 정복했다. 6주 간의 전투에서 그들은 이슬람교도와 유대인들을 닥치는 대로 학살했다. 거기 살고 있던 모든 유대인들을 회당 안에 모아 놓고 불을 질렀다. 나중에 유대인들은 회당 문을 닫고 스스로 불을 질렀다. 도시에는 피가 가득했다. 생명을 건진 유대인들도 노예로 팔리거나 추방당했다. 그래도 1차 원정이 성지 회복이라는 목적을 달성한 유일한 십자군 원정이었다.

1099년 7월 팔레스타인에 도착한 십자군은 예루살렘을 함락시키고 나서, 이교도들을 색출하려고 온 도시를 이 잡듯이 헤집고 다녔다. 십자군은 남녀노소를 가리지 않고 그날 하루 한 장소에서 무려 7만 명을 죽였다. 무슬림과 유대인을 구분치 않고 학살했다. 종교적 광신은 인간을 이처럼 잔인하게 만든다. 피가 강물처럼 흘렀다.

레이몬드 아구일레스라는 이름의 한 병사가 적은 현장 보고서 내용이다. "……진실을 말하면 아무도 내 말을 믿으려 하지 않을 것이다. 솔로몬 사원 안과 사원 문을 지날 때 우리는 말을 탄 채 무릎과 말고삐 높이까지 올라온 '피의 강'을 지나야 했다. ……솔로몬 사원은 오랜 세월 동안 이단자들로부터 불경스러운 모독을 당해 왔으니, 바로 그 장소를 이단자들의 피로 가득 채운 것은 하느님의 훌륭한 심판이 아닐 수 없었다." 살아남은 자들은 포로가 되었는데, 포로가 된 자들은 신발 한 짝 가격에 노예로 팔렸다.

유대인을 상대로 약탈과 살인을 자행하다

비슷한 시기에 메츠와 트리어에서 자행된 약탈과 살인, 방화로《토라》가 기록된 양피지 두루마리가 십자군 기사들에 의해 짓밟혔으며 치욕을 피하기 위해 유대인들은 자녀들을 직접 죽이고 그들도 자살할 수밖에 없는 상황으로 몰렸다. 그 외 마인츠와 쾰른에서도 십자군 기사들이 출몰해 약탈과 방화, 학살을 일삼았다. 습격을 당한 어느 곳에서건 유대인의 운명은 같았다. 그들은 개종을 받아들이느니 차라리 자신과 자녀들의 죽음을 선택했다. 십자군 전사들이 발 들여 놓았던 레겐스부르크, 프라하를 비롯한 여러 지역에서 그와 비슷한 일이 일어났다. 성지 회복을 목적으로 결성된 십자군 용병들 가운데 목적지까지 가지 않고 이렇게 유대인을 상대로 자행한 약탈의 전리품으로 만족한 사람들이 많았다.

이슬람교의 반격

1144년 기독교와 마찬가지로 성지 탈환을 외치

는 이슬람교 세력의 반격이 시작되었다. 이에 1147년 프랑스 루이 7세와 독일 콘라트 3세는 2차 십자군을 일으켰다. 그러나 다마스쿠스 정복에 실패하자 전사들은 고국으로 돌아갔다. 기본적으로 갑옷을 비롯해 중장비를 갖춘 십자군들은 가벼운 무장으로 기동성에서 앞선 사라센 기병들에게 적수가 되지 못했다. 1187년 이슬람의 살라딘 장군이 예루살렘을 정복했다. 이 전쟁에서 무슬림 병사들은 십자군 병사들과 달리 보복을 하지 않았다. 예루살렘이 함락되었다는 소식은 큰 충격이었다. 십자군 사상 가장 막강한 전력으로 당대의 대표적 국왕들이 참가해 가장 유명한 3차 십자군이 조직되었다.

독일 황제 프리드리히 1세가 먼저 1189년 군대를 출발시켰으나 성지에 도달하기도 전에 소아시아의 강에서 왕은 익사하고 병사들

중세시대 십자군전쟁을 나타낸 세밀화.

은 사라센 병사들에게 학살당했다. 뒤이어 영국의 사자왕 리처드가 1191년 백 척의 배에 기병 4천 명과 보병 4천 명을 싣고 출발했다. 프랑스 왕 필리프 2세도 배 오십 척에 군대를 태우고 함께 출진했다. 전쟁은 리처드 왕과 살라딘 장군이 2년이나 끌었지만 끝내 예루살렘은 탈환치 못했다.

영원한 저주를 받은 민족, 유대인

13세기에도 십자군 원정은 계속되었다. 4차 십자군은 13세기 초 37세에 교황에 오른 젊은 인노첸시오 교황 주도로 이루어졌다. 역대 십자군 가운데 가장 추악한 전쟁이었다. 볼드윈이 이끄는 북프랑스 병사들만 참가했다. 원래 이집트를 공격하려던 계획이 베네치아 상인들과의 이해관계에 얽혀 같은 기독교 도시인 헝가리 자라시를 공격했다. 십자군 원정 본래의 의미가 타락한 것이다. 다음에는 베네치아 통령과 동로마에서 추방당한 왕족들의 제안으로 콘스탄티노플을 공격했다. 완전한 탈선행위였다.

특히 4차 십자군전쟁을 주도한 교황 인노첸시오 3세는 유대인들을 그리스도를 거부한 대가로 고난을 받으며 영원히 안식과 평화를 누릴 수 없는, 저주를 받은 민족이라고 믿었다. 그는 처음 교황이 되고서는 유대인들에 대한 공격과 강제적 개종을 금지시켰었다. 그러나 필리프 2세가 프랑스에서 추방되었던 유대인들을 다시 불러들이고 그들 중 일부를 공직에 채용하자, 태도가 돌변했다. 인노첸시오 3세는 필리프 2세에게 강력히 항의하면서 비난했다. 필리프 2세가 '십자가형을 집행한 자들의 후손을 십자가에 달린 자의 후손보다 선호한 것'이 잘못이라는 것이었다.

1205년 5월에 인노첸시오 3세는 스페인 카스티야의 알폰소 왕이 유대인들을 궁정에 기용했다는 이유로 그를 출교시키겠다고 위협했다. 이후 인노첸시오 3세 교황은 종교재판소를 만들어 교황의 명을 따르지 않는 자 백 만 명 이상을 살해했다.

오랫동안 십자군전쟁은 유럽인들에게는 성전으로 인식되어 왔다. 물론 2백 년이란 오랜 기간 전쟁을 수행할 수 있었다는 사실 자체가 당시 유럽인들의 신앙심을 증명하는 것이기도 했다. 하지만 막대한 경비와 인력이 드는 전쟁이 그렇게 오랜 기간 수행되었다는 것을 신앙심만으로 해석할 수는 없는 일이다. 도리어 중세 전반기에 급속도로 팽창하던 이슬람 세력에 일방적으로 밀리고 있던 유럽 기독교 세력이 11세기가 되면서 어느 정도 힘의 균형을 찾아 십자군이라는 무력 충돌로 표현된 것이라고 보아야 할 것이다.

제후들이 소유한 유대인

노련한 무역상으로 명성을 누리던 유대인 사회의 입지는 13세기에 들어오면서 경멸의 대상으로 전락하면서 특별세와 높은 보호비를 내야 했다. 이 과정에서 '세금을 내는 대가로 황제의 보호를 받는 유대인'으로 전적으로 황제의 권위 하에 있는 유대인은 세금을 내는 재원으로 활용도가 커졌다. 유대인들은 황제 이외에 주교와 도시당국에도 보호비를 지불해야 했다. 유대인의 보호증서 속에 함축된 유대인의 물질성으로서의 가치는 1356년 카를 4세의 금인칙서에서 잘 나타나 있다. 금은광과 마찬가지로 모든 유대인과 관련된 권한을 제후들이 합법적으로 소유할 수 있었다. 십자군 원정과 함께 시작한 반유대인 정서는 2백 년간 지속되면서 거듭되는 추방과 박해로 이어졌다.

유대인들 가슴에 노란 마크 달게 해

인노첸시오 3세는 1215년에 열렸던 4차 라테라노 공의회에서 일련의 반유대 칙령을 제정해 유대인 식별마크 착용을 의무화했다. 노란 마크를 유대인 가슴에 붙이게 한 것이다. 모든 유대인은 열등한 종족이어서 가슴에 부끄러움의 표지를 달아야 한다는 의미였다. 그 시대 사람들은 유대인을 신의 저주를 받은 종족으로 취급했고 기독교도들과 구분되어야 한다고 믿었던 까닭이다.

이미 이슬람권에서는 850년에 유대인과 기독교도 등 비이슬람교도에 대해 노란색 머리보자기를 쓰고 옷소매에는 노란색 천을 달라는 명령을 내린 적이 있었다. 1179년에 있었던 3차 라테라노 공의회에서 이와 비슷한 내용의 법률이 거의 제정될 뻔했었는데, 당시 교황의 개인적인 재정자문을 맡았던 예히엘이

나치 홀로코스트 당시 유대인을 상징하는 식별 배지. 유럽에서 이 배지의 기원은 중세로 거슬러 올라갈 만큼 반유대주의 역사는 오래되었다.

라고 하는 유대인의 노력으로 이 일은 무산되고 말았다. 그러나 인노첸시오 3세가 마침내 이 규정을 채택하고 말았다. 남자인 경우 13세 이상, 여자인 경우 11세 이상의 모든 유대인은 겉옷의 앞뒤에 노란 딱지를 달아야 했다. 그리고 유대인을 공직에서 제외시킬 것과 강제 개종을 명시하고 있었다.

1215년의 공의회와 관련해 덧붙여야 할 것은, 이때 처음으로 의복을 통해 유대인을 일반 주민과 구분해야 한다는 논지에 따라 유대인 식별 규정이 도입되었다는 점이다. 중세에는 노랑이 멸시를 받는 자의 색으로 1445년의 함부르크 복식 규정에 따르면 창녀들은 노란 수건을 머리에 써야 했다. 미혼모들 역시 이 노랑의 수치를 견뎌야 했다. 독일 남부 도시 프라이부르크에서는 미혼모들에게 노란 모자를 쓰도록 강요했다. 이교도들에게도 처형장에서 노란 십자가를 목에 걸어주었다. 빚을 진 채무자들은 노란 원을 옷에다 달고 다녀야 했다. 이 같은 노란 의복과 노란 장식은 말 그대로 '치욕의 징표'였다.

기독교인이 유대인에게 노란색을 강요한 것은 더 깊은 의미의 차별이 있었다. 유대교와 기독교 전통에 따르면 제례에서는 노랑이 사용될 수 없는 금지된 색이었다. 노랑은 신앙이 다른 자들을 차별하기 위한 징표로 사용되었기 때문에 성스러운 교회에서 사용하는 색은 결코 '노랑'일 수 없었던 것이다.

특히 가톨릭 성직자들이 유대인에게 변치 않은 반감을 갖고 있었다. 가톨릭 사제들 가운데 널리 퍼졌던 반유대인 감정은 이미 325년의 니케아 공의회 때부터 나타나기 시작했던 것이다. 일부 교회 지도자들은 정치권에 압력을 가하고 일반 대중에게 영향력을 행사함으로써 유대인에 대한 박해를 가속화하는 데 선봉장 노릇을 했다. 그리하여 13세기 중반, 가톨릭교회는 각 지역 주교회의를 통해 모든 기독교도에게 유대인과 함께 먹고 마시는 행위를 전면 금지시켰다. 유대인이 기독교도 앞에서 자신의 신앙에 관해 말하는 것도, 기독교도가 유대인과 대화를 나누는 것조차 금했을 정도다. 이런 분위기가 지배했던 곳에서는 쉽게 유대인에 대한 습격이 이어졌다.

맘룩의 시대

1258년 바그다드가 몽골 군에 의해 점령되었다. 이슬람 역사에서 가장 뼈아픈 사건이었다. 이집트의 술탄 맘룩은 1260년 무적의 몽골에 맞서 갈릴리 전투에서 승리했다. 같은 해 그는 다마스쿠스를 정복하고 기독교인과 유대인을 생매장하거나 학살했다. 이러한 박해는 계속되었다. 그리고 맘룩은 1291년 성 요한이 이끄는 십자군의 마지막 숨통을 악고에서 완전히 끊어 놓았다. 약 2백 년간의 십자군전쟁은 이렇게 막을 내렸다. 십자군전쟁 기간 동안 유대인들은 기독교와 이슬람교 양쪽으로부터 혹독한 박해를 당한 것이다.

1301년 이슬람 세계에서 기독교와 유대인에 대한 박해는 가중되었다. 카이로에 있는 모든 교회와 회당이 문을 닫게 되었다. 맘룩 정부는 기독교인들에게는 파란 터번, 유대인에게는 노란 터번 그리고 사마리아인에게는 붉은 터번을 쓰게 했다. 1354년에는 강제로 개종을 명령했다. 비이슬람교도는 모두 공직에서 추방했다. 그 밖에도 기독교인과 유대인은 말을 타지 못하게 했고 공중목욕탕 출입을 금했다. 이 시기의 팔레스타인 유대인 공동체는 쇠퇴해 그 이름조차 사라질 지경이었다. 예루살렘은 거의 황폐해 있었고 4천 명도 안 되는 주민 중에 유대인은 고작 70명뿐이었다. 그나마도 비참하게 가난했다. 그 와중에서도 외지에서 기독교인과 유대인의 예루살렘 성지 방문은 줄을 이었다.

유대인 박해와 추방이 관례화되다

십자군 운동은 유대인 역사에 있어서 유럽 내 유대인들의 안정된 공동체 생활이 끝나고 유대인들에 대한 민족적 혐오감이 강화되기 시작한 하나의 전환점이었다. 이로써 유럽의 유대인들은 18세기에 이르기까지 온갖 조롱과 냉대와 혐오의 대상이 되었다. 그리고 그들은 가난과 공포와 절망의 대명사로 근근이 생존하기에 이르렀다. 이 6백 여 년 동안 유럽의 통치자들에게 있어서 유대인의 존재는 경제적인 이용물일 뿐이었다. 그리하여 유대인들에게 경제적 이용가치가 있을 때는 삼키고 없을 때는 내뱉는 역사가 되풀이되었다.

유대인에 대한 통치자의 착취 못지않게 일반 서민층의 공격 역시 유대인 공동체들에게는 커다란 화근이었다. 1320년에는 남부 프랑스의 가난한 양치기들과 농부들이 난을 일으켜 많은 유대인들에게도 피해를 입혔다. 그 다음 해에는 나병 환자들로 인해 막심한 피해를 입게 되었다. 1321년에 남부 프랑스에서 나병 환자들이 질병을 퍼뜨리려고 한다는 소문이 돌자, 몇몇 나병 환자들이 잡혀 고문을 받게 되었다. 그중에 스페인의 유대인들과 무슬림들이 연합해 유럽의 기독교 인구를 독살할 계획으로 나병 환자들에게 뇌물을 주어 우물에 독을 살포함으로써 질병을 퍼뜨리도록 사주했다는 자백이 나왔다. 이 사실무근의 자백으로 말미암아 수백 명의 유대인들이 잡혀 고문을 당하고 죽임을 당했다.

그리고 유대인들은 또다시 프랑스에서 추방되는 운명을 맞이했다. 1359년에 프랑스는 재정난 때문에 다시 유대인들을 불러들였다가, 1394년 9월 17일에 또 한번 결정적으로 프랑스 전역에서 유대인들을 추방한다는 칙령이 떨어졌다. 이 추방령이 서명된 날은 마침 유대인의 속죄일이었다. 이 무렵 독일에 살고 있던 유대인들의 운명도 프랑스 유대인 공동체의 운명과 별로 다를 바가 없었다. 1336～1338년 사이에는 남서부 독일에서 일단의 불량배들이 유대인들에 대한 온갖 잔혹한 행동을 일삼으며 설친 적이 있었다.

흑사병을 유대인 탓으로 돌리다

14세기 흑사병의 창궐로 너무나 큰 충격과 피해를 받은 유럽인들은 피해망상증에 사로잡혔다. 바로 '흑사병은 곧 인간의 악의에 의해 퍼진 질병'이라는 생각이었다. 이러한 생각과 소문이 삽시간에 대중들을 불안에 휩싸이게 했다. 유대인들이 우물과 샘에 독을 풀었다는 소문도 나돌았다. 소문의 진위를 가릴 틈도 없이 민심이 사나워졌다. 유대인에 대한 증오가 폭발했다. 폭도들은 유대인 거주지에 불을 지르고 유대인들을 살해하기 시작했다. 1349년의

14세기 흑사병 환자들을 묘사한 일러스트.

일이다.

　상황이 심각해지자, 교회가 이를 막기 위해 나섰다. 교황 클레멘스 6세는 "유대인들도 우리들과 함께 페스트의 고통을 받고 있습니다. 이 고난의 책임은 악마입니다"라는 내용의 교서를 발표했다. 하지만 분노한 민중들의 귀에는 교황의 말도 들리지 않았다. 3백 개 이상의 유대인 거주지가 철저히 파괴됐다. 기록에 따르면 독일 마인츠에서 6천 명, 프랑스의 스트라스부르에서 2천 명이 희생됐다.

금전거래 독식이 박해를 부르다

황제의 권력 쇠퇴와 맞물려 새 세력으로 부상한 도시국가들은 자치권을 장악했고 도시동맹 내에서 서로 제휴했다. 경제 규모가 확대됨에 따라 유대인의 금전거래가 중요한 기능을 지녔기 때문에 각 도시국가들은 유대인의 유용성을 인식하고 우호적 입장을 취하기도 했다. 유대인 박해가 본격화된 것은 유대인에게 호의적이었던 도시귀족이 중간 및 하층 길드에게 행사했던 권력을 상실한 14세기에 이르러서였다. 박해의 경제적 원인은 유대인들의 일방적인 금전거래 독식이었다. 심지어 유대인에게 거액을 빌린 고관제후들은 제멋대로 조건을 붙였고 돈을 되돌려주어야 할 때에는 이를 회피하기 위해 온갖 폭력수단을 사용했다.

또한 봉건 군주의 압력에 시달려온 많은 농민들 역시 빚더미에 앉았다. 귀족이나 유대인에게 진 빚을 갚지 못했을 경우, 이들은 도시로 도망쳤고 가난한 소시민들과 함께 극빈층을 형성했다. 도시귀족에 대항한 봉기가 일어났지만 봉기의 일차적 희생양은 유대인이었다. 교회는 이자 수익을 원천적으로 금지한다고 천명했던 터라, 사람들은 유대인의 이자 수익을 가로채는 것에 양심의 가책을 느끼지 않았다.

유대인들, 동유럽으로 대거 피신

1351년에 흑사병이 잠잠해지자 유대인 학살 열기 역시 수그러들었다. 이때 유럽에서는 유대인들의 대형 공동체 여섯 개와 소형 공동체 백오십 개가 사라졌고, 350회 이상의 학살이 자행되었다. 결국 이로 인해 중·서부 유럽에서는 유대인 공동체가 거의 뿌리 뽑혔다. 더 큰 문제는 사람들이 유대인들에게 폭력을 행사하는 데 익숙해지자 그와 같은 일이 항존 하게 되었다는 것이다.

살아남은 유대인들은 흑사병과 박해를 피해 폴란드와 리투아니아 등 동유럽으로 대거 도피했다. 이때 독일에 거주하던 유대인들이 특히 많이 이주했다. 독일의 방언인 이디시어가 동유럽에서 유대인의 언어로 자리 잡으며 문화와 경제에 큰 영향을 미치는 계기가 되었다.

유대인 추방은 일거양득

반유대 감정이 고조된 또 다른 이유의 하나가 경제적 요인이다. 유대교는 이자 수취를 허용하는 한편 기독교는 금했다. 이러한 상반된 종교원칙 속에서도 유대인들은 많은 기독교도들에게 돈을 빌려주었다. 따라서 사회적으로 빚에 대한 압력이 커지면 빚을 준 유대인들은 잔인한 고리대금업자로 몰리며 박해당하고 추방되는 전형적인 모습이 수 세기를 두고 반복되었다. 이때 권력자들은 기다렸다는 듯이 유대인의 보호를 위해 엄청난 보호비와 채무탕감을 요구했다.

독일, 프랑스, 영국과 이탈리아 등에서 유대인 추방이 있었다. 중세에는 유대인이 죽으면 그의 재산과 채권은 영주에게 귀속되었다. 그래서 기독교도 위정자들은 그들을 죽이거나 추방하고 재산을 일시에 몰수하기로 마음을 먹는 경우가 많았다. 따라서 중세 유럽에 유대인 추방이 자주 일어났다. 영주들이 떠안고 있는 문제에 대한 최종적인 해결 방법은 항상 유대인 추방이었다. 이런 해결 방식은 1012년에 라인란트의 마인츠에서, 1182년에는 프랑스에서, 1276년에는 북부 바이에른의 바바리아에서 시도되었다. 그 뒤 1290년에는 영국의 유대인들이 추방되었다. 또 프랑스에서는 유대인들의 채무 관계를 백지화하고 1306년 1만 명을 빈털터리로 추방했다. 9년 뒤 루이 10세가 유대인을 다시 불러들였으나 이어 1321, 1394년에도 같은 사례가 반복되었다.

독일 각지에서 연이어 추방당하다

프랑스에서 추방된 유대인들이 독일 지역으로 몰려들자 그 지역의 반유대 정서가 급격히 높아졌다. 그 뒤 독일 지역에서도 유대인들을 연이어 추방했다. 1420년 리옹, 1421년 비엔나와 린츠, 1424년 쾰른, 1438년 마인츠, 1439년 아우크스부르크, 1442년 바바리아, 1446년 브란덴부르크, 1454년 모라비아 왕실 소유 도시들, 1462년 마인츠, 1483년 바르샤바에서 유대인들이 쫓겨났다.

13~14세기의 독일은 중앙 정부와 황제의 권한이 약화되고 각 도시 제후들이 독자적인 재량권을 행사할 수 있었던 체제였다. 이런 상황 속에서 도시마다 독립을 추구했던 것은 당연한 일이었다. 이처럼 권력과 독립을 위한 투쟁이 도처에 난무하는 가운데, 유대인들은 모두의 희생 제물로 전락하기 일쑤였다. 독일의 유대인들은 한 도시에서 쫓겨나 다른 도시로 피하거나 아니면 아예 동유럽으로 이주하는 이들도 있었다.

1492년 스페인, 유대인 추방령의 비극

스페인을 통일하던 해인 1492년 3월 31일에 스페인 왕국은 유대인 추방령을 발표했다. 정부가 전쟁으로 이반된 민심을 추스르고 바닥난 국고를 재정비하는 데는 이단으로 치부되는 유대인의 재산몰수와 추방이 일거양득의 제격이었다. 그 무렵 스페인 전 국민의 6.5퍼센트가 유대인이었다. 당시 이베리아 반도에 살았던 세파르딤은 중세시대 전 세계 유대인의 절반을 차지했고 라디노어(유대 스페인어)를 사용했다. 특히 수도 톨레도는 경제와 문화 모두 유대인이 장악하고 있었으며 상업도시 바르셀로나는 유대 상인들이 상권을 주도하고 있었다. 일례로 지난 1992년 바르셀로나 올림픽 당시 주경기장이 위치한 몬주익Montjuic 일대는 과거 유대인들의 집단 거주지였

알람브라의 유대인 추방령.

다. 몬주익이란 단어 자체가 '유대인의 산'을 뜻한다.

유대인들이 14~15세기 스페인 경제 발전에 중요한 역할을 했다. 당시 왕국의 재정 보좌관을 지낸 아이삭 아브라바넬도 유대인이었다. 스페인을 무역과 경제 부국으로 만든 장본인이었다. 당시 여왕의 재정 보좌관과 세금징수 총책임자로 고위직을 맡고 있던 유대인 아브라바넬과 아브라함 세니오는 천문학적 숫자인 3만

냥의 금화를 내면서 이를 막아보려 했지만 종교재판소장 토르케마다의 반대로 무산됐다. 그들은 유대인 추방을 돈으로 막으려 하다가 실각한다.

유대인 추방은 1391년 유대인 박해와 마찬가지로 종교적 광기와 전쟁 후유증으로 불거진 사회적 불안이 크게 작용했다. 이반된 민심을 수습하고 신앙심 깊은 왕실로 권위를 회복하려는 의도 속에 제시된 종교적 단일화 그 뒷면에는 경제적 이유가 도사리고 있었다. 유대인의 재산을 몰수해 전쟁으로 바닥난 국고를 메우기 위한 조치였다. 뿐만 아니라 콜럼버스 신항로 탐사에 들어갈 왕실자금을 마련하기 위한 목적도 한몫했다.

추방령, 돈과 금, 은은 못 가져 나가게 해

단 4개월 이내에 추방을 선포한 칙령에 의하면, 유대인들은 재산을 처분해 가지고 나가는 것은 허용하되 화폐와 금, 은 등 당시의 돈은 가져갈 수 없다고 발표했다. 발각되면 처형이었다. 한마디로 억지였다. 재산은 놔두고 몸만 빠져 나가라는 소리였다. 1492년 3월 31일 칙령이 발표되자 개종을 거부한 유대인은 팔 수 있는 모든 것을 몇 달 이내에 헐값으로 팔아 치웠다. 집을 주고 당나귀를 얻었고 포도원이 몇 필의 포목과 교환되었다.

이렇게 재산을 급하게 처분할 수밖에 없었지만 불행 중 다행인 것은 신변의 위험을 안고 사는 유대인들은 모든 재산을 평상시에도 나누어 놓는 습관이 있었다. 삼분의 일은 현찰로, 삼분의 일은 보석이나 골동품 같은 값나가는 재화로, 삼분의 일은 부동산으로 부를 분산시켜 관리했다. 안정적인 재산관리방식인 포트폴리오Portfolio는 여기서 유래했다. 그 와중에도 유대인들은 담보대출시 저당 잡은 보석류를 챙겼다. 당시 유대인의 토지 소유는 법으로 금했기 때문에 대부분의 저당물이 보석류였다. 이는 후에 유대인들이 이주해 간 앤트워프와 암스테르담이 다이아몬드 보석시장으로 자리 잡게 된 이유다.

떠나기에 앞서 열두 살 이상 되는 아이들은 모두 결혼시켜 가족을 이루게 했다. 유대인들은 성인이 되어야 하느님으로부터 진정한 의미의 유대인이라 여겨지기 때문이다. 이들은 남녀노소 가릴 것 없이 수레나 나귀에 짐을 싣고 태어난 나라를 떠났다. 가다가 죽기도 하고 아이들이 태어나기도 하고 병들기도 하면서 먼 길을 떠났다. 단 4개월만인 7월 말에 이르자 추방은 완결되었다.

일시에 추방당한 17만 명

이리하여 개종하지 않은 유대인 17만 명이 한꺼번에 추방당했다. 1480년 이후 종교재판을 피해 빠져 나간 사람까지 치면 약 26만 명 이상이 스페인 땅을 벗어났다. 당시 인구 3만이 넘는 도시가 흔치 않은 유럽에서, 스페인에서만 일시에 빠져나간 17만 명은 대단한 숫자였다.

1492년 8월 2일 세비야 근처 항구에서 마지막으로 추방되는 유대인 무리가 배 위로 탑승하는 동안, 또 다른 세 척의 선박이 그 옆에서 출항을 준비하고 있었다. 그 유명한 크리스토퍼 콜럼버스의 선단이었다. 가련한 유대인들의 후손을 위해 그가 발견하게 될 신대륙이 피난처를 제공하게 되리라고는 콜럼버스 자신을 비롯해 그 어느 누구도 상상할 수 없었다. 사실 콜럼버스의 계획은 몇몇 유력한 스페인 유대인들의 도움을 받아 실행될 수 있었다. 그의 배들은 유대인들에게서 압류한 돈을 가지고 건조되었고, 그의 선원 중에는 종교재판의 마수에서 자유를 얻고자 하는 적잖은 스페인 유대인들이 끼여 있었다.

스페인 북부에 살던 1만 2천 명가량의 유대인들은 프랑스에 가까운 나바라 왕국으로 향했다. 그곳 통치자들은 오랫동안 종교재판 제도의 도입을 거절해 왔었다. 그러나 페르디난도의 압력을 이기지 못하고 나바라 왕국도 결국 종교재판 제도를 받아들여야 했다. 이곳으로 잠시 피신했던 유대인들은 결국 대부분이 기독교로 개종하는 길을 택했고, 일부는 플랑드르 지방과 이탈리아로 향했다.

스페인 영토에서 추방당한 17만 명의 유대인들 가운데 10만 명은 값을 지불하고 인근 포르투갈로 입국할 수 있었다. 하지만 그것도 5년 간 뿐이었다. 1495년 마누엘 1세가 포르투갈의 새 왕이 되었다. 그는 페르디난도와 이사벨라 부부의 왕국을 얻고 싶은 욕심에 그들의 딸과 결혼하고자 했다. 이들 부부는 마누엘의 왕국 내에 비기독교도들이 존재하는 한 딸을 줄 수 없다고 하며 결혼을 수락하지 않았다. 1496년 12월 포르투갈 내 유대인들과 무어인들에 대한 추방령이 선포되었다.

다행히 그들에게는 1년의 여유기간이 주어졌다. 그전에 25세 이하의 젊은이들은 모두 강제로 세례를 받고 기독교로 개종되었다. 마누엘 1세는 경제적 타격을 우려해 유대인들이 떠나는 길을 방해했다.

마감 날이 지나자 마누엘은 미처 떠나지 못한 유대인들을 노예라고 선언하고는, 가능한 방법을 모두 동원해 그들을 개종시켰다. 이들 중 다수 역시 비밀리에 유대교 의식을 준수하는 마라노가 되었다. 이처럼 1497년에 유대인들은 포르투갈에서도 추방되고 말았다.

그들은 주로 비교적 안전한 플랑드르의 브뤼셀과 앤트워프로 향했다. 그곳에는 영국과 프랑스에서 쫓겨난 유대인들이 터를 잡고 있는 곳이었다. 나머지 사람들은 그들을 반겨주었던 오스만제국으로 향했고 또 나머지는 이탈리아, 북아프리카 등으로 이주했다. 이주 중에 약 2만 명이 목숨을 잃었다.

모로코에는 북아프리카에서 가장 큰 유대인 정착촌이 있다. 그들 대부분은 스페인을 떠나온 유대인의 후손들이다. 그들은 '멜라mellahs'라고 하는 특별구역에 격리되어 살았으며 유대인으로 볼 수 있는 복장을 입어야만 했다. 한때 모로코에 25만 여명의 유대인들이 있었다.

그 무렵 종교재판을 피하기 위해 약 5만여 명의 유대인들이 추가로 스페인을 떠났다. 결국 많은 유대인들이 앤트워프, 암스테르담 등지로 이주하면서 이베리아 반도의 경제력이 중부 유럽으로 이동하는 계기가 되었다. 이 같은 스페인에서의 유대인 사회의 몰락은 유대사 가운데서도 중대한 사건이었다. 적어도 솔로몬 시대부터 스페인에는 유대인들이 살았으며 그곳에서 주목할 만한 문화적 황금기를 이룩하며 유대인 사회의 특징들을 발전시켜 왔었다.

유대인이 박해를 많이 받은 이유

기독교의 대부업 금지

유대인이 고대로부터 박해를 받은 이유는 종교적 마찰 때문만은 아니었다. 오히려 그들의 경제적 독점이 현지인들의 반감을 많이 샀기 때문이다.

고대부터 이자는 금기시되어 왔다. 고대의 철학자 아리스토텔레스는 '이자 불임설'을 주장했다. 돈은 그 자체로 이윤을 낳을 수 없다는 뜻이다. 아리스토텔레스는 이자 받는 행위를 맹렬히 비난했다. "고리대금업은 가장 미움을 받는다. 그것이 미움을 받는 데에는 마땅한 이유가 있다. …왜냐하면 화폐란 교환하기 위한 것으로서 사용되는 것이지 이자로 늘리기 위해서가 아니기 때문이다." 이렇게 이자는 고대부터 비난을 받았다.

기독교 또한 이자를 금하고 있다. 이자는 돈을 빌려준 시간에 대해 받는 반대급부인데 시간은 신에게 속한 영역이기 때문에 이를 이용해 인간이 이자를 받으면 안 된다는 것이다. 따라서 기독교는 돈을 빌려주는 것을 '금융'이라 부르지 않고 '고리대금'으로 불렀다. 중세는 아무리 값싼 이자라도 어쨌든 이자를 받고 돈을 꿔주면 고리대금이라 칭했다. 이렇게 중세 교회는 이자를 목적으로 돈을 빌려주는 행위를 죄악시했다.

그런데도 당시 부의 중심이었던 교회와 수도원 그리고 기사단 일부가 신의 뜻을 거스르며 대부업을 했다. 때문에 1179년 3차 라테라노 공의회에서 기독교인의 이자 수취가 정식으로 금지되었다. 아예 교황청이 기독교인들의 대부업을 공식적으로 금지시킨 것이었다. 높은 이자를 받을 경우 파문은 물론 법적으로 이자를 되돌려주도록 하는 규정이 생겼다. 이자를 요구한 성직자들은 직책을 박탈당했다. 회개하지 않고 죽은 대금업자에겐 기독교식 매장을 허용하지 않았다. 이렇게 기독교인이 공식적으로는 대금업을 할 수 없게 되자 이 일은 자연스럽게 유대인 몫이 되었다.

유대교의 이자 허용

반면 유대교에서는 "이방인에게 돈을 빌려주고 이자는 받을 수 있되 너의 형제에게는 이자를 받고 돈을 빌려주어서는 안 된다"라는 《구약성경》의 구절을 근거로 이방인에게 돈을 빌려주고 이자를 받을 수 있다고 해석한다. 때문에 중세 기독교 국가의 왕실과 귀족들은 국고와 재무 관리를 주로 유대인에게 맡겼다. 자신의 손에는 더러움을 묻히지 않으면서 실리는 챙기자는 것이었다. 유대인의 대부업은 이자를 원천적으로 부정한 당시 시대상을 반영하고 있었다. 그러나 《탈무드》도 이자를 '많이' 받는 고리대금은 엄격히 금했을 뿐 아니라 고리를 받는 대금업자를 살인자와 동일시했다.

다른 종교는 청빈을 덕목으로 삼고 있다. 하지만 유대교는 부富도 엄연한 하느님의 축복이라고 가르친다. 유대교 경전 《탈무드》가 가르치는 돈의 중요성에 관한 유대인 속담들이 있다. "사람을 해치는 것이 세 가지 있다. 근심, 말다툼, 그리고 빈 지갑이다", "몸의 모든 부분은 마음에 의존하고 마음은 돈 지갑에 의존한다. 돈은 사람을 축복해주는 것이다. 부는 요새이고 가난은 폐허다."

유대인의 대부업

영주와 기사들은 군자금과 관직 취득 등을 위해 현금을 필요로 했다. 또 경제 규모가 점차 커져감에 따라 신용대부가 필요했다. 그러나 수도원의 부의 축적을 비판한 클뤼니 교단의 개혁운동 이후, 수도원의 금전거래는 금지되었다.

기독교인 상인층이 길드를 형성하면서부터 유대인들은 상업에서도 제한을 받기 시작했다. 그렇다고 농사를 짓자니 노예를 소유할 수 없어 그것마저 불가능했다. 중세의 길드 제도는 유대인들에게 기술자가 되는 길도 막았다. 기독교에서는 이자를 받고 돈 빌려주는 일을 죄악시했기 때문에 어느 누구도 감히 대부업을 공공연히 할 수 없는 상황이었다. 하지만 현실적으로 경제적인 이유에서 대부는 점점 더 필요했다. 교회는 공식입장을 통해 죄악으로 규정했지만 일상에서는 원활한 자본의 흐름을 위해 절실했다. 말 그대로 '필요악'을 유대인이 떠맡은 셈이었다.

유대인, 정보교환으로 부를 일구다

유대인 랍비들은 멀리 떨어져 있는 커뮤니티 간에 일상적으로 편지를 교환했다. 종교상의 의문점을 묻고 답하기 위해 그리고 크고 작은 전통과 관습의 대소사를 의논하기 위한 것이었다. 편지에는 그 외에도 현지 사정과 변화들이 자세히 기록되어 전달되었다. 거기에는 상품과 환시세의 변동도 기재되었다. 따라서 유대인 랍비들은 어디에 밀이 모자라 값이 오르고 있고 어디에 밀이 많이 비축되어 가격이 싼지 훤히 알 수 있었다. 밀뿐만 아니라 말, 갑옷, 소금, 포도주 등 모든 상품이 그랬다. 그들은 상품이 장소를 이동하는 것만으로 가치가 변한다는 것을 알았다. 그래서 유대인들은 랍비가 가르쳐주는 대로 상품이 풍족한 곳에서 모자란 곳으로 옮겨주고 돈을 벌었다. 유대 상인들은 모르는 것이 있으면 랍비에게 물었고 랍비가 직접 나서 무역을 하는 경우도 많았다.

유대인, 처음으로 '돈'을 상품으로 본 민족

그들의 정보교환은 상품정보만이 아니었다. 금과 은의 교환비율 등 환시세의 변화도 함께 알 수 있었다. 금과 은의 교환비율이 어느 곳은 1대 12였고 어느 곳은 1대 14였다. 심지어 1대

15~16 하는 외딴 곳도 있었다. 이들을 서로 옮겨주기만 해도 돈의 가치가 달라졌다. 당연히 그 차액을 유대인이 챙길 수 있었다. 이렇게 유대인들은 처음으로 '돈'을 상품으로 본 민족이다. 중세 당시 주변 민족들이 대부분 문맹일 때 유대인들은 편지 왕래를 통해 먼 거리의 정보를 선점함으로써 큰돈을 벌 수 있었다. 이후 유대인 환시세 전문가가 많이 탄생했다.

뱅커의 출현, 환시세에 정통하다

중세에는 지역별로 큰 도시에 일 년에 네 번 정도 큰 거래가 열리는 시장이 섰다. 시장은 한번 열리면 며칠씩 계속되었다. 여기서 그 계절의 중요한 거래는 거의 다 이루어졌다. 11세기 이탈리아의 시장에는 원거리 무역상들을 위해 긴 탁자banca 하나를 놓고 환전을 해주고 어음과 신용장을 취급하는 사람들, 곧 방키에레banchiere들이 있었다. 오늘날 '은행bank'의 시작이다. 이렇듯 은행의 어원은 이탈리아어 'banca'에서 유래되었다. 이 벤치에 앉아 있는 사람들은 그 나라의 사정은 물론이고 바꾸려 하는 나라의 사정을 훤히 알고 있어야 그에 걸맞은 적절한 환율로 공평하게 환전을 할 수 있었다.

중세의 환전상은 시장 거리 한 구석에서 저울, 주판, 시금석으로 주화의 가치를 평가했다. 그는 수백 종류의 금화와 은화의 가치가 그 주화를 만든 도시에 따라 다르다는 것을 알아야만 했다. 그 무렵 군주들은 연례행사처럼 주화의 순도를 낮추었다. 일종의 세금이었다. 당시 수많은 종류의 돈은 국제무역을 어지럽히고 있었다. 환전상은 이

쿠엔틴 마세이스Quentin Massys, 〈환전상과 그의 아내〉(1514).

러한 분야의 노련한 전문가가 되어야만 했다. 그들은 당시 유통되는 수많은 주화의 환율을 산출하는 데 많은 경험과 정보가 필요했다. 이러한 정보를 알 수 있는 집단은 현지 커뮤니티와 정보를 교환하는 유대인밖에 없었다. 그 뒤 은행가banka들은 환전업무 이외에 어음업무와 함께 예금업무도 보기 시작했다.

문맹사회에서 글을 아는 독보적 존재

16세기 활자가 발명되기 전 책은 어느 나라를 막론하고 손으로 써야 했다. 일반인은 글씨가 쓰인 책조차 볼 기회가 드물었다. 그건 하층민이 접근할 수 있는 일이 아니었다. 그나마《성경》을 읽을 필요가 있었던 기독교 성직자들이나 글을 읽고 쓸 줄 알았다. 중세 후기까지만 해도 대부분의 사람들은 글을 전혀 몰랐다. 중세에는 문맹률이 98퍼센트 이상이었다. 이들을 위해 돈을 받고 관공서 문서 등을 읽어주거나 대필해주는 직업이 있었다. 주로 유대인들로 이들은 일반 백성들보다 많은 부와 권리를 누렸다. 당시는 문맹이 결코 수치가 아니었다. 글을 읽고 쓸 줄 모른다는 것은 오히려 기사에게 있어 용맹의 상징처럼 여겨지고 있었다. 심지어 왕족이나 귀족들 가운데서도 글을 전혀 읽고 쓸 줄을 모르는 경우마저 있었다. 예를 들면 프랑크 왕국의 카롤루스 대제는 그렇게 문화를 장려했으면서도 정작 자신은 알파벳을 쓸 줄 몰랐다. 카롤루스 대제는 글을 배워 보려고 노력했지만 실패했다. 그래서 서명할 일이 있으면 글자 모양으로 구멍이 뚫린 자를 대어 글자를 그리는 식으로 썼다.

유대인들이 상업을 석권할 수 있었던 것은 바로 글을 읽고 쓸 줄 알았기 때문이다. 유대교는 이산離散 이후 사제가 없기 때문에 모든 신도들이 각자 《성경》을 읽어야 했다. 그래서 모든 유대인 남자는 어려서부터 글을 읽고 쓰는 것이 종교적 의무였다. 중세 이탈리아 유대 상인의 일상 업무 중에 가장 중요했던 것은 글쓰기였다. 상인들은 일주일에 적어도 서너 통의 편지를 써야 했다. 이에 더해 자신의 상업적 활동을 상세하게 장부에 기록해야만 했다. 물품을 받고 부칠 때 관련 증빙서류를 함께 동봉해야 했고, 시장에서 판매되는 상품의 목록을 작성하고, 수시로 시세를 파악해서 사업상의 동료나 랍비에게 보내야만 했다.

그 뒤 16세기 들어서야 루터가 독일어로 《신약》을 번역해 출판한 이후 평신도들도 《성경》을 접할 수 있게 되었다. 그들도 《성경》을 읽기 위해 문자 교육을 해 문맹률이 떨어졌다. 종교개혁이 성공한 이유의 하나다. 이러한 특징은 개신교와 천주교를 구분 짓는 중요한 특징이 된다.

유대인, 이슬람권과의 무역을 독점하다

중세 유럽에서는 지방산물을 도시시장에 가지고 와서 파는 일반적인 상업과 '원거리 무역'을 엄밀히 구분했다. 원거리

무역에는 회계, 외환, 외국어 게다가 어느 곳에서 상품을 얻을 수 있고 어느 곳에서 더 높은 가치를 가지는가 하는 지식 등 많은 것을 알아야 했다. 세계 각국에 커뮤니티를 갖고 상업 정보와 외환시세 산정에 능숙한 유대인들이 통상을 주도할 수밖에 없었다.

더구나 당시 아랍권과 기독교권과의 무역을 금지한 교황 덕분에 유대인들이 반사이익을 누릴 수 있었다. 게다가 이슬람권에 기독교도들은 들어갈 수 없었고 유대인만이 통행이 가능했다. 여기에다 이슬람권에는 유대인 커뮤니티가 있어 이들이 서방의 유대인 커뮤니티와 교역을 주도했다. 이렇게 해서 유대인들은 암흑의 중세시대에 특히 기독교와 이슬람교 사이가 나빴던 시기에 동방무역을 독점하다시피 해 막대한 부를 쌓았다.

지혜와 정보를 나누는 오랜 관습

유대인 동족 간의 나눔 정신은 물질적인 것에만 국한되지 않는다. 물질보다 더 강력한 지혜와 정보를 나눈다. 부자가 자신의 재물을 사회에 기부해야 하는 것처럼, 지혜로운 자는 자신의 지혜를 사회에 기여해야 한다. 그러므로 유대인은 자신의 도움이 필요할 때 봉사하지 않는 것은 죄로 여긴다. 타인을 위해 드리는 기도는 의무다. 자신의 동료를 위해 하느님의 자비를 구할 수 있는 자가 그와 같이 구하지 않으면 이는 죄를 짓는 것이다.

이 공동체의식은 고대로부터 변함없이 그들의 생각과 행동을 지배하고 있다. 학자인 랍비가 공동체를 이끌어 가는 것도 같은 맥락이다.

실제 비즈니스 측면에서도 유대인들은 사업이 번창하면 가족이나 친척은 물론 유대인을 우선적으로 끌어들이는 것으로 유명하다.

또 유대인 커뮤니티의 유대교 회당인 시너고그에 모르는 이방 유대인이 찾아오면 적어도 원로 가운데 한 사람은 꼭 그를 자기 집 식사에 초대해야 한다. 그가 필요한 정보와 도움을 주어야 하는 게 그들의 오랜 관습이기 때문이다. 그래서 유대인들은 멀리 가면 꼭 그 지역 시너고그부터 찾는다. 회당에 가족들을 만나러 가는 느낌으로 시너고그를 찾는다. 유대인들이 고대 이후로 멀리 떨어져 있는 다른 커뮤니티와 서로 도와 사업을 함께해 나갈 수 있는 것은 바로 이 공동체의식 덕분이다.

유대인들은 개개인이 바른 행위를 해야 한다는 의식뿐 아니라, 모든 구성원이 서로 사회적 연대책임을 갖고 있다는 생각이 강하다. 공동체가 구성원 한 사람 한 사람의 유대인에게 바른 행동을 하도록 이끌어야 할 책임이 있음을 뜻한다. 유대인이 남달리 자선행위를 중요하게 여기는 것도 같은 맥락이다. 일반적으로 서구 사람들이 개인주의적이고 개성과 사생활을 중요하게 여기지만, 유대인은 다르다. 유대인은 유대인 공동체 속의 한 사람이 될 때라야 비로소 유대인이 된다. 이러한 사고방식은 고대로부터 줄기차게 전승되어 왔다.《탈무드》에 "만일 부모가 자식을 올바르게 교육시키지 못했거나 그런 환경을 자식에게 마련해주지 못했을 때, 그 자식이 잘못을 저지르게 되면 그 죄를 자식 혼자서만 책임지게 할 수 없다"는 구절이 있다.

도움이 필요한 형제를 돕는 것은
유대교 계율

유대인들은 엄청난 금액의 기부로도 유명하다. 이것 또한 가난한 동포를 도우라는 유대교 계율에 따른 것이다. 유대인은 어릴 때부터 저금통을 갖고 있는데, 이 저금통이 모이면 자선에 쓴다. 자선의 구체적인 방법도 정해 놓았다.《토라》는 형제들 가운데에서 분명 필요한 사람needy person이 있다면, 그가 필요한 만큼enough for his lack 주어야 할 것이라고 규정해 놓았다.

유대인들은 유아원부터 시작해서 성인이 될 때까지 다양한 유대 교육기관과 단체에 가입해 교육을 받을 뿐만 아니라 인맥을 쌓는다. 이 안에서 그들은 성장할 수 있는 정보와 기회를 서로 제공하고 세계 각국의 유대인들과도 연대해 강력한 유대인 네트워크를 만들어 가는 것이다. 유대인이라는 이유 하나로 뭉치고 서로 돕는 그들의 단결력이 유대인의 힘인 것이다.

이상에서 살펴본 것과 같이 유대인의 경쟁력은 남다르다. 그런데 이런 탁월함이 현지 경제를 장악하고, 그들의 종교적 폐쇄성이 이해와 소통의 부재를 불러와 결국 현지인의 반감을 샀다. 역사적으로 반유대 정서는 뿌리 깊은 것이었다.

유럽의 반유대주의를 불러온 이유들

유럽에서 반유대주의의 전통은 유구하다. 반유대주의 사례 가운데 제일 먼저 기록된 것은 기원전 5세기에 이집트 승려들이 나일 강변 유대교 사원들을 마구 파괴한 사건이다. 그 뒤로 유대인들과 유대교에 대한 박해가 시작되었다. 반유대주의의 원인은 유대인들의 종교와 독특한 문화였다.

다신교 사회에서 유일신을 믿는 유대교는 몰이해와 편견을 낳을 수밖에 없었다. 자연히 유대인들은 질시와 증오의 대상이 되었다. 그 뒤로 유럽의 유대인들은 끊임없이 혹독한 박해를 받았다. 유대인들의 학살과 추방은 유럽의 일상적인 풍속으로 자리 잡았다. 이슬람교와 기독교 양쪽에서 마찬가지였다. 유대인에 대한 법적, 정치적, 사회적 제약은 빠르게 늘었다. 가톨릭뿐 아니라 그리스정교 지역에서도 반유대주의는 거셌고 무자비했다.

중세에 특히 반유대주의가 강했던 이유는 유대교와 기독교 간 교리상의 차이다. 유대교는 예수를 구세주로 인정하지 않는다. 유대교도들은 구세주는 아직 오지 않았고 자신들만이 구원을 받는다고 믿었고, 지금도 그들은 그렇게 믿고 있다. 유대교 입장에서는 극단적으로 말해 예수는 유대교를 훼손해 이방인들을 신자로 받아들인 배신자인 셈이다. 유대인은 그리스도를 다만 여러 예언자 중의 하나로 인정한다.

두 번째는 유대인들의 폐쇄적인 생활 태도에 있다. 그들은《토라》와《탈무드》만을 읽으며 그들 고유의 생활방식을 지독스레 고집한다. 그들은 기독교인들의 도시에 살면서 비록 타의적인 전통에 의한 것이긴 했지만 그들만의 공간인 게토에 모여 따로 살았다. 기독교도와의 교류보다는 자신들의 생활방식을 고집하며 어울리지 않았다. 중세에 흑사병이 유행했을 때도 유대인들의 피해는 상대적으로 적었다.

이는 유대인들의 주변을 청결하게 하는 그들의 율법이 가르친 생활 습관 덕분이었다. 당시 위생관념이 비교적 낮았던 유럽인들에게는 그런 유대인들이 두려움의 대상이자 질시와 저주의 대상이기도 했다.

기독교인들과 어울리지 않는 배타적인 공동생활에 덧붙여 마지막 가장 중요한 원인이 그들의 경제력이다. 유대인들은 가는 곳마다 지역경제를 장악했다. 일단 나라를 잃고 떠돌이 생활을 하게 된 유대인 입장에서는 지식과 돈 이외에는 자신을 지킬 수 있는 방도가 없었다. 당시 열악한 여건에서 돈을 벌기 위해서는 다른 방도가 없었다. 셰익스피어의 작품《베니스의 상인》에 등장하는 샤일록처럼 대부업과 상업이 주종이었다.

중세에는 돈을 천한 것이라 여겨 직접 손을 대지 않는 전통이 있었다. 토지에 기반한 봉건제 하에서 귀족이나 사제집단은 상업을 천한 것으로 생각해 직접 손을 대지 않았다. 상업 자체가 낙후되어 있었고, 농민은 무조건 농사를 지어야 했다. 귀족은 전투와 지배, 무력으로 질서 유지를 하는 고귀한 신분이었고, 승려계급은 신에게 봉사하는 집단이었다. 시민계급이 형성되기 전에 돈을 다루는 일을 할 사람이 유대인 말고는 없었기 때문에 유대인들이 경제권을 장악할 수 있었다.

중세 이후로 유대인들이 지역 상권을 장악했다. 16~18세기에 들어와 이른바 '초기 자본주의'가 태동하고 자본주의가 확산되면서 유대인들에 대한 부정적 인식은 더 커져갔다. 18세기 말의 프랑스혁명을 전환점으로 유대인들의 경제력 추세는 강력한 기세로 유럽 전역을 휩쓸었다. 각지에서 유대인들과 민족이익을 지키려는 사람들과의 사이에서 끊임없는 충돌이 이어졌다. 당시 독일은 전체 국부의 팔분의 칠을, 인구수로는 3퍼센트 밖에 되지 않는 유대인들이 차지하고 있다는 주장도 있다. 다른 나라도 정도의 차이만 있을 뿐 마찬가지였다.

자본 곧 돈을 무기로 국내와 세계 경제는 물론 정치를 뒤흔드는 유대인에 대한 반발과 함께 그 혐오가 심화됨으로써 반유대주의가 전 유럽에 번졌고, 그 열병을 국내 정치에 악용한 국가 테러가 히틀러의 유대인 대학살이다. 결국 이 반유대주의 전통은 독일에서만의 일이 아닌 것이다. 프랑스의 지성으로 자처하던 볼테르는 1746년에 발간된 그의《철학사전》에서 "유대인은 한마디로 말해 약탈 민족이다"라고 정의했다.

미국의 마크 트웨인도 반유대 정서에 대해 이렇게 표현했다. "프로테스탄트는 가톨릭교도를 박해했지만 그들의 생계를 앗아가지는 않았다. 가톨릭 또한 프로테스탄트를 박해했지만 그들이 농업과 수공업에 종사하는 것을 막지는 않았다. 내 생각에 예수의 수난은 유대인을 바라보는 세계인의 시각과는 별로 상관이 없다. 유대인에 대한 반감은 그보다 훨씬 더 오래된 것이다. ……종교적인 이유만으로는 유대인 박해를 설명할 수 없다. 유대인을 증오하는 이유는 그들이 불로소득자들이기 때문이다. 유대인의 인생 목표는 돈이다. 그들은 로마에서도 그랬고 그 후로도 그렇게 살아왔다. 그들의 성공은 전 인류를 그들의 적으로 만들었다."

반유대 정서에 대해 이야기한 마크 트웨인.

나치의 반유대주의

히틀러, 유대인은 곧 좌익이라는
등식 만들어

히틀러 집권 시기의 교황 비오 11세도 공산주의의 혁명과 확산 뒤에는 이를 조종하는 유대인들이 있다고 보았다. 교황은 유대인을 가리켜 "공산주의는 어떤 중앙 권력의 조종 아래 여러 민족의 문화와 특성에 따라 교묘하게 변형된 형태로 전파된다. 그들 극소수의 손에 엄청난 권력과 경제적 독재권이 집중되어 있다. 그들은 세상의 돈을 소유하고 마음대로 조작하며 여신을 통괄한다. 이처럼 경제와 사회 전체의 핏줄을 움켜쥐고 있어 그들 앞에서는 감히 아무도 숨조차 제대로 쉬지 못한다"고 혹평했다.

히틀러에게 이론상 빌미는 레닌과 독일 내 유대계 공산주의자들이 제공했다. 레닌과 트로츠키 등 러시아혁명의 많은 지도자들이 유대인이었다. 그 뒤 독일혁명도 유대인에 의해 주도되었다. 이 점에 착

히틀러와 악수하는 교황 비오 11세.

안해 히틀러는 이를 아예 '유대인은 좌익'이라는 공식으로 만든 것이다. 실제 독일 사회주의자들 가운데 유대인이 많았다. 유대인은 러시아 사회에서도 엄청난 반유대주의에 시달렸고 실제로 우크라이나 등지에서 무참하게 학살당했다. 이후 독일 등 유럽 내 자본가 계층 곧 부르주아 계급인 유대인들도 모두 공산주의자로 몰린다.

반유대주의의 확산

산업혁명을 계기로 유대인들이 여러 산업 분야에 진출해 성공했다. 19세기 전반에 걸쳐 독일 내 유대인은 독일의 경제 발전에 많은 기여를 했다. 이 과정에서 적지 않은 유대인들이 독일인의 자존심을 건드렸다. 독일인들은 유대인들이 자기 분수를 모르고 너무 나선다고 느꼈다. 더구나 1차 세계대전에서 패전국이 된 독일 경제가 위축된 것과 달리 독일에서 살고 있던 유대인들의 경제 활동 폭은 더 넓어지고 활발해졌다. 점차 독일인들 사이에서 강한 반유대 정서가 생기기 시작했다. 히틀러는 이러한 대중의 반유대적인 공감대를 잘 이용해 정권의 기반으로 삼고 나아가서는 홀로코스트라는 인류 최대의 재앙을 연출했다.

히틀러는 세계사를 '적자생존'의 원칙에 의해 지배되는 인종들 사이의 끝없는 생물학적 투쟁으로 파악했다. 그리고 그 투쟁에서 아리안 족의 유럽이 위험에 처해 있다고 믿었다. 그에게 있어 유럽의 주된 적은 국제적인 유대인 집단이었다. '국제적 금융자본주의'와 '국제적 사회주의'가 유럽을 불안정하게 만들고 있다고 보았다. 더 나아가 이두 요소가 유럽 사회를 뒤집어엎으려는 유대인들의 두 핵심 무기라고 보았다. 유대인이 중요한 역할을 하는 미국의 자본주의와 유대인들이 뒤에서 조종한다고 믿은 볼셰비즘을 아리안 인종에 대한 주된 위협 요인으로 본 것이다.

아돌프 히틀러의 유대인 박해는 그가 1933년 1월 30일 총리가 된 지 1개월 만에 시작되었다. 나치의 반유대주의는 다섯 단계의 과정을 거쳐서 전개되었다. 단계마다 그 강도는 강화되었다.

1단계, 노골적인 유대인 박해와
제3제국의 탄생

　　1단계는 나치가 정권을 획득한 1933년 2월 말부터 시작되었다. 주로 유대 상점의 약탈, 유대인에 대한 산발적 폭행, 유대 상점에 대한 불매운동 등으로 나타났다.

　그 뒤 정권을 장악하는 과정에서 좌익세력을 척결한 히틀러는 이로써 완전한 독재정권을 수립했다. 그는 1934년 제3공화국 총통에 오른다. 히틀러는 게르만 민족에게는 신성로마제국이 제1제국이고 1871년 통일제국이 제2제국이며 자신이 수립한 나치 체제가 제3제국으로써 앞으로 천 년은 지속될 것이라고 주장했다.

　"위대한 독일제국의 국민들이여, 본인은 지금 이 시간부로 베르사유조약을 전면 폐기할 것을 선언한다! 이제 독일제국 군은 무제한으

연설하는 히틀러.

로 무장할 것이며, 전쟁 배상금은 단 한 푼도 지불하지 않겠다!" 히틀러는 1935년 베르사유조약의 파기를 선언하고 재무장을 천명했다. 노골적인 전쟁 준비에 들어간 것이다.

1차 대전의 패배로 국민적 자존심이 바닥을 기고 있던 찰나에 점차적으로 자국의 위상을 드높임은 물론 자신들의 굶주림을 해결해주고 있었으니 자연히 히틀러와 나치스에 대한 지지는 절대적이었다. 그리고 제3제국이 재무장을 시작하자 종전 이후 10만 명 안팎으로 유지되던 독일 군은 순식간에 60만 명 이상으로 불어났다.

2단계, 뉘른베르크법

2단계는 1935년 뉘른베르크법의 제정에서 시작되었다. 이 법은 세계 역사상 유례를 찾아보기 어려운 인종차별적인 내용을 담고 있었다. 유대인 학살의 최초 법적근거가 된 이 법은 독일인과 유대인을 철저히 분리시키는 법이었다. 이 법의 전문은 독일 혈통의 순수성을 독일 민족이 존재하기 위한 전제조건으로 규정하고 있다. 내용을 보면 기가 막힌다.

1조 1항에서는 독일인과 유대인의 결혼을 금지했다. 독일 내 뿐 아니라 외국에서의 결혼도 무효화했다. 독일인과 성관계를 가진 유대인은 강제수용소로 보내졌다. 성관계를 맺은 독일인도 3개월 동안 정신교육을 받아야 했다. 이 법에 따라 유대인과 입을 맞추거나 손잡는 행위도 처벌을 받았다.

또한 유대인은 공공 의자에 앉는 것이 금지되었고, 그 외에도 국립학교의 유대인 자녀 입학금지, 의사나 검사 자격의 박탈, 유대인임을 표시하는 노란색 별 부착에 이르기까지 유대인들은 자신들의 권리를 박탈당했다.

유대인의 피를 받은 자는 모두 공민권이 박탈된다고 규정한 이 법으로 인해 유대인은 직장에서 쫓겨나고 사업체를 박탈당했다. 조부모 중에 한 명이라도 유대인이면 손자까지 그 대상이 되었다. 이후 유대인임을 가리는 기준이 조부모 중에 유대인이 있느냐 없느냐의 여부로 자리 잡았다. 유대인 소유 기업은 배척받아 파산했으며 유대인은 지방정부와 법원, 대학에서 쫓겨났다.

이 법의 3조는 유대인은 45세 이하의 독일 여성을 가정부로 두는

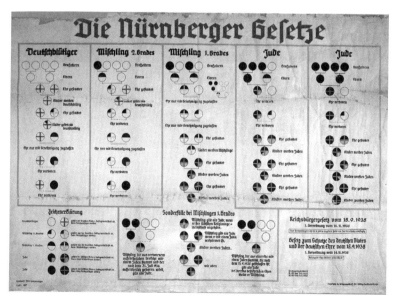

나치가 뉘른베르크법을 설명하기 위해 만든 표. 왼쪽부터 첫 번째는 독일인이고 나머지는 조부모 중에 유대인 피가 어느 정도 섞였는지에 따라 나타낸 유대인 혼혈등급이다.

것을 금했다. 실제로 60세 된 독일 노인이 과거에 자기 집의 하인으로 있던 30세의 유대인 여성에게 가볍게 입을 맞추었다가 사형당한 경우도 있었고, 자기 집에 초대한 유대인에게 "외투를 벗고 편히 앉으라"고 말했다가 처벌당한 독일인도 생겨났다. 4조 1항은 점입가경이다. 이 조항은 유대인이 독일 국기를 게양하는 것을 금지했다. 이 법을 어긴 자는 강제 노동형에 처해졌다. 유대인은 더 이상 독일 국민이 아니었다. 1933년부터 1938년 사이에 이루어진 일련의 법령, 몰수, 대학살로 히틀러는 독일 유대인의 정치적·경제적 기반을 무너뜨리는 데 성공했다.

3단계, 반유대주의를 전 유럽으로 확산

3단계는 조직적인 폭력이 이루어지고 대량으로 체포되어 강제수용소로 보냈던 시기다. 그 이전까지만 해도 유대인의 팔레스타인 이민을 촉진하기 위해 독일 정부는 일부 시온주의 단체들과 긴밀하게 협력하기도 했으며 1938년에는 유대인 국가 건국을 위해 아프리카 동남부의 마다가스카르 섬을 세계시온주의의회에 공식 제안하기도 했다. 결론적으로, 전쟁 발발 전 국가사회당 정부의 유대인 정책 주안점은 격리와 국외이민이었다. 반유대인주의에 대한 여러 선전 활동이 성공을 거두자, 나치는 반유대주의가 독일이 다른 유럽 국가에 진출하는 데 유용하게 적용될 수 있다고 확신하게 되었다. 1938년 9월 이탈리아의 파시스트 무솔리니는 독일의 반유대주의 종족법을 본보기로 반유대법을 공포했다.

상황은 점점 악화되어 갔다. 1938년 독일과 오스트리아의 합병으로 오스트리아 유대인들도 독일법의 적용을 받게 됐다. 모든 유대인 남자는 공식 문서의 이름과 성 사이에 '이스라엘'을, 여자는 '사라'를 써야 했다. 유대인이라는 것을 표시하기 위해서였다. 10월에는 모든 독일 유대인의 신분증이 회수됐다. 이제야 상황을 파악한 수많은 유대인들이 인접한 폴란드로 피난길에 올랐다. 하지만 폴란드는 국경을 열어주지 않았다. 1만 5천여 명의 유대인들이 국경에서 노숙을 하며 추위와 굶주림에 시달려야 했다. 그런데 이때 엄청난 사고가 터진다. 1938년 11월 초 열일곱의 어린 유대인 망명자가 파리 주재 독일 대사관의 참사관을 살해한 것이다. 독일의 유대인 학대에 대한 한 젊은 유대인 청년의 항거였다.

대학살의 서막, '제국 수정의 밤'

히틀러는 이 기회를 놓치지 않고 선동적인 반유대주의 선전을 펼쳐 나갔다. 그는 이 사건을 세계 유대주의의 음모로 돌렸다. 그리고 각 학교와 기업체에서 거대한 장례식, 베토벤 음악, 선동적 애도 등으로 이루어진 행사를 진행했다. 나치 돌격대가 마지막 역할을 맡았다.

1938년 11월 9일 저녁 나치 당원들과 돌격대원이 앞장서고 평범한 독일 시민들까지도 합세해 손에 횃불과 벽돌 조각과 몽둥이를 들고 유대인 사냥에 나섰다. 나치는 스스로 이 날을 '제국 수정의 밤 Reichs kristall nacht'이라는 이름으로 불렀다. 산산이 부서져 거리에 널린 유대인 상점의 유리조각들이 수정처럼 빛났기 때문에 그렇게 이름 붙였다고 한다.

이날 저녁 독일 전역에서 2백여 유대교 회당과 유대인 묘지, 수천의 유대인 주택과 상점이 파괴되고 불탔다. 이날 최소한 유대인 91명이 살해되었고 2만 명 이상이 부헨발트와 다하우의 강제수용소에 감금되었다. 대다수 독일 국민들은 이 장면을 지켜보고 있었다. 이틀 사이에 독일과 오스트리아에 있던 거의 모든 유대교 회당과 유대인 기관이 불에 타고 파괴되었다. 8천여 곳의 유대인 상점이 약탈당했으며, 2만 5천여 명의 유대인들이 강제수용소로 끌려갔다. 이 사건은 아돌프 히틀러가 지시한 유대인 대학살인 홀로코스트의 서막이었다.

그 뒤 독일과 오스트리아 유대인의 재산 대부분은 가혹한 벌금과 기타 강제징수로 몰수되었다. 그리고 독일은 1939년 체코슬로바키아를 합병해 이들 나라의 유대인을 구속시켰다. 반유대주의의 역사를 가지고 있던 헝가리도 1938년 히틀러의 법을 모델로 반유대 법령을 제정했다. 루마니아에서도 1939년 11월 유대인의 삼분의 일 이상이 공민권을 박탈당했다.

히틀러의 제국의회 연설

히틀러는 전쟁의 배후에는 유대인의 음모와 이를 지원하는 유대 금융자본가들이 있다고 보았다. 그는 재앙을 예고했다. "유대인 문제가 해결되지 않는 이상 유럽의 평화는 기대할 수 없는 것입니다. 세계는 원만한 합의에 이를 도량을 가지고 있습니다.

그러나 신의 선민이라면서 다른 민족들의 몸체에 기생하면서 그들의 생산적인 노동을 착취하는 행태는 더 이상 용납할 수 없습니다. ……다른 민족들처럼 유대인도 정직하고 생산적인 노동으로 그들의 삶을 꾸려가는 방법을 터득해야 할 것입니다. 그렇지 않는 이상 그들에게는 상상할 수 없을 정도의 재앙이 닥칠 것입니다. ……만약 유대 국제금융자본이 다시 한번 유럽의 국가들을 세계대전으로 내모는 데 성공한다면 그 전쟁의 결과는 유대인의 승리가 아니라 유럽 유대인의 전멸이 될 것입니다!" 그는 이때 이미 유대인을 전멸시킬 생각을 했던 것으로 보인다.

히틀러의 제국의회 연설 후 열광하는 모습.

과격한 공산주의와 유대인

그러면 히틀러는 왜 유대인을 몰살하려 했는가. 그 배경은 1차 세계대전에서 찾을 수 있다. 1차 대전에서 패배한 독일은 러시아에서 피난 온 독일인들로부터 과격한 볼셰비키 혁명을 주도한 유대인들에 대한 이야기를 들은 후 태도가 돌변했다. 당시 러시아는 독일에게 가장 강력한 위협적 존재였다. 독일인은 유대인을 볼셰비키 혁명과 관련지어 생각하게 되었다. 당시 공산주의의 배후는 유대인들이라는 것이 유럽인들의 보편적 시각이었다. 히틀러는 어떻게든 독일의 공산화는 막아야겠다고 생각했다. 그러기 위해서는 국내외를 막론하고 볼셰비키 유대인들의 뿌리를 뽑아야 한다고 믿었다. 이것이 훗날 러시아 침공의 가장 주된 이유였다.

4단계, 게토에 수용되다

4단계는 1939년 9월 2차 대전 발발 이후다. 1939년 9월, 독일의 폴란드 공격으로 2차 세계대전이 시작됐다. 포성이 폴란드를 뒤흔들었다. 이제 유럽 전체가 전쟁의 소용돌이에 휩싸이게 된다. 전쟁이 일어나자 유대인은 더 이상 시민이 아니었다. 공립학교에 다닐 수 없었다. 실제로 사업을 하거나 직업을 가질 수도 없었다. 또 토지를 가질 수도 없었다. 유대인이 아닌 사람과는 사귈 수 없었다. 공원이나 도서관, 박물관에조차 갈 수 없었다. 그래도 1939년까지는 정부에 돈만 내면 독일을 떠나는 것이 허용되었다. 그리하여 그해까지 독일에 거주하는 50만 유대인 중에서 30만 명이 독일을 떠났다.

1939년 9월 2차 대전 발발 후부터 모든 독일계 유대인과 오스트리아 유대인들을 폴란드에 마련한 게토에 보내졌다. 그들은 유대인 거주 구역 '게토' 안에서만 살라는 명령을 받았다. 그곳에서 유대인들은 병들거나 굶어서 죽어 갔다. 문제는 당시 폴란드에 살고 있던 3백여만 명의 유대인들이었다. 이들의 삶은 비참했다. 저녁 8시 이후 외출이 금지됐다. 대중교통도 이용할 수 없었다. 모든 가정집의 전화기가 압수됐으며, 공중전화에는 '유대인 사용금지'라는 경고 문구가 붙었다. 유대인은 식량 배급에서도 제외됐다. 가지고 있던 것을 서로 나눠 먹으며 하루하루를 버텼다. 가장 견디기 힘들었던 것은 '차별'이었다. 여섯 살 이상 모든 유대인들은 가슴에 노란색 바탕에 검은색으로 '유대인Jude'이라는 글씨가 적힌 다윗의 별을 착용해야 했다.

당시 독일 점령 지역에는 1,634개의 집단 수용소와 9백 개의 강제노동수용소가 있었는데 많은 수의 유대인들이 그곳에서 굶주림과 과도한 노동으로 죽어 갔다. 노동의 강도는 가히 살인적이었다. 강제 노동에 동원된 노동자들의 수용 이후 평균 수명이 3개월에 불과했다는 기록도 있다. 1941년에는 이주 금지령도 내려졌다. 다행히 그전에 독일과 폴란드를 빠져나가 목숨을 구한 행운아들도 있었다. 도망치지 못한 유대인들은 꼼짝없이 앉은 자리에서 죽음을 맞아야 했다.

5단계, 대학살 감행
5단계는 1941년 러시아 침략 이후 강제수용소의 목적이 구금에서 살인으로 변한 시기다. 전쟁에 돌입한 천 년 제국은 국민적 지지를 더욱 확고히 강화할 필요를 느꼈다. 이를 위해서는 민족적 단합을 주도할 새로운 희생거리가 필요했다. 민족의 우수성과 순수성을 지키기 위해서는 독일 내 비독일인을 소탕해야 한다는 주장을 폈다. 이것은 곧 '인종청소'라는 이름으로 시작되었다. 1940~1941년, 폴란드에서 다수의 유대인이 계속해서 죽어 나간 것도 엄청난 일이지만, 진정한 의미에서 대량 살육이 시작된 것은 1941년 6월 22일, 히틀러가 소련 침공을 개시하고 난 다음의 일이다.

이 작전의 목적은 유대 적색혁명의 총본산을 섬멸해서, 당시 소련의 지배 아래 있었던 5백만 명의 유대인을 수중에 넣는 일이었다. 1941년 3월 3일, 요들 장군은 군사 일지에, 대소련 작전이 개시되는 날에는 '유대-볼셰비키 지식 계층' 박멸을 위해 친위대 헌병 조직을 육군 최전선 지역으로 전개할 필요가 있다고 한 '히틀러의 결정'을 기록하고 있다.

소련 영토 안의 유대인 가운데 4백만 명은 독일 육군이 1941년부터 1942년에 걸쳐 제압한 지역에 살고 있었다. 이 가운데 250만 명은 다행히 독일 군대가 도착하기 전에 탈출했다. 나머지 주민의 90퍼센트는 도시에 있었기 때문에, 나치 특별 행동대에 의해 90만 명 이상이 살해되었다. 거의 모든 유대인은 시 교외에 있는 웅덩이 곁에서 사살되었고, 웅덩이는 그대로 무덤구덩이가 되었다. 1942년부터는 유대인은 무엇을 잘못했기 때문이 아니라 유대인으로 태어났다는 이유만으로 죽어야 했다.

일반인에게 잘 알려진 아우슈비츠의 가스실은 하루 1만 2천 명까지 처리할 수 있었다. 그 가스실에서 수많은 유대인들이 시체로 변해

잔혹한 '인종청소'의 현장.

갔다. 폴란드 바르샤바에서는 순전히 학살을 위해 매일 6천 명 씩 유
대인을 선발해 이동시키는 수용소행 열차가 운행됐다. 가스실은 '샤
워실'로 불렸다. 유대인들이 샤워를 시켜준다는 말을 듣고 가스실로
향했기 때문이다. 아우슈비츠에는 다섯 개의 가스실이 있었다. 하루
에 6만 명을 살해할 수 있는 시설이었다. 아우슈비츠에서만 그렇게
2백만 명 이상 살해됐다.

유럽에서 직접 혹은 간접적으로 나치의 통제 아래 있던 유대인은
약 9백만 명이었다. 나치는 이들 가운데 6백여만 명을 학살했다. 나

치는 자신의 손아귀에 있었던 유대인의 67퍼센트를 죽였다. 1939년 부터 1945년까지 희생당한 유대인은 당시 유럽과 러시아에 거주하던 모든 유대인 1천 1백만 명의 절반이 넘는 숫자다. 나라별로 대략 폴란드에서 3백만, 러시아 120만, 루마니아 35만, 헝가리 30만, 체코 27만, 독일 18만, 리투아니아 13만, 네덜란드 10만, 프랑스 9만, 그리스 6만, 유고 6만, 오스트리아 6만 명 등이었다.

히틀러의 3대 적

이때 유대인만 희생당한 것이 아니었다. 히틀러는 3대 적을 전멸시킬 인종청소 계획을 갖고 있었다. 그 첫 번째가 공산주의자요 두 번째가 소련 공산체제를 주도적으로 세운 유대인이

'노동이 너희를 자유롭게 하리라'라는 역설적 문구가 걸려 있는 아우슈비츠 수용소 입구.

었으며 그리고 세 번째가 슬라브 족이었다. 이들을 함께 없애려 작정했다.

유럽 각국에서 잡아온 유대인, 집시, 공산주의자 및 비유대인 노약자 등 인종청소를 위한 대량학살이 시작되었다. 중세부터 시작된 유대인 박해는 여러 가지 형태가 있었지만 홀로코스트(대학살)만큼 그 규모나 잔혹성이 두드러진 적은 없었다. 히틀러는 집권 이듬해에 '유전위생법'이란 것을 공포했는데 나치는 이를 바탕으로 유대인 이외에도 집시, 러시아인 등 천만 명 이상을 학살했다.

교황청과 유럽 사회,
눈앞의 비극에 침묵하다

눈앞에서 벌어지는 이런 비극을 뻔히 보면서도 유럽 사회는 침묵했다. 교회도 침묵했다. 당시 바티칸은 유대인 학살에 대해 한마디 발언도 하지 않았다. 1943년 9월부터 1944년 6월까지 독일이 로마를 점령하는 기간 동안, 독일은 교황이 보는 앞에서 약 2천 명의 유대인들을 아우슈비츠 등으로 실어 갔다. 이들 중 십여 명만 제외하고 모두 살해됐다. 물론 교황이 바티칸에 477명의 유대인을 대피시키긴 했지만, 이는 지극히 소극적인 태도였다.

이러한 무관심 속에서 폴란드 유대인의 90퍼센트 이상이 살해됐다. 이때 폴란드의 랍비 바이스만델은 로마 교황청에 도움을 요청하는 편지를 썼다. 무고한 유대인 특히 어린아이들만이라도 구해 달라는 내용이었다. 나치 치하에서 학살된 6백만 유대인 가운데 백오십만 명이 어린이였다. 때문에 그의 간구는 절규에 가까운 호소였다. 그러나 그가 교황청으로부터 답변은 매몰차다 못해 소름 끼쳤다. "이 세상에 무고한 유대인 피란 없다. 모든 유대인의 피는 죄악이다. 당신들은 죽어야 한다. 죄(예수를 십자가에 못 박은 죄) 때문에 당신들은 이러한 형벌을 받는 것이다."

벨기에에서는 6만 5천 유대인 가운데 4만 명이 죽었다. 네덜란드에서는 유대인을 보호하기 위한 총파업까지 있었지만 70퍼센트 이상의 유대인이 학살됐다. 우크라이나, 벨기에, 유고슬라비아, 루마니아, 노르웨이에서는 거주 유대인의 50퍼센트 이상이 죽었다. 그리스에서는 6만 유대인 중 5만 4천 명이 살해되어 고대부터 이어온 유대인 사회가 붕괴됐다.

아우슈비츠에서 희생된 유대인들의 신발 무덤.

독일의 반성

종전 후 독일(서독)은 당연히 자국의 역사로서 나치스의 민족말살 계획을 중대한 범죄로 인지하고 전범들을 철저히 찾아내 법정에 세웠다. 독일은 패전 후 일찌감치, 나치를 전승국이 심판하기보다는 독일인 스스로가 나치의 행위를 범죄로 다루어 독일의 법원에서 심판하는 것이야말로 독일 민주주의의 재생에 있어서 대단

1970년 폴란드 방문 당시 무릎 꿇고 사죄한 서독의 빌리 브란트 총리.

히 중요하며 커다란 의미를 갖는다고 여겼다. 그리고 후대에 다시는 이런 일이 발생치 않도록 교육에서도 철저히 다루고 있다. 독일-폴란드-프랑스 세 나라는 공동 역사 교과서를 집필하고 있다. 독일의 학생들은 학교 수업을 통해 나치 독일의 만행을 그대로 배우고 있다. 또한 전쟁 이후 독일의 지도자들은 기회가 있을 때마다 그들의 과오를 사죄했다. 1970년 서독의 빌리 브란트 총리는 폴란드를 방문해 바르샤바 게토 앞에서 무릎을 꿇고 나치스의 범죄에 대해 깊은 사죄의 자세를 표했다. 그리고 지금도 독일의 과거사 청산은 계속된다.

용서는 하지만 망각은 또 다른 방랑으로 가는 길이다

유대인의 역사를 살펴보면 유대민족은 형극의 역사를 반드시 영광의 역사로 돌려놓는 힘을 갖고 있다. 유대인들은 쇼아(홀로코스트)의 역사를 결코 잊지 않는다. 이스라엘은 독립기념일 전날을 쇼아의 날로 지킨다. 독립을 자축하기 이전에 민족의 고난을 잊지 않기 위해서다. 예루살렘에 있는 쇼아 추모관인 야드 바셈에는 이런 글귀가 있다. "용서는 하지만 망각은 또 다른 방랑으로 가는 길이다."

이스라엘 건국과 중동전쟁

영국의 이중 플레이

1차 대전 중인 1915년 10월 영국은 '맥마흔 선언'을 발표했다. 영국이 아랍 지역에 팔레스타인 국가를 세우는 것을 도와주겠다는 내용이었다. 아랍 국가들을 끌어들여 독일의 공격력을 분산시키고자 하는 책략이었다. 아랍 국가들은 곧 아낌없는 전쟁 지원을 하게 된다.

문제는 이러한 약속이 아랍하고만 채결된 게 아니라는 점이었다. 전쟁이 진행될수록 영국에게는 막강한 부를 축적한 유대인의 힘이 필요했다. 영국은 유대인들이 막대한 전쟁비용을 지원하는 조건으로 옛 유대인의 땅에 이스라엘 건국을 약속하게 된다. 이른바 '밸푸어 선언'(1917년 11월 2일)이었다.

아랍인과 유대인의 지원을 받은 영국은 전쟁에서 승리한다. 하지만 골치 아픈 일이 남아 있었다. 아랍과 유대인들과 채결한 이중 약속으로 영국은 어느 쪽의 손도 들어주지 못한 채 진퇴양난에 빠졌다. 결국 영국으로부터 이 문제를 넘겨받은 유엔이 팔레스타인 지역에 두 개의 국가를 각각 건설하라는 절충안을 내놓았다. 특히 성지인 예루살렘을 분할하기로 했다.

팔레스타인은 분통을 터트렸다. 유대인 역시 영국을 지원했다는 이유로 나치로부터 대량학살까지 당했는데, 돈 주고 산 토지마저 분할하게 되어 울분을 토했다. 결국 1948년 이스라엘은 국가를 선포한다.

이스라엘 건국

이스라엘 공화국은 유대인이면 간단한 심사를 거쳐 시민권을 발급해주었다. 이를 '귀환법the Law of Return'이라 한다. 조부모 중 유대인이 있거나 유대교로 개종한 사람 모두를 유대인으로 간주했다. 또 유대인 이민자들과 가족 관계인 비유대인들에게도 이스라엘 이민을 허용했다. 이스라엘의 귀환법이 전통적인 유대인의 정의보다 일부러 더 광범위하게 정의한 이유는 유대인의 친척들도 외부에서는 유대인으로 여겨 반유대주의의 피해를 입는 경

독립선언서를 낭독하는 이스라엘 초대 총리 벤 구리온.

우가 많았기 때문이다. 건국 당시 인구는 80만 6천 명이었다.

유엔안을 바탕으로 1948년 5월 14일 금요일 이스라엘이 건국되었다. 벤 구리온은 텔아비브 박물관에서 독립선언문을 낭독했다. "그날에 내가 다윗의 무너진 천막을 일으키고 그 틈을 막으며 퇴락한 것을 일으켜서 옛적과 같이 세우고…… 내가 저희를 그 본토에 심으리니 저희가 나의 준 땅에서 다시는 뽑히지 아니하리라. 이는 네 하느님 여호와의 말씀이니라." 〈아모스〉 9장 11절에서 15절이 벤 구리온에 의해 낭독되는 가운데 이스라엘이 독립했다. 기원전 63년에 망한 지 정확히 2011년 만에 나라를 되찾은 것이다. 기적이었다.

1차 중동전쟁

하지만 기쁨도 잠시였다. 건국 선언한 그날 밤 이집트 전투기들이 이스라엘을 폭격했고 이튿날 아랍 군의 침입이 시작된다. 이로써 전 아랍이 전쟁 상태에 돌입했다. 이집트, 요르단, 시리아, 레바논, 이라크 등 다섯 개국 군대가 이스라엘을 공격했다. 북쪽에서는 레바논과 시리아가, 동쪽에서는 요르단과 이라크가, 남쪽에서는 이집트가 공격해 왔다. 누가 봐도 이스라엘은 곧 무너질 것처럼 보였다. 그런데 이스라엘은 기적적으로 살아남았다. 전쟁 초기에 이스라엘 군 약 2만 7천 명과 정착촌 예비군 약 9만 명이 결사항전으로 맞서 싸웠다. 여자들이라고 예외가 없었다. 외국에 거주하는 유대인들도 신생 조국을 지키기 위해 달려왔다. 소총 한 자루를 두 사람이 나누어 쓰고, 박물관에 있던 대포까지 동원해서 그야말로 죽기 아

니면 살기로 싸웠다. 20일 넘게 끈 전투 끝에 결국 유대인들은 2천 년
만에 어렵게 얻은 나라를 지켜냈다.

1948년 6월 11일 스웨덴의 중재로 휴전협상이 시작되었다. 그 사
이 미국의 지원으로 현대적인 전투군대로 변한 이스라엘 군은 모세
다얀 장군의 지휘 아래 이집트 카이로, 요르단 암만, 시리아 다마스
쿠스를 폭격해 아랍 연합군은 결국 두 손을 들었다. 이듬해 2월 평화
조약 조인으로 전쟁은 끝났고 이 전쟁으로 이스라엘은 유엔안보다
50퍼센트나 더 많은 지역을 점령했다.

이 전쟁으로 고향에서 축출된 아랍인들은 80만 명이나 된다. 이들
을 팔레스타인인이라고 부른다. 그 이후로 지금까지 요르단, 레바논,
팔레스타인에는 거대한 팔레스타인 난민촌이 형성돼 수십 년간 이어
지고 있다. 현재 팔레스타인 땅인 가자지구는 그 자체로 거대한 난민
촌이라 할 수 있다. 오늘날의 이스라엘 땅에 살던 팔레스타인 사람들

1차 중동전쟁의 정전협정을 위해 압둘라 엘 텔을 만난 모세 다얀 장군 .

세 종교 이야기

이 이집트 국경에 맞댄 가자라는 땅으로 쫓겨나 엄청난 인구밀도(약 백만 명) 속에 살고 있기 때문이다.

전쟁 패배로 고향을 떠나는 팔레스타인인들.

반면 그해 말에 34만 명의 유대인 이민자들이 도착했다. 1951년 말에는 추가로 34만 5천 명이 와서 유대인 인구는 갑절로 불어났다. 이들은 주로 아랍 국가 출신들이었다.※

2차 중동전쟁 뒤 공대공 미사일 개발

1952년 7월에 이집트의 나세르가 쿠데타를 일으켜 국왕을 쫓아내고 대통령이 되어 소련과 친선관계를 유지했다. 미국과 영국이 아스완 댐 건설 지원요청을 거절하자 나세르가 수에즈 운하 국유화를 선언하며 수에즈 운하를 점령해 전쟁이 일어났다.

영국과 프랑스가 반발해 공군을 동원해 수에즈를 폭격했고 이스라엘도 동맹을 맺고 이집트 시나이 반도를 침공했다. 이스라엘 군은 시나이 반도를 침공해, 이집트 군을 격파하고 수에즈 운하를 점령했다. 하지만 이 전쟁이 자칫 세계대전으로 번질 위험이 있어 미국과 소

※ 강영수,《유태인 오천 년사》, 청년정신, 2003.

련이 압력을 가했고 유엔이 중재해 삼국 군대가 철수하면서 끝났다. 그 뒤 이스라엘은 미국이 주요 무기의 제공을 거부하고 지원하지 않자 자주국방의 결의를 다진다. 이스라엘 산업화는 방위산업과 그 발달의 궤를 같이했다.

이스라엘, 국제적 신뢰를 상실하다

1960년대에 일어난 가장 극적인 사건이 6일 전쟁이었다. 2차 중동전쟁 후 1964년경부터 아랍 게릴라의 활동이 시작되어, 이들은 골란 고원에 불법적으로 만들어진 이스라엘 정착촌들에 포격을 가하기 시작했다. 이렇게 게릴라 기지가 된 시리아에 대해 이스라엘은 1967년 4월 대규모 공격을 감행했다. 이에 대해 이집트 나세르는 대군을 시나이 반도에 투입하며 아카바 만의 봉쇄를 선언했다.

6월 5일 아침 이스라엘 공군이 작전을 개시했다. 이스라엘 전투기들은 이집트의 촘촘한 레이더망을 피하기 위해 지중해를 멀리 우회해 리비아 사막지대 상공을 통해 카이로에 침투했다. 이집트 공군은 MIG-21 90대를 포함해 410대의 항공기를 띄워보지도 못한 채

팔레스타인 로켓포를 요격하는 이스라엘의 '아이언 돔'.

파괴당한다. 공군 전력의 궤멸이었다. 당시 이스라엘보다 60배나 많은 이집트 공군력을 파괴하는 데 두 시간 밖에 걸리지 않았다. 전란은 시리아와 요르단으로 확대되었다. 이튿날인 6월 6일에는 시리아, 요르단, 이라크 전투기 416대를 파괴해 아랍 측 공군력을 괴멸시켰다.

이스라엘 군은 압도적인 우세 속에서 나흘 만에 시나이 반도를 점령해 요르단 강 서안 지역, 시리아 국경의 골란 고원을 공략했다. 유엔 안전보장 이사회는 6월 6일 즉시 정전을 결의했고, 쌍방 수락에 의해 6월 9일 정전이 실현되었다.

이 전쟁으로 이스라엘은 요르단 강 서안의 팔레스타인 지역과 그때까지 이집트가 통치하고 있던 가자지구를 점령하게 되었다. 예루살렘의 아랍인 부문은 유대인 부문과 통합되었다. 유대인 정착지들은 일부 점령지 내에도 지어졌다. 이는 그 이후로 정치적 이슈가 되어왔다.

이로써 이스라엘을 둘러싼 국제정세도 변화했다. 3차 중동전쟁은 이스라엘의 기습에 의해 거둔 승리였다. 하지만 이스라엘은 홀로코스트 이후에 유지해온 국제적 동정과 신뢰를 상실했다. 게다가 이 승리로 중동의 군사적 균형이 무너지는 것을 우려한 프랑스와 영국은 이스라엘에 무기 관련 금수조치를 취했고 미국도 표면적인 원조는 할 수 없었다.

4차 중동전쟁, 탱크가 힘을 못 쓰다

1973년 10월 6일 오후 2시, 이집트와 시리아가

각각 수에즈와 골란 고원의 양 전선에서 이스라엘을 기습 공격했다. '욤 키푸르' 전쟁이라 부르는 4차 중동전쟁의 시작이었다. 이날은 유대인의 종교 축제일인 '속죄일'로 모든 국민이 일을 하지 않고 그동안 지은 죄를 하느님께 기도하며 용서를 청하는 날이다.

건국 후 세 차례 전쟁에서 모두 승리한 이스라엘이었지만 이번 전쟁은 시작부터 양상이 달랐다. 이집트 대통령 사다트는 과거 이스라엘과의 전쟁에서 잃었던 영토를 되찾기로 결심하고, 차근차근 전쟁 준비에 박차를 가했다. 그는 대대적인 이집트 군 개혁과 더불어 대전차 무기와 방공미사일 체제를 대폭 강화해 나갔다.

이스라엘은 아랍에 대한 연이은 전쟁 승리로 자신의 능력을 과신해 인플레를 이유로 방위예산마저 삭감할 정도로 평화무드에 젖어 있었다. 특히 그해 10월 30일 치를 총선거에 이스라엘인들의 관심이 집중되어 있었고 개전 당일인 10월 6일은 유대교도들이 가장 중요시하는 '욤 키푸르'였다. 속죄일을 맞아 많은 이스라엘 군인들이 병영을 떠나 있어 기습하기에는 더할 나위 없는 날이었다.

이집트 군의 병력은 75만 명, 탱크 3만 2천 대, 소련제 미사일까지 총동원해 이스라엘을 공격했다. 이스라엘의 병력은 이집트 군의 삼분의 일도 채 안 됐고 무기도 이집트 군의 절반도 안 되는 열세였다.

기습당한 이스라엘 군은 사상자가 속출했다. 전쟁 초기 이스라엘의 피해는 막심했다. 이스라엘이 마지노선이라고 자랑하던 시나이 전선의 바레브 라인과 골란 고원이 아랍 군의 공격 앞에 여지없이 무너져 내렸다. 특히 지난 전쟁에서 눈부신 활약을 보인 이스라엘의 전차부대는 이집트 군이 쏘아대는 소련제 미사일과 대전차 화기 앞에 무력했다. 개전 48시간 만에 이스라엘은 17개 여단이 전멸하다시피 했다.

급해진 쪽은 미국이었다. 미국은 포위되어 있는 이스라엘에 군수물자를 운반하기 위해 무려 5,566번의 비행 수송 작전을 펼쳤다. 미국의 지원을 등에 업고 이스라엘은 위기를 타개하기 위해 예비군을 포함한 모든 부대를 동원해 전력을 다했다.

이스라엘 군 수뇌부는 한꺼번에 두 개의 전선에서 싸우는 것은 승산이 없다고 보고 전력상 약세로 평가되는 시리아 군과 먼저 싸우고 그런 다음에 이집트 군과 상대하겠다는 계산이었다.

이스라엘 군은 개전 6일 만에 시리아 군에 대한 총반격을 개시해 골란 고원 전투에서 시리아 군 탱크 867대, 차량 3천 대 이상을 파괴했다. 이로써 시리아 군을 패배시켰다. 그 뒤 시나이 반도로 이동한 이스라엘 군은 16일 수에즈 운하를 넘어 수에즈 시를 점령함으로써 초반의 패배를 만회했다.

10월 25일 유엔은 유엔 군의 긴급 파견을 결정하고 28일 1진이 수에즈 운하에 도착함으로써 4차 중동전쟁은 끝이 났다. 이 전쟁에선 소련이 35억 달러를 아랍에 그리고 미국은 22억 달러를 이스라엘에 쏟아 부었다. 이후 아랍 산유국들은 서방에 맞서 석유 수출중단을 선언해 1차 오일쇼크로 세계 경제는 곤혹을 치렀다.

이후의 팔레스타인 분쟁사

레바논 내전과 백향목 혁명

1975년 레바논의 기독교 일파인 마론파는 레바논 내에서 팔레스타인해방기구PLO가 세력을 확대하자 불안감을 느끼고 공격을 시작했다. 이로써 이슬람교 좌익연합과 기독교 우익 군부세력의 충돌로 레바논 내전이 벌어지고, 이스라엘-시리아의 개입으로 이어졌다. 레바논 땅에서 사실상 대리전이 벌어진 것이다. 이후 30년 가까이 레바논은 사실상 시리아의 점령 하에 처했다.

이는 2004년 레바논의 '백향목 혁명'으로 끝이 났다. '백향목 혁명'은 시리아 사주를 받은 괴한들이 탈시리아 노선을 추진했던 라피크 하리리 전前 총리를 암살하자 국민들이 분노해서 촉발됐다. 혁명 뒤 2년여에 걸쳐 시리아 군은 레바논에서 철수했다.

이집트·이스라엘 평화협정

1977년에는 이집트의 사다트가 이스라엘과 점점 밀착되더니 마침내 예루살렘을 방문해 이스라엘의 의회에서 연설했다. 아랍권 전역에선 이집트의 이런 움직임에 거센 반발이 일어났다. 이듬해 사다트-메나헴 베긴 이스라엘 총리-지미 카터가 미국 캠프 데이비드 대통령 별장에서 손을 잡았다. 베긴 총리와 사다트 대통령은 노벨평화상을 수상했다. 그 뒤 1979년 이집트·이스라엘이 마침내 평화협정을 체결했다. 이로 인해 1981년 사다트가 이집트 군부 내 이슬람교 과격파에 암살되었다.

한편 1982년 레바논 남부 시아파 이슬람 무장조직 헤즈볼라가 무장투쟁을 선언하고 이스라엘 병사를 납치하자 레바논 전쟁이 시작되

1978년 이집트 사다트 대통령(왼쪽), 미국 카터 대통령(중앙), 이스라엘 베긴 총리(오른쪽)가 평화협정 체결 후 환하게 웃고 있다.

었다. 이스라엘은 남부 레바논을 침공했다. 이 틈에 레바논의 악명 높은 친이스라엘 기독교 민병대 팔랑헤는 이스라엘 군의 지원을 등에 업고 샤브라-샤틸라 난민촌 학살을 저질렀다.

팔레스타인 독립 선언

1988년 가자지구에 이슬람저항운동, '하마스'가 창설됐다. 팔레스타인국민협의회PNC는 이 해 11월에 독립을 선언했

1967년 당시의 팔레스타인 지구.

다. 25개국이 팔 망명정부를 승인했다. 아라파트는 유엔총회 제네바 특별회의에서 이스라엘을 국가로 인정한다는 결의안을 받아들였다.

팔레스타인은 유대인들이 블레셋이라고 부르던 곳이다. 원어는 그리스 말로 팔라이스티네이다. 에게 해 지역 팔라이스티네 출신 사람들이 바다 건너와서 정착한 곳이라는 뜻이다. 그러나 유대인은 이곳을 전통적으로 유대로 불렀다. 그 후에는 로마인이 지배하게 되는데, 이들은 132~135년의 유대 반란을 진압한 뒤 유대인의 흔적을 말살하려고 이 지방의 이름인 유대를 지우고 시리아 팔라이스티나Syria Palaestina라는 라틴어 지명을 붙였다. 7세기의 새로운 점령자 아랍인은 이곳을 필라스틴(방언은 팔라스틴)으로 불렀다. 오늘날 우리는 이 지역을 팔레스타인이라 부른다.

마드리드 중동평화협정

팔레스타인이 그들의 대對이스라엘 게릴라 조직을 관장하기 위해 1964년 PLO를 설치한 이후 더욱 군사적으로 대립한 양측은 1991년 미국의 주선으로 마드리드 중동평화협정을 열어 직접 협상을 시작했다. 이 회담은 유엔 결의안 제232조의 '땅과 평화의 교환' 원칙을 협의하기 위한 것으로, 유엔 결의안은 이스라엘이 점령지를 팔레스타인·시리아·요르단에 돌려주는 대신 아랍권이 이스라엘의 실체를 인정하라는 것이었다.

이로부터 양측은 2년간 열 차례에 걸쳐 회담을 거듭하다가 1993년 9월 13일 이스라엘 총리 라빈과 PLO 의장인 아라파트가 미국 백악

이스라엘 라빈 총리와 PLO 아라파트 의장이 백악관에서 팔레스타인 자치 원칙선언 성사 후 악수하고 있다.

관에서 팔레스타인 자치에 관한 원칙선언에 서명함으로써 중동평화에 역사적인 계기를 마련했다. 같은 해 이-팔 오슬로 협정이 체결되어 오늘날까지 중동평화 구상의 결정체로 평가를 받고 있다. 이듬해에는 요르단 후세인 국왕과 이스라엘 라빈 총리가 평화조약을 체결했다. 이로써 팔레스타인 자치정부PA가 탄생해 이때부터 팔레스타인은 사실상의 독립국가로 인정을 받았다.

1994년 PLO 아라파트와 이스라엘 라빈 총리와 부총리였던 시몬 페레스가 노벨평화상을 공동수상했다. 오슬로 협정에 이은 오슬로Ⅱ 협정이 이듬해 체결됐지만, 라빈은 유대극우파 카흐네차이 조직에 속한 이갈 아미르에 의해 암살당했다.

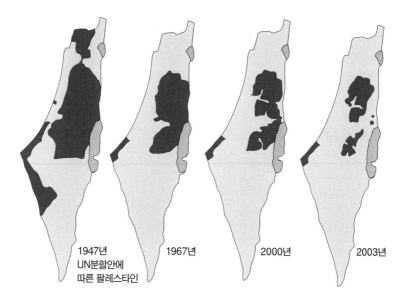

1947년
UN분할안에
따른 팔레스타인

1967년

2000년

2003년

점점 줄어드는 팔레스타인 영토.

이스라엘, 가자지구 공격

2003년 미국이 이라크를 침공한 사이 이스라엘
은 박격포를 공격하는 게릴라 단체를 공격한다는 명목으로 가자지구
등지에서 수년에 걸쳐 팔레스타인 주민 수천 명을 학살했다. 2004년
아라파트가 사망하자 마흐무드 압바스가 팔레스타인 대통령이 되었
다. 이듬해 이스라엘 군이 가자지구에서 철수했지만 이스라엘의 가
자지구 봉쇄와 탄압은 계속되었다.

평화를 갈구하는 국민들

2006년 1월 팔레스타인의 총선 직후 실시된 여론조사에서 팔레스타인 사람의 73퍼센트가 이스라엘의 존재를 인정하고, 85퍼센트는 평화협상을 지지한다고 응답했다. 이스라엘인 48퍼센트도 팔레스타인의 하마스 정부와 대화를 해야 한다며 공존을 요구했다. 너무도 오랜 세월을 공포 속에서 살아야 했던 두 나라의 국민들은 평화를 갈구했다.

이스라엘의 무차별 공격

2008년 12월 28일, 이스라엘이 가자를 공습했다.

2007년 11월 27일 미국 아나폴리스 해군사관학교에서 열린 이스라엘-팔레스타인 평화회담에서 에후드 올메르트 이스라엘 총리(왼쪽)와 마흐무드 압바스 팔레스타인 수반(오른쪽)이 부시 대통령과 손을 맞잡고 있다.

명분은 팔레스타인 측의 로켓포 공격을 중단시키겠다는 것이었다. 다음 달 1월 3일에는 이스라엘 지상군이 가자를 침공해 가자지구 유엔 본부까지 공격했다. 2월 이스라엘 총선에서 이미 1990년대 한 차례 총리를 지낸 우파 베냐민 네타냐후가 집권했다.

2010년 2월 이스라엘은 두바이에서 하마스 지도자를 표적 암살하고 5월에는 가자로 가는 구호선박을 공격해 아홉 명을 사살했다. 2012년 11월에는 팔레스타인 하마스의 미사일 공격에 대응한 이스라엘의 가자지구 공습과 민간인 살상으로 다시 유혈사태가 벌어졌다.

이제 이스라엘과 강경 이슬람 원리주의자들 간의 공격행위와 보복공격으로 인한 민간인 피해와 증오는 풀어야 할 숙제다. 어제의 적과 곧바로 손을 잡을 수 없다는 한계를 알기 때문에 유엔은 평화유지군을 파견해 중재하고 있다. 친이슬람계와 친기독교계 그리고 이스라엘과 이들을 반대하는 중동최대 테러조직 헤즈볼라의 갈등으로 혼돈 속에 있는 레바논은 수많은 민간인들이 이해관계의 폭력 아래 고통을 받고 있다.

모든 교조주의는 인류의 적이다

2012년 가자 공습 당시 세계적인 학자이자 유대인인 노엄 촘스키가 일갈했다. "해군도, 공군도, 방공망도, 중화기도 없는 주민들을 공격하는 것은 전쟁이 아니라 살육"일 뿐이다. 유대인이 유대인을 비판하고 나설 정도로 현재 이스라엘은 강경 일변도의 정책을 취하고 있다.

이는 가자지구의 하마스에게 최대의 위기를 가져왔다. 이스라엘은 팔레스타인의 서안지구를 통치하는 마흐무드 압바스 수반의 파타 정부만을 협상대상으로 인정하고, 무장노선을 포기하지 않는 하마스 정부는 테러집단으로 규정해 공격만을 고집하고 있다.

또한 예전 같으면 주위의 이집트나 시리아 그리고 이라크가 개입해 조기에 휴전이 이루어지곤 했다. 그런데 지금은 시리아와 이라크는 국내의 이적단체(ISIS)와의 내전 때문에 팔레스타인 문제에 끼어들 여력이 없다. 그리고 이집트는 하마스를 잠정적인 적으로 간주하기 때문에 중재에 한계가 있다. 여기에 미국은 이스라엘의 자위권을 인정한다는 입장으로 유엔 안보리에서조차 친이스라엘 일변도다. 유엔조차 평화를 호소하는 반기문 총장의 말뿐인 호의에 머무르고 있다. 이렇듯 궁지에 몰린 하마스를 이스라엘은 더욱 몰아붙이고 있는 셈이다.

2014년 어린이 납치 살해로 촉발된 이스라엘 내 팔레스타인 분쟁 곧 가자지구 공습은 수많은 민간인 살상으로 인해 이스라엘에 대한 세계의 공분을 불러일으켰다. 하마스의 군사시설이 민간인시설에 설치되어 있어 부득이한 공격이었다는 그들의 변명이 먹혀들지 않았다. 국제사회의 비판여론에도 불구하고 이스라엘은 공습을 멈추기는커녕 지상군까지 투입하는 강수를 두었다.

이러한 배경에는 유대교 교조주의가 있다. 모든 교조주의의 특징은 다름을 인정하지 않고 이를 틀림으로 몰아 죽음으로 징계하려 한다. 역사를 보면 이러한 종교적 원리주의가 발흥하면 그 역사는 틀림없이 망하거나 쇠퇴했다. 지금 이스라엘 집권 세력이 광신적인 시오니스트들이다. 팔레스타인과 평화협정을 맺었던 이스라엘 온건파 수상 라빈이 2007년에 암살당한 이유다.

시오니즘과 유다이즘은 엄격히 구분된다. 시오니즘은 팔레스타인에 유대 민족국가 건설을 목표로 극단적 민족주의 성향을 띠며 이를 위해 폭력을 서슴지 않는다. 반면 유다이즘은 평소 경건한 생활을 위해《성경》과 전통을 중시하는 유대인 고유의 사상이다. 팔레스타인을 인정치 않으려는 극단적 시오니즘을 유대인 진보파는 물론 정통파들조차 반대하고 있다.

세계 종교인
분포

세계 종교인 분포를 보면, 세계 인구 71억 명 가운데 기독교가 33퍼센트인 23억 5천만 명으로 가장 많다. 다음이 23퍼센트인 이슬람교 16억 4천만 명이다. 이를 다시 세분해서 보면 기독교는 가톨릭 12억 명(51%), 개신교 4억 4천만 명(18.6%), 정교회 2억 8천만 명, 성공회 9천 1백만 명 그 밖의 기독교 분파 3억 7천만 명으로 구성되어 있다. 그리고 이슬람교는 수니파가 전체의 83~88퍼센트인 13억 6천만~14억 4천만 명, 시아파가 11~16퍼센트인 1억 8천만~2억 6천만 명으로 추정되고 있다. 단일 종교로는 이슬람교가 가톨릭을 제치고 1위로 올라섰다.

그 밖에 힌두교 9억 8천만 명(13.8%), 불교 5억 9천만 명(7.1%) 순이다. 반면 유대교는 0.21퍼센트에 불과하다. 이외에도 수많은 종교가 현존하고 있으며 많은 사람들이 그 종교들을 믿고 있다. 사대 종교를 제외한 기타 종교와 종교를 갖고 있지 않은 무종교/무신론/불가지론

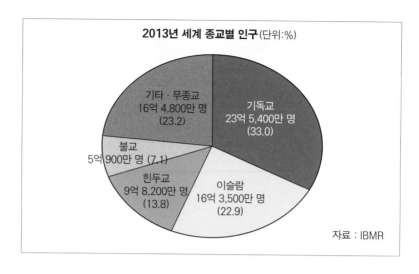

2013년 세계 종교별 인구(단위:%)

기타·무종교
16억 4,800만 명
(23.2)

기독교
23억 5,400만 명
(33.0)

불교
5억 900만 명 (7.1)

힌두교
9억 8,200만 명
(13.8)

이슬람
16억 3,500만 명
(22.9)

자료 : IBMR

자가 16억 5천만 명(23.2%)이다. 특히 일본인의 57퍼센트, 중국인의 52.2퍼센트가 종교가 없다.

전 세계 인구를 71억 명이라고 할 때 세 명 가운데 한 명은 기독교, 네 명 가운데 한 명은 이슬람교를 믿는 셈이다. 특히 이슬람교의 팽창률은 놀랍다. 2008년《교황청 연감》에 의하면 그 비중이 19.2퍼센트였는데 불과 5년 사이에 22.9퍼센트까지 3.8퍼센트나 더 성장한 걸 보면 그 신장세가 폭발적이다. 그리고 무슬림이 다수를 차지하고 있는 나라는 아랍연맹에 속해 있는 국가 22개국을 포함해 48개국에 이른다.

현재까지는 기독교의 수적 우위가 유지되고 있는 셈이지만, 이슬람교의 놀라운 팽창률과 그것에 비해 상대적으로 저조한 기독교도의 증가율을 감안하면, 앞으로 반세기 이내에 양자 사이의 관계가 역전될 가능성도 배제할 수 없는 상황이다.※

※ 미국해외선교센터, 〈국민일보〉, 2013년 12월 24일자.

맺음말

오랜 역사를 거치면서 한 뿌리의 유대교와 기독교, 유대교와 이슬람교는 서로 반목의 길로 들어서게 된다. 그리고 기독교와 이슬람교도 대립하게 된다. 하지만 이들은 유일신 하느님을 믿는 시발점과 뿌리가 같은 세 종교다. 형제 종교인 셈이다.

파스칼은 그의 명상록 《팡세》에서 "우주 속에는 필연적이고 영원하고 무한한 존재가 딱 한 분이 계시다. 오늘날 세상에 존재하는 종교 간의 갈등이나 논쟁은 저마다 신을 독점하려는 데 있으며 자신들만이 필연적이고 영원하고 무한하다고 착각하는 데서 비롯되고 있다"고 갈파했다.

사람들은 자신들이 믿는 종교만이 '참'이라 생각한다. 하지만 어떤 종교든 모두 진리를 탐구해 왔다. 이를 이해하고 인정해야 한다. 종교적 평화는 다른 종교들과의 융합 또는 화해에 의해 이루어질 수 있다.

이제 세 종교는 서로 용서하고 화해해야 한다. 서로 상대방의 입장에서 이해하고 그리고 그간의 잘못에 대해 서로 사죄해야 한다. 중요한 것은 신학적으로 누가 옳고 그르냐의 문제가 아니다. 세 종교가 다 같이 믿는 하느님의 뜻에 누가 더 '합당한' 길을 갈 수 있느냐의 문제다. 옳고 그름이 아닌 합당함을 찾아내는 것은 이제 인간의 몫이다. 세 종교는 합당함을 찾아 미래의 후손을 위해서라도 반목과 대립의 길을 청산하고 평화공존의 관계를 하루빨리 정착시켜야 한다.

참고문헌

단행본

《**갈등의 핵 유태인**》, 김종빈, 효형출판, 2007.

《**곰브리치 세계사 1, 2**》, 에른스트 곰브리치, 이내금 옮김, 자작나무, 1997.

《**공동번역 성서**》, 대한성서공회, 1977.

《**그리스도 이후 유대인 방랑사**》, 김경래, 전주대학교출판부, 1998.

《**기독교와 이슬람의 대화**》, 쇼캣 모우캐리 지음, 한국이슬람연구소 옮김, 예영커뮤니케
　이션, 2003.

《**눈먼 종교를 위한 인문학**》, 김경집, 시공사. 2013.

《**명화와 함께 읽는 성경이야기 구약**》, 헨드릭 빌렘 반 룬, 김재윤 옮김, 골드앤와이즈,
　2008.

《**세계 종교 둘러보기**》, 오강남, 현암사, 2013.

《**세계 최강성공집단 유대인**》, 막스 디몬트, 이희영 옮김, 동서문화사, 2002.

《**세계의 종교 산책**》, 몬시뇰 토머스 하트먼, 랍비 마크 젤먼 글, 김용기 옮김, 이명권 감
　수, 가톨릭 출판사, 2006.

《**세상의 모든 철학**》, 로버트 솔로몬 외, 박창호 옮김, 이론과실천, 2007.

《**유대교 입문**》, 브라이언 랭카스터, 문정희 옮김, 김영사, 1999.

《**유대민족사**》, 막스 디몬트, 김재신 옮김, 크리스챤 다이제스트, 1994.

《**유대인 바로 보기**》, 류모세, 두란노, 2010.

《**유대인 이야기**》, 우광호, 여백, 2010.

《**유대인 이야기**》, 홍익희, 행성B, 2013.

《**유대인의 삶과 지혜**》, 랍비 솔로몬, 박인식 옮김, 해피&북스, 2012.

《**유대인의 역사**》 1~3권, 폴 존슨, 김한성 옮김, 살림, 2005.

《**유태인 오천 년사**》, 강영수, 청년정신, 2003.

《**이스라엘 역사**》, 안병철 신부, 기쁜소식, 2003.

《**이스라엘사**》, 최창모, 대한교과서주식회사, 1994.

《**이슬람과 유대인 그 끝나지 않은 전쟁**》, 마크 가브리엘, 중근동연구소 옮김, 글마당,
   2009.

《**이슬람주의**》, 알브레히트 메츠거, 주정립 옮김, 푸른나무, 2008.

《**죽기 전에 한번은 유대인을 만나라**》, 조셉 텔루슈킨, 김무경 옮김, 북스넛, 2012.

잡지

'**콘스탄티누스의 기독교 공인과 세속화**', 월간《기쁜소식》2013년 3월호.

'**이슬람 문명산책 6: 총단결 · 화해의 축제 라마단**', 정수일,《신동아》2004년 11월호.

'**천의 얼굴을 가진 무함마드**', 정수일,《신동아》, 2001년 9월호.

인터넷

'**이슬람의 역사**', 손주영, 이슬람부산성원 홈페이지

'**카타콤과 초기 기독교 교회의 예술**'(http://blog.naver.com/altazor1/
   50087539271)

그 외 각종 논문, 신문, 잡지 및 인터넷 사이트 참조.

찾아보기

세 종교 이야기

초판　1쇄 발행　2014년 8월 27일
초판 23쇄 발행　2023년 1월 17일

지은이　　　　홍익희

펴낸곳　　　　(주)행성비
펴낸이　　　　임태주

출판등록번호　제2010-000208호
주소　　　　　경기도 파주시 문발로 119 모퉁이돌 303호
대표전화　　　031-8071-5913
팩스　　　　　0505-115-5917
이메일　　　　hangseongb@naver.com
홈페이지　　　www.planetb.co.kr

ISBN 978-89-97132-48-5 03900

행성B는 독자 여러분의 참신한 기획 아이디어와 독창적인 원고를 기다리고 있습니다.
hangseongb@naver.com으로 보내 주시면 소중하게 검토하겠습니다.